QUE FAIRE ?

Jane Fonda

QUE FAIRE ?

Du désespoir à l'action, sauvons la planète !

Traduit de l'anglais (États-Unis)
par Patricia Barbe-Girault

Albin Michel

[Sauf mention contraire, toutes les photos sont reproduites avec l'aimable autorisation de Greenpeace/Tim Aubry]

Édition originale parue sous le titre :
WHAT CAN I DO?
chez Penguin Press, an imprint of Penguin Random House, LLC

Publié avec l'accord de Kaplan/DeFiore Rights, via l'Agence Eliane Benisti.

Quand j'étais jeune, je croyais que le militantisme était un sprint,
et je travaillais jour et nuit dans l'espoir d'un changement rapide.

En vieillissant, j'ai compris que c'était plutôt un marathon,
et j'ai appris à me ménager.

À quatre-vingt-deux ans, je me rends compte que ce n'est ni un sprint,
ni un marathon : c'est une course de relais.
La meilleure chose que nous, adultes, puissions faire,
c'est de soutenir activement la prochaine génération de
militants climatiques prêts à prendre la tête du mouvement.

C'est à eux que je dédie ce livre.

1

LE DÉCLIC

En septembre 2019, pour le week-end prolongé de la fête du Travail, je suis allée à Big Sur avec mes copines Catherine Keener et Rosanna Arquette. Je connais Big Sur depuis 1961, lorsque je m'y étais rendue seule en quête de Henry Miller. Je venais de lire son essai *Peindre c'est aimer à nouveau* et j'avais envie de le rencontrer. En fait il n'était pas là, mais j'avais passé une semaine aux thermes (qui deviendraient l'Institut Esalen) et j'en étais revenue transformée.

Et voilà que de nouveau j'avais grand besoin de transformation. Je milite en faveur de l'environnement depuis les années 1970 : j'ai fait installer une éolienne dans mon ranch en 1978 et des panneaux solaires dans ma maison de Santa Monica en 1981, j'ai pris la parole à des meetings, manifesté avec Greenpeace aux États-Unis et au Canada, plus tard je suis passée à la voiture électrique et au recyclage, j'ai banni de ma vie les plastiques à usage unique et diminué ma consommation de viande rouge. Pourtant je me sentais mal à l'aise. Angoisse existentielle ? Je venais d'apprendre qu'en Amérique du Nord, il y a aujourd'hui 2,9 milliards d'oiseaux de moins qu'en 1970 ; que les tortues de mer s'asphyxient à cause de tumeurs liées à la pollution des océans ; que des baleines s'échouent sur les plages avec quarante kilos de plastique dans l'estomac ; que les ours polaires meurent de faim ; que 93 % des enfants dans le monde respirent un air pollué qui met leur santé en danger ; et qu'un nombre incalculable de gens vivant à côté de raffineries paient le prix fort en termes de maladies. Mais je ne m'étais pas penchée sérieusement sur ce que disent les scientifiques*. J'étais consciente qu'il fallait réduire notre dépendance à l'industrie fossile et investir dans le renouvelable au plus vite, mais tout cela n'était qu'une réalité troublante éloignée de moi. Je ne l'avais pas assimilée, encore moins métabolisée. Je me demandais plutôt si, peut-être, l'humanité ne méritait pas le destin qu'elle était en train de se forger. Je n'avais pas oublié ce qu'avait dit le biologiste Edward O. Wilson il y a des décennies, et que je paraphrase ici : Dieu a fait don de l'intelligence à la mauvaise espèce – il aurait dû l'accorder aux animaux non carnassiers ne possédant pas de pouce préhensile, tels la baleine et le dauphin. J'étais d'accord avec lui. Débarrassons-nous au plus vite de l'*Homo sapiens* et tout rentrera dans l'ordre.

Paradoxalement, je savais aussi que le fatalisme est une manière de se défiler, et je n'aimais guère me voir ainsi. Encore moins quand je pensais à mon petit-fils à peine né, à mes deux autres petits-enfants déjà grands et à tous ces citoyens qui luttaient pour un monde meilleur. Non, décidément, le fatalisme n'était pas pour moi. Pourtant, je cloisonnais mon désespoir au lieu de le laisser gagner mon cœur.

Récemment, Catherine Keener m'a rappelé que, pendant les cinq heures de trajet jusqu'à Big Sur, elle s'était lancée à intervalles réguliers dans cette litanie : *Qu'est-ce qu'on peut faire ? Dis-moi quoi faire ! Où sont les leaders pour nous guider ? Que quelqu'un me dise quoi faire !* Je me sentais impuissante, et en colère contre moi-même de ne pas pouvoir lui donner les réponses qu'elle cherchait parce que je les cherchais aussi. *Qu'est-ce que je peux faire ?*

Il se trouve que le matin de notre départ, j'avais reçu un exemplaire du futur ouvrage de Naomi Klein, *Plan B pour la planète : le New Deal*

---

* Voir l'annexe A : « Comprendre l'urgence climatique », par Annie Leonard.

vert. C'est une constante dans ma vie : le livre dont, sans le savoir, j'ai besoin arrive au moment providentiel et me fait prendre un nouveau chemin. Voilà que ça recommençait. Je l'ai ouvert dès le lendemain, et au bout de cent pages j'étais bouleversée.

Je me demande encore ce qui, dans le livre de Naomi, m'a tant affectée. Le premier point est ce qu'elle dit de Greta Thunberg, la jeune militante suédoise qui en 2018 a initié le mouvement Fridays for Future, lequel a conduit des millions de lycéens et d'étudiants à faire grève pour le climat aux quatre coins du globe. J'avais entendu parler de Greta. Beaucoup d'encre avait coulé à son sujet, notamment pour mentionner qu'elle était atteinte d'autisme. Mais avant le livre de Naomi, je n'avais pas établi le lien entre cela, l'intensité de son rapport à la crise climatique et sa manière d'en parler. Naomi explique que les personnes atteintes du syndrome d'Asperger ne s'inspirent pas du comportement d'autrui pour apprendre à se comporter en société. Elles reçoivent les informations sans filtre. Si elles se mettent à étudier le changement climatique comme l'a fait Greta, qui se décrit comme une fan de sciences, elles ne sont pas en mesure après cela de continuer à vivre comme si de rien n'était. Lorsque Greta, avec son regard sans filtre, son incapacité à cloisonner et à gérer la dissonance cognitive, a lu des articles expliquant que la catastrophe était proche, elle n'y a pas cru au début. « Cela ne peut pas être vrai, parce que sinon personne ne pourrait parler d'autre chose. Tout le monde essaierait de trouver une solution au problème. » Mais quand elle a pris conscience que les scientifiques disaient vrai et qu'on ne réagissait pas comme on aurait dû le faire en temps de crise, elle a été traumatisée. Elle a cessé de parler et de s'alimenter.

Ce passage du livre m'a fait l'effet d'un coup de poing dans le ventre. Je savais que Greta avait vu juste, que, comme elle l'affirmait, on aurait tous dû se comporter comme si notre maison brûlait, comme si la situation était critique, parce que c'est le cas. Cette jeune femme courageuse nous exhortait à sortir de notre zone de confort et à *agir*. Comprendre cela m'a permis d'intégrer pleinement, dans ma chair, les faits scientifiques.

Le deuxième point du livre de Naomi qui m'a changée, c'est la clarté avec laquelle elle relaie les conclusions du GIEC en 2018. À la quasi-unanimité, les scientifiques du Groupe d'experts intergouvernemental sur l'évolution du climat ont déclaré que, vu l'aggravation des catastrophes climatiques et du réchauffement, déjà bien installé puisqu'on a échoué à agir il y a quarante ans, nous n'avons aucune chance de modifier le cours des événements sans des changements socio-économiques radicaux, et qu'à compter de 2020, nous avons *une toute petite fenêtre de dix ans avant d'atteindre le point de bascule*. Dix ans seulement pour réduire nos émissions de CO_2 de moitié puis atteindre la neutralité carbone d'ici à 2050 si l'on veut éviter des ravages incontrôlables sur nos écosystèmes.

Mais les scientifiques sont aussi d'avis qu'on possède la technologie pour opérer à temps la transition vers le renouvelable, et que le facteur le plus important pour y parvenir sera l'action collective portée par des mouvements sociaux d'une ampleur sans précédent. *Des mouvements sociaux*. En cinquante ans de militantisme, j'avais participé à beaucoup de mouvements sociaux, dont certains avaient changé la donne. En 1972, j'avais lancé avec Tom Hayden (mon deuxième mari) la campagne pour la paix en Indochine et sillonné le pays avec des centaines de militants, dans le but d'éduquer ceux que Richard Nixon décrivait à l'époque comme « la majorité silencieuse » sur le conflit au Vietnam et la nécessité vitale de couper les vivres au régime installé par le gouvernement américain dans cette région du monde. D'autant plus depuis les révélations des fameux Pentagon Papers, à savoir que les présidents successifs savaient que les États-Unis n'avaient aucune chance de gagner cette guerre. Pour moi, les Pentagon Papers ont été à la guerre du Vietnam ce que le rapport 2018 du GIEC est à la crise climatique : la preuve irréfutable que les hommes et les femmes au pouvoir nous avaient menti et caché des choses. À l'époque, la manne financière avait fini par être coupée, l'État satellite par s'écrouler, et la guerre du Vietnam par s'achever. Donc oui, je savais à quel point il est efficace de mobiliser les gens quand on a une stratégie claire et des arguments solides pour corroborer ses propos.

Le troisième point qui m'a marquée dans le livre de Naomi est l'explication qu'elle donne du concept de Green New Deal, qu'on pourrait traduire par « New Deal écologique ». Quand la jeune députée Alexandria Ocasio-Cortez et le sénateur Ed Markey ont proposé cette résolution en 2019, je me suis dit qu'inclure les thèmes des emplois bas carbone et de la justice sociale et climatique allait trop loin, et que la droite allait forcément la taxer de liste de cadeaux de Noël pour gauchistes. Mais grâce à Naomi, j'ai compris que la justice est au contraire la clé pour résoudre la crise climatique. Le Green New Deal offre un avenir dans lequel tout le monde aura sa place.

Quand on est célèbre, on a beaucoup de moyens à sa disposition pour braquer les projecteurs sur un problème et faire caisse de résonance. Dieu sait que je m'y suis employée par le passé, avec plus ou moins de succès. *Mais que faire aujourd'hui ? Comment utiliser ma renommée au mieux, alors que la situation empire si rapidement ?*

Naomi Klein est on ne peut plus claire : nous sommes à un tournant de notre histoire, c'est notre dernière chance pour changer de trajectoire et sauver un nombre incalculable de vies et d'espèces. Nous avons sur nos épaules une responsabilité rien de moins que civilisationnelle !

Je savais quoi faire désormais, et je le ressentais si profondément que j'en tremblais de la tête aux pieds.

« Je vais déménager à Washington pendant un an et camper devant la Maison-Blanche pour protester contre la crise climatique, ai-je annoncé le soir en dînant au Post Ranch Inn, un hôtel de Big Sur. Si Greta en est capable, moi aussi. »

Voilà, je l'avais dit à mes copines, je ne pouvais plus me défiler.

Comme il n'y a pas plus audacieux et enthousiaste que Catherine et Rosanna, elles m'ont aussitôt soutenue et m'ont promis de venir quand elles le pourraient. Les jours suivants, on a randonné et j'ai continué à lire le livre de Naomi. J'étais de plus en plus convaincue que si je parvenais à faire passer le message d'autres me rejoindraient. C'est ce qui était arrivé avec le combat contre la guerre du Vietnam. Le soir, dans mon lit, je tentais de me rappeler où j'avais rangé mon sac et mon sur-sac de couchage, qui m'avaient si bien protégée sous des pluies torrentielles et dans des tempêtes de neige à quatre mille mètres d'altitude. J'ai fait pas mal de camping dans ma vie, et je possédais tout l'équipement nécessaire ; en revanche, je n'avais jamais campé en ville. *Où est-ce que je vais bien pouvoir faire mes besoins ?* me demandais-je. C'est que j'ai pris de l'âge, et je dois me lever plus souvent la nuit. Catherine et Rosanna se sont penchées avec moi sur une carte de Washington, en espérant trouver l'endroit idéal où m'installer, mais je me suis vite rendu compte que je ne voulais pas d'une veillée solitaire. À quoi bon ? J'avais grand besoin d'experts pour me guider. J'ai décidé d'appeler Annie Leonard, la directrice de Greenpeace USA, car je sais ses membres intrépides et partisans d'actions retentissantes, et même sans en être certaine, je sentais que la mienne pouvait le devenir.

Je faisais les cent pas devant la maison de Rosanna, en quête d'un semblant de réseau, quand Annie a enfin décroché.

« Annie ? Jane Fonda à l'appareil, tu as un instant à me consacrer ? J'ai une idée et j'aimerais ton conseil. »

Elle a acquiescé et je me suis lancée. « Je suis en train de lire le livre de Naomi Klein, et j'ai décidé d'aller à Washington pendant un an pour camper devant la Maison-Blanche. J'aimerais commencer dans trois semaines. Tu peux m'aider ? » Vous comprenez, quand j'ai une idée en tête, je suis prête à me lancer à corps perdu dans l'aventure.

D'ailleurs, les sauts dans l'aventure sont le seul sport que je pratique aujourd'hui.

Il y a eu un long silence au bout du fil, puis Annie m'a dit : « Jane, c'est merveilleux de vouloir te mettre en première ligne, ça force le respect, mais le problème c'est qu'on ne peut plus camper la nuit à Washington. C'est devenu illégal depuis le mouvement Occupy Wall Street, et ce n'est pas près de changer, vu l'hostilité actuelle envers les manifestants. Mais voyons ce qui est possible. » Elle m'a proposé une conférence téléphonique avec elle, Naomi Klein, Bill McKibben – le cofondateur de 350.org –, et l'avocat en droit de l'environnement Jay Halfon. Le temps pressant, nous nous sommes donné rendez-vous le lendemain.

Ce jour-là, Catherine, Rosanna et moi avions prévu d'aller à l'Institut Esalen, un site qui s'étend sur dix mille mètres carrés de terrain surplombant le Pacifique. Je me disais que j'y trouverais du réseau pour mon portable et cela semblait approprié de prendre un appel aussi déterminant dans ce lieu. Des générations d'individus en quête de transformation sont venues y faire une retraite, et cette faculté d'engendrer le changement tient avant tout à sa topographie. Ici, on est au bord du précipice. C'est au large de Big Sur que les courants froids de l'Arctique rencontrent les courants chauds du Pacifique. Terre et mer se rejoignent au pied des falaises découpées. Je pense que ce sont ces parois escarpées et ces vents violents qui aident les gens à rompre avec leur passé, à voir au-delà du dogme, et à trouver de nouveaux moyens d'être utiles au monde. Je me souviens encore de mon arrivée ici quand j'avais une vingtaine d'années, le même âge que bon nombre de militants qui mènent la lutte contre la crise climatique aujourd'hui. La nature sauvage et ces falaises ont joué un rôle important dans ma transformation d'adolescente issue de la société guindée des années 1950 en une adulte impatiente de s'en libérer. En ce sens, c'était une bonne chose de retourner à Esalen au moment où je réfléchissais au meilleur moyen de servir une cause qui me dépassait.

Il s'est avéré que la réception y était très mauvaise, mais dehors j'ai trouvé une cabine téléphonique rouge vif merveilleusement anachronique et une tablette où entasser assez de petite monnaie pour discuter au moins une heure.

Bill McKibben a ouvert le bal en disant que, puisqu'il était interdit de camper à Washington, un rassemblement hebdomadaire suivi d'une action de désobéissance civile pourrait être une meilleure idée. Le vendredi était le jour de Greta Thunberg et des jeunes pour le climat, mais n'avaient-ils pas appelé les adultes à les imiter ? « Peut-être que toi aussi tu pourrais faire une action le vendredi. » Bill a cité l'exemple de Randall Robinson, directeur de l'association TransAfrica, qui dans les années 1980 avait fait un sit-in quotidien devant l'ambassade d'Afrique du Sud à Washington, se rendant coupable de désobéissance civile au beau milieu de Massachusetts Avenue afin d'appeler à la libération de Nelson Mandela et à la fin de l'apartheid. « Il a obtenu de très bons résultats », a rappelé Bill. Au début, ils étaient une grosse dizaine, puis des centaines, et le mouvement a si bien essaimé qu'en 1986 la première loi anti-apartheid était adoptée au Congrès américain.

Annie a abondé dans son sens, soulignant l'importance prise par la désobéissance civile dans le mouvement pour le climat. « Pendant quarante ans, on a été polis, on a rapporté les faits scientifiques, signé des pétitions, organisé des marches et des meetings, on a écrit, on a supplié. On a utilisé tous les leviers démocratiques qui étaient à notre disposition, et les élus n'ont pas écouté. Il est grand temps de passer à la vitesse supérieure. De prendre le risque d'être arrêtés si nécessaire. C'est à cause de l'industrie fossile qu'on en est là. À nous de faire preuve d'audace. La science l'exige. La morale l'exige. C'est le moment. »

Yes !

J'ai inséré d'autres pièces dans la fente et je me suis obligée à respirer parce qu'il commençait à faire très chaud dans cette cabine, et aussi parce que je sentais intimement que j'étais prête. Je m'y étais préparée pendant toute ma vie d'adulte... Un rassemblement hebdomadaire, avec en point d'orgue une action de désobéissance civile non-violente. Et je n'aurais pas à m'inquiéter de savoir où faire mes besoins.

Comme je voulais commencer dans les prochaines semaines, on en a conclu que je devais me rendre à Washington dès que possible pour régler les détails et rencontrer les leaders des principaux mouvements écologistes, dont les jeunes pour le climat, afin de recueillir leurs idées et leur adhésion. J'ai calculé combien de temps j'avais à ma disposition jusqu'au 27 janvier 2020, date à laquelle commençait le tournage de la septième et dernière saison de ma série, *Grace et Frankie*, en Californie. En tout, cela faisait quatre mois, quatorze vendredis.

J'ai établi la liste des choses indispensables à emporter et demandé à Debi Karolewski, mon assistante depuis plus de trente ans, de m'accompagner. Je savais que j'aurais besoin de ma petite chienne Tulea, une Coton de Tuléar âgée de quinze ans. Je n'imaginais pas être séparée d'elle pendant quatre mois. Je savais aussi à quel point ce serait dur de ne pas voir mon petit-fils de deux mois et demi, Leon.

Ensuite, j'ai entrepris d'annuler tous les rendez-vous inscrits sur mon agenda. Heureusement, je n'avais pas de tournage prévu pendant cette période, mais cela signifiait aussi que je n'avais aucune source de revenus hormis plusieurs petits contrats pour des doublages de voix ; et j'ai vite réalisé qu'on pouvait m'intenter un procès si je ne les honorais pas. Pire, cinq d'entre eux auraient lieu à Los Angeles avec Lily Tomlin, ma partenaire de *Grace et Frankie*, ce qui impliquait des allers-retours en avion. Je faisais tout pour réduire mon empreinte carbone, je dénonçais l'industrie fossile, et voilà que j'allais devoir enchaîner les vols.

J'ai discuté de cette contradiction avec Annie. Nous avons pesé le pour et le contre, et nous en avons conclu que l'action militante était le plus important. Ce faisant, j'ai compris que nos efforts individuels ont beau être utiles, ils ne suffiront pas pour atteindre la réduction de CO_2 indispensable d'ici à 2030. L'essentiel est de progresser, non de viser la perfection. C'est vers un changement structurel qu'on doit tendre, une politique radicalement nouvelle, tout en continuant en tant qu'individus à nous engager en faveur de la planète. Peut-être les rassemblements du vendredi contribueraient-ils à ce changement.

Le 27 septembre 2019, en route vers l'aéroport avec Debi, ma petite chienne s'est sentie mal. Le vétérinaire m'avait prévenue que le cœur de Tulea s'était hypertrophié avec l'âge, et elle avait une valve cardiaque malade. J'ai senti mon propre cœur se serrer en réalisant qu'elle allait devoir rester à Los Angeles. Dans ma tête, j'ai invoqué l'image de Greta. Il faut sortir de ta zone de confort. Je suis partie. Mais ça n'a pas été facile.

Les dix jours suivants, une équipe s'est constituée sous la supervision d'Annie. Celle-ci a notamment invité DC Action Lab, un collectif qui gère la logistique de toutes les grandes actions à Washington. Samantha « Sam » Miller, militante de choc, a formé quelque dix mille personnes à la désobéissance civile et à l'arrestation.

À son tour, Sam a mis en place notre équipe numérique, dont faisait partie Vy Vu, une jeune étudiante et artiste vietnamienne, qui aurait pour tâche de créer des affiches chaque semaine selon le thème abordé. Vy allait devoir travailler le soir après ses cours, et à un rythme effréné. Quand je lui ai parlé au téléphone la première fois, je lui ai demandé d'où elle venait au Vietnam. « D'Hanoi », m'a-t-elle dit. « Oh, j'y suis allée quelques fois », ai-je répondu. « C'est vrai ? Comment ça se fait ? » J'ai bien aimé sa réaction. Vy n'avait aucune raison de connaître mon opposition virulente à la guerre dans les années 1970, trois décennies avant sa naissance, ni de savoir qu'à cause de mon séjour là-bas en

1972, on me surnomme encore aujourd'hui « Hanoi Jane » dans certains cercles politiques.

Il ne nous restait plus que quatorze jours et nous n'avions toujours pas trouvé de nom pour nos futures actions. Nous nous sommes réunis d'urgence, mais après plus d'une heure à échanger des idées, nous décidions de jeter l'éponge et de remettre au lendemain. Chacun rangeait ses affaires lorsque Greg, l'ingénieur du son qui enregistrait nos voix pour un documentaire consacré à notre travail, a arraché son casque et lancé : « Qu'est-ce que vous dites de "Vendredis Alerte Incendie" ?! Ça sonne bien, non ? »

On s'est regardés et on a tous éclaté de rire. *Fire Drill Fridays*, « les vendredis d'exercices d'alerte incendie » en français, ou Vendredis Alerte Incendie pour faire plus court. On avait enfin trouvé !

Comme toutes les suivantes, la première grande réunion a eu lieu dans les bureaux de Greenpeace à Washington, avec une dizaine de représentants de Sunrise Movement, Les Amis de la Terre, Climate Action Network, Hip Hop Caucus, Oil Change International et, bien sûr, Greenpeace. Il était capital que toutes ces ONG adhèrent à notre action, et je leur ai exposé la façon dont j'envisageais les choses.

S'est ensuivie une longue discussion sur les catégories de gens que nous voulions atteindre avec les Vendredis Alerte Incendie. Les climatosceptiques ? Les conservateurs ? Ceux qui n'adhèrent à aucun parti ? Les activistes ? Non, il fallait plutôt viser ceux qui reconnaissent que cette crise a été engendrée par l'homme ; ceux qui soutiennent le mouvement pour le climat et aimeraient peut-être en faire plus, sans savoir quoi au juste ; ceux qui sont désemparés, paralysés, et se laissent aller à l'hédonisme ou au fatalisme. L'hédonisme est l'attitude qui consiste, puisque l'effondrement serait inéluctable, à se livrer sans retenue à une orgie consumériste. Quant au fatalisme, c'est ce vers quoi je tendais avant la fête du Travail : l'être humain a fait tant de mal à la planète qu'il ne mérite pas de survivre.

Le reste de la réunion a été consacré à définir nos revendications et nos appels à l'action. Nous avons retenu trois revendications essentielles sans lesquelles il serait impossible d'atteindre de façon viable les objectifs définis par l'accord de Paris :

– SOUTIEN AU GREEN NEW DEAL
– AUCUNE NOUVELLE EXTRACTION DE COMBUSTIBLES FOSSILES
– SORTIE PROGRESSIVE DE L'INDUSTRIE FOSSILE GRÂCE À UNE TRANSITION JUSTE VERS UNE ÉNERGIE VERTE

Enfin, nous avons décidé que nos appels à l'action seraient les suivants :

– VOTEZ !
Votez en faveur du climat à toutes les élections, petites et grandes. Votez pour les candidats qui soutiennent le Green New Deal et une transition audacieuse et responsable vers le renouvelable.

– FAITES-VOUS ENTENDRE !
Faites entendre votre voix. Engagez la discussion avec votre famille et vos collègues. Dites à vos élus que le climat ne peut plus attendre. Téléphonez, signez des pétitions, manifestez-vous dans votre mairie. Écrivez au journal local. Cessez d'enrichir les compagnies pétrolières et investissez votre argent dans un avenir durable.

– BOUGEZ-VOUS AVEC LES AUTRES !
Adhérez à une association qui cherche de vraies solutions au problème climatique. Nous sommes plus forts ensemble que seuls ! Venez manifester, sensibilisez les personnes autour de vous, enrôlez vos amis. Soyez là pour les citoyens qui luttent en première ligne contre

l'industrie fossile. Soyez là POUR NOUS TOUS. Écoutez ceux qui sont le plus affectés par le dérèglement climatique, et si vous le pouvez, aidez-les en étant présent avec eux sur le front. Commencez par prendre part au mouvement des jeunes pour le climat ou à un Vendredi Alerte Incendie dans votre ville.

En refermant le livre de Naomi, j'ai pensé qu'il y avait encore beaucoup de choses que je voulais apprendre et transmettre au plus large public possible. Les gens devaient savoir ce qui se passait vraiment! Alors j'ai proposé d'organiser une conférence avant les rassemblements, qui aborderait chaque fois un point précis de la crise climatique et laisserait la parole aux experts, aux scientifiques et aux militants. Karen Nussbaum m'a répondu qu'un rassemblement n'était pas le moment idéal mais qu'on pouvait très bien organiser une sorte de « mini-conférence » la veille, peut-être dans un théâtre de Washington, et en profiter pour filmer.

Grande militante syndicale, Karen est mon amie depuis les années 1970, lorsqu'elle a imaginé la campagne pour la paix en Indochine avec Tom et moi. Elle est la fondatrice de Working America (je siège au conseil d'administration), qui fait du travail de terrain pour l'AFL-CIO, le principal regroupement de syndicats américains. Dans les années 1980, Karen a aussi créé 9to5, l'association nationale des femmes actives. C'est elle qui a été ma source d'inspiration pour le film *9 to 5*.

Karen était là pour nous aider à construire davantage de passerelles entre le mouvement syndical et le mouvement pour le climat; quant à son mari, Ira Arlook, il avait accepté d'être le coordinateur presse des Vendredis Alerte Incendie.

C'est alors que Carla Aronsohn, de l'équipe numérique, a dit : « Dans ce cas, pourquoi ne pas mettre ces discussions sur Internet? On a quasiment terminé la création du site, on pourrait les diffuser en direct et les archiver. » Et c'est comme ça que notre conférence du jeudi soir est née.

Dans les jours suivants, j'avais une réunion importante avec huit des principaux leaders de mouvements des jeunes pour le climat. Ils étaient âgés de quatorze à vingt-trois ans et issus de Sunrise Movement, U.S. Climate Strikes, Zero Hour et Fridays for Future. Certes, ils avaient appelé les adultes à les aider dans le combat pour leur avenir, mais une star vieillissante qui débarque de Hollywood et risque de leur voler la vedette tous les vendredis ? Il me fallait – je voulais – leur bénédiction.

L'expérience a été très enrichissante. J'ai été épatée par la passion qui animait ces étudiants, leur talent de rassembleurs, leur volonté de mettre en avant les communautés vulnérables et les peuples autochtones. Et même la plus jeune n'a pas eu peur de me reprendre quand elle sentait que je m'égarais. Il a vite été évident qu'ils se réjouissaient de cette contribution à leur mouvement, mais plusieurs points restaient à régler avec eux avant mon premier Vendredi Alerte Incendie, dans dix petits jours désormais. Seraient-ils à mes côtés ? Qui devrait prendre la parole ? Sebastian Medina-Tayac et sa sœur de dix-sept ans, Jansikwe, sont membres de la Nation des Indiens Piscataway et c'était sur leurs terres, devant le Capitole, que nous allions défiler. Il a donc été convenu que Jansi commencerait par nous accueillir sur les terres de son peuple. Jerome Foster II, un étudiant afro-américain de dix-sept ans qui a fondé l'ONG OneMillionOfUs avec pour objectif d'inciter la jeune génération à s'inscrire sur les listes électorales, manifestait pour le climat chaque vendredi depuis un an. Il nous rejoindrait à pied depuis la Maison-Blanche pour prendre la parole à onze heures.

L'action se mettait en place. Ce n'était plus l'idée d'une seule et même personne. C'était devenu un vrai travail d'équipe, et les autres mouvements se sentaient inclus et entendus. On aurait presque pu croire que c'était le destin.

2

LE LANCEMENT

IL FAIT TRÈS BEAU. Le matin du 11 octobre 2019, nous nous retrouvons au United Methodist Building pour un briefing d'avant rassemblement. Je porte le manteau rouge que j'ai acheté en solde chez Neiman Marcus et une casquette à imprimé pied-de-poule destinée à cacher mes racines, que j'ai décidé de ne plus teindre. Les métamorphoses capillaires ont toujours accompagné les tournants de ma vie, et laisser mes cheveux gris au naturel semble approprié pour cette nouvelle (et peut-être dernière) transformation. Je suis encore loin de me douter que dans quelques semaines mon manteau rouge va devenir un costume de Halloween prisé et un symbole de la pop culture.

Je n'en mène pas large et je n'ai pas fermé l'œil de la nuit. À cause de cette peur familière : *Et si personne ne venait à ma fête ?* Dans l'absolu ça devrait marcher, mais nul ne peut me garantir que notre action hebdomadaire va prendre de l'ampleur et changer réellement les choses.

L'équipe est là au grand complet, plus deux intervenants et une dizaine de militants prêts à faire acte de désobéissance civile avec moi, parmi lesquels Karen Nussbaum, Annie Leonard et Steve Kretzmann, le directeur d'Oil Change International. Ma belle-petite-fille, Vasser Turner Seydel, arrive vêtue d'un pull rouge vif. J'ai filmé sa naissance, et vingt-quatre ans plus tard la voilà résolue à se faire arrêter pour aider mamie Jane. Je me sens émue et impressionnée.

Je salue les gens au fur et à mesure qu'ils entrent dans la pièce exiguë, où trônent une grande table en chêne et des chaises robustes qui m'évoquent le mobilier de mon ancien pensionnat, l'école Emma Willard.

À neuf heures trente, Sam, notre responsable logistique, nous fait taire pour procéder au briefing, qu'elle va répéter tous les vendredis suivants, expliquant où on va se rendre, qui va parler et quand, à quel endroit on fera acte de désobéissance civile et à quoi s'attendre en cas d'arrestation. Selon ses instructions, ceux qui ont décidé de courir le risque d'être arrêtés enlèvent leurs bijoux et s'assurent d'avoir cinquante dollars et une carte d'identité en cours de validité sur eux. S'ils n'ont pas l'argent, on le leur donne. Je vois Sandra Steingraber, biologiste et professeure renommée à l'Ithaca College, qui doit prendre la parole au rassemblement, ôter son collier. *Ah, ce n'est pas n'importe qui, elle est prête à se faire arrêter ! Cool !*

Ensuite Firas Nasr, de l'équipe numérique, déclare que puisque nous allons nous mettre en danger mieux vaut nous recentrer sur notre corps, et il propose une brève séance de méditation afin de nous ancrer en nous-mêmes, ce dont j'ai grand besoin pour calmer mon stress. Pour conclure, nous poussons trois cris de combat comme aux arts martiaux. Ça fonctionne.

Flanquée de mes intervenants et d'amis brandissant les pancartes de nos trois revendications, je sors dans la douce chaleur automnale. Je sens des larmes couler sur mes joues. *C'est parti.*

Une armée de photographes et de cameramen nous accueille. Marchant à reculons ils nous filment en train d'avancer et de scander des slogans. Ils sont plus nombreux que nous. Les interviews qu'Ira a programmées pour moi dans les grands médias ont de toute évidence suscité l'intérêt.

Arrivée au carrefour entre la Cour suprême et le Capitole, je ressens tout le poids de l'histoire et de l'autorité morale de ces majestueuses colonnes. Si seulement ce qui se passe derrière pouvait être à la hauteur de ces imposantes façades. Elles ajoutent encore à mon sentiment d'être à la tête d'un groupe désordonné et insignifiant. Nos voix ne sont pas assurées et de toute façon nous ne sommes pas assez nombreux pour faire vraiment du bruit. Depuis l'estrade où la banderole a été déroulée, je regarde nos supporters. C'est bien clairsemé. Ils sont cinquante à tout casser. Bah, c'est un début, et avec un peu de chance la couverture médiatique et le *live* sur les réseaux sociaux élargiront notre audience.

Je salue le public et le remercie de sa présence. « J'aimerais que vous réfléchissiez tous à une chose », dis-je ensuite. Bien. Ma voix est forte et porte loin. « À savoir que l'idéologie délétère qui a pris leurs terres aux hommes vivant autrefois ici, qui a arraché d'autres hommes à l'Afrique, les a transformés en esclaves pour travailler cette terre volée, en prétextant pour se justifier que ces victimes de kidnapping institutionnalisé n'étaient pas des êtres humains, cette même idéologie abat aussi des forêts entières et épuise la nature. Cette idéologie d'extraction et de réification du vivant est ce qui a provoqué le dérèglement climatique que nous subissons aujourd'hui, qui est sans l'ombre d'un doute causé par l'homme. »

Et sur ce, j'invite Jansikwe Medina-Tayac à nous accueillir sur les terres de son peuple.

Jansi, avec ses longs cheveux bouclés et son jean bleu clair, s'écarte de la banderole et s'approche du micro. Je suis contente qu'on se connaisse déjà. Sans le soutien des jeunes grévistes pour le climat, notre initiative n'aurait clairement pas fonctionné. Leur offrir une tribune est la preuve de notre unité.

« Bonjour à tous, je m'appelle Jansikwe. J'ai dix-sept ans et je suis membre de la Nation des Indiens Piscataway, dit-elle d'une voix assurée. Notre territoire s'étend du fleuve Potomac jusqu'à la baie de

Chesapeake. Si je suis ici, c'est pour vous accueillir en ce lieu, mais aussi pour vous rappeler que les peuples autochtones luttent pour cette terre depuis le XVIIe siècle. Nous sommes les protecteurs originels de cette terre et de notre mode de vie traditionnel. »

Plus j'écoute cette très jeune femme, plus je trouve remarquable que, malgré tout ce que les colons européens ont fait subir aux peuples autochtones dans ce pays, la plupart restent accueillants et donnent volontiers des conseils pour mieux vivre en harmonie avec la nature et les autres. Au cours des quatorze Vendredis Alerte Incendie, je vais en apprendre beaucoup sur le rôle capital qu'ils jouent dans la lutte contre le changement climatique, et l'impact démesuré que l'extraction des combustibles fossiles a sur eux.

« Pour changer ce système, il nous faut d'abord admettre qu'il nous incite à prendre toujours plus sans jamais rien donner en retour, poursuit Jansikwe. Les enfants de Standing Rock ne devraient pas avoir à sécher les cours parce qu'ils se battent pour leur vie. Il faut que tout le monde, chaque main tendue, chaque cœur battant, s'unisse et nous aide à faire cesser cette destruction en règle de notre planète. » Puis elle descend de l'estrade pour aller rejoindre sa mère et son frère.

Le jour du lancement est le moment idéal pour expliquer ce qui m'a poussée à m'installer à Washington et à organiser ces actions.

« Il y a un tel flux d'infos, tout le temps. Ça finit par ne plus être qu'un bruit de fond, vous ne trouvez pas ? Mais la crise climatique doit absolument rester au premier plan dans les médias, et c'est pour ça qu'on est là. » Je raconte comment Naomi Klein, Greta Thunberg et les grévistes pour le climat m'ont inspirée et incitée à sortir de ma zone de confort. « La question pour chacun de nous est : À quoi suis-je prêt à renoncer ? Combien de temps et d'énergie accepterai-je d'y consacrer ? Quels sacrifices suis-je disposé à faire ?

« Je soutiens les jeunes à cent pour cent. Et je veux les aider à faire passer leur message. Greta Thunberg dit qu'il faut se comporter comme si on était en temps de crise. Parce que notre maison brûle. D'où le nom de ces rassemblements, les Vendredis Alerte Incendie.

« Chaque vendredi à onze heures pendant les quatre mois à venir, nous serons là. Et chaque vendredi, nous nous pencherons sur un aspect différent de la crise climatique. »

Ensuite, j'énumère nos revendications : soutien au Green New Deal, fin immédiate de l'expansion des combustibles fossiles, sortie dès que possible de l'industrie fossile et dans tous les cas d'ici à trente ans, obtention de contreparties pour les travailleurs et les populations les plus affectées par la transition. L'autre mission que nous avons est l'éducation : chaque vendredi seront invités des scientifiques, des experts, des représentants de communautés en première ligne et des stars pour parler d'un thème précis. « Il faut bien comprendre que 97 % des climatologues dans le monde s'accordent à dire que nous sommes face à une urgence absolue, que cette crise est causée par l'homme et qu'il nous reste une toute petite décennie avant d'arriver au point de bascule. Dix ans pour réduire nos émissions de CO_2 de moitié, puis atteindre la neutralité carbone en 2050. Il n'y a aucune ambiguïté. »

Puis je fais venir Jerome Foster, qui me stupéfie tant il est à l'aise sur scène. À dix-sept ans, il a déjà l'habitude de prendre la parole en meeting. Moi-même je l'ai souvent fait durant mes longues années de militantisme, mais pas de manière régulière, et ces derniers temps ma gorge a tendance à se fermer, m'empêchant de projeter ma voix. Je sais que je dois être prudente, veiller à l'échauffer et ne pas trop forcer en haussant le ton.

Jerome met l'accent sur la nécessité d'être unis. « Le changement ne pourra advenir que si nous sommes unis. Le changement ne pourra advenir que si tout le monde s'assoit autour de la table, car il n'y a que dans les fissures de la division que la corruption peut s'insinuer, dans les fissures de la division que la pollution peut s'insinuer. Nous appartenons à une seule et même Terre, un tout petit point bleu au milieu d'un océan infini de ténèbres. Et nous affirmons haut et fort qu'il faut agir comme tel, agir comme si nous n'étions qu'un peuple, qu'une planète, qu'une nation mondiale interconnectée. » Il exhorte le public à voter et à interpeller ses élus, puis nous fait répéter ce slogan :

Rendez-vous aux urnes!
Rendez-vous dans la rue!
Rendez-vous aux urnes!
Rendez-vous dans la rue!

Ensuite c'est au tour de Sandra Steingraber, la biologiste rebelle, de prendre la parole. Elle commence par expliquer que la technique de fracturation hydraulique, ou *fracking*, est « comme une boule de démolition lancée à pleine vitesse sur nos écosystèmes », qui exhume des formes de vie enfouies dans les profondeurs de la terre depuis des milliers d'années dans le but illusoire d'étancher notre soif insatiable de pétrole.

« Des diatomées, des crinoïdes, des calmars. On fait carrément exploser un cimetière d'animaux marins préhistoriques, qu'on renomme combustibles fossiles pour pouvoir brûler leurs cadavres dans les crématoriums que sont les centrales électriques et les moteurs à combustion interne », s'indigne la professeure Steingraber.

Avec son esprit brillant, elle établit des comparaisons éclairantes et montre sous un nouvel angle la destruction engendrée par notre mode de vie. C'est douloureux de l'entendre énumérer tout ce que nous avons perdu et ce que nous allons perdre encore dans un futur proche. La fracturation hydraulique contamine l'eau potable et libère des dizaines de particules cancérogènes dans l'atmosphère. Le CO_2 dégagé par le pétrole de schiste vient perturber les océans, la chaîne alimentaire et nos réservoirs d'eau, avec pour conséquence de jeter des centaines de milliers de réfugiés climatiques sur les routes.

« Des populations entières de poissons et les récifs coralliens sont en train de disparaître, continue-t-elle. Les insectes, les pollinisateurs, une pluviométrie fiable, tout cela est aussi en train de disparaître. Les mauvaises récoltes provoquent des crises migratoires partout sur la planète. Ça vous paraît intelligent, à vous, de dépendre de ce type d'énergie ? Non, c'est primaire et brutal. Brutal comme du pétrole brut. »

Et il y a une autre conséquence à cette industrie brutale qui passe quasiment inaperçue, souligne-t-elle. Les compagnies revendent les produits dérivés de la fracturation hydraulique aux usines chimiques pour fabriquer les plastiques à usage unique qui asphyxient la vie marine et finissent les trois quarts du temps à l'incinérateur – ajoutant encore à la crise climatique et à la pollution.

La passion que j'entends dans sa voix lui vient de son expérience personnelle. Il y a quarante ans, alors qu'elle avait tout juste vingt ans, un oncologue lui a diagnostiqué un cancer rare qui, d'après lui, était lié à l'environnement. Aussitôt, elle a décidé de devenir chercheuse en santé publique au lieu de faire médecine, même si à l'époque elle n'était pas sûre de vivre assez longtemps pour réaliser son rêve.

« Comme tous les adolescents, je me croyais immortelle. Quand le diagnostic est tombé, mon avenir est devenu d'un coup hypothétique et, au mieux, rempli de peur et de souffrance. Alors, si j'ai un message pour les jeunes d'aujourd'hui, c'est : je comprends. Quand vous parlez de votre avenir volé et pris en otage par les actes des générations précédentes, je comprends. Quand vous voyez les adultes autour de vous continuer à vivre comme si tout allait bien et qu'il n'y avait pas de catastrophe, je comprends. Moi aussi, je connais ce sentiment insupportable. Nous sommes tous devenus des cancéreux. »

Le discours de Sandra est une révélation : des animaux marins morts il y a 400 millions d'années sont transformés en armes de destruction massive pour les animaux marins qui peuplent nos océans actuellement.

Je n'avais pas fait le lien. Comme je n'avais pas conscience que la fabrication de plastique était l'occasion pour les compagnies pétrolières de refiler à l'industrie chimique la gestion de leurs rebuts, créant au passage l'épouvantable problème des déchets que le reste du monde s'efforce de régler. Quelle femme intéressante, cette Sandra Steingraber. Une biologiste militante avec la verve et la créativité d'une poétesse, qui, malgré les dangers qu'elle décrit, nous laisse avec un message d'espoir, celui-là même que sa mère adoptive lui a transmis quand il lui a fallu se battre contre le cancer : « Ne les laisse pas t'enterrer tant que tu n'es pas morte. »

« Mes amis, conclut-elle, je viens ici avec la science en main, avec dans mon cœur l'amour de la planète entière et de tous ceux qui la peuplent, et enfin la détermination farouche d'une survivante à se battre pour la vie contre vents et marées. L'industrie fossile ne nous enterrera pas. C'est nous qui vivrons assez longtemps pour l'enterrer. »

Je trouve son propos puissant et fort. Les images qu'elle a utilisées pour inciter à l'action me restent longtemps en tête, bien après qu'elle a quitté l'estrade. Je lui demande vite une photocopie de son remarquable discours, car je sais que j'aurai envie de le relire.

À midi, le rassemblement se termine et nous commençons à défiler derrière notre grande banderole en scandant :

La démocratie ressemble à quoi ?
La démocratie ressemble à ça !
La mer monte et notre colère aussi !

Nous longeons des voitures de police, les journalistes face à nous marchent à reculons, se cognant entre eux et trébuchant. En nous voyant arriver, le cordon de dix agents postés sur les marches du Capitole s'écarte pour nous laisser passer. Ils ont manifestement l'habitude. Nous sommes seize à monter les marches et à nous tourner face au public et aux médias, qui se font refouler plus loin par d'autres agents. « Reculez. Allez, reculez ! Jusque là-bas ! »

D'un coup, une distance infranchissable est mise entre ceux qui vont être arrêtés et les autres, même si tout le monde continue à scander des slogans. Ma belle-petite-fille, Vasser, est restée avec moi, tout comme Carroll Muffett, la directrice du CIEL (Centre pour le droit environnemental international) ; Steve Kretzmann, le directeur d'Oil Change International ; Wendy Fields, la directrice de la coalition Democracy Initiative ; Medea Benjamin, du mouvement Code Pink ; le jeune activiste Sebastian Medina-Tayac ; Annie Leonard, la directrice de Greenpeace USA ; Madeline Carretero, sa collègue ; et enfin Sandra, la biologiste poétesse.

Le chef de la police donne un premier avertissement : quittez les lieux immédiatement sous peine d'arrestation. Nous continuons à scander nos slogans. Deuxième avertissement. Quelques-uns se dégonflent, mais pas de quoi nous perturber. Au troisième avertissement, c'est fini. Un par un, les agents nous entravent les mains dans le dos avec des menottes en plastique blanc. Ça fait mal.

Je n'ai pas peur. Certes, c'est une première pour désobéissance civile, mais les arrestations, je connais. Comme en 1970, à l'aéroport de Cleveland, en revenant du Canada où j'avais entamé une grande tournée pour dénoncer les atrocités de la guerre au Vietnam.

Ce jour-là, on m'avait dit que l'ordre venait de Nixon à la Maison-Blanche. La police avait saisi mes calepins, mon carnet d'adresses et des sachets de vitamines que je prenais à chaque repas. On m'avait jetée en cellule avec une junkie en manque. Je me demandais bien ce qui allait m'arriver.

Cette fois-ci, c'est différent. Je continue à crier devant le Capitole, gonflée à bloc. Je fais ce que j'ai voulu faire, je suis tout entière, corps et âme, alignée sur mes valeurs. Je me sens libre et forte. Mes camarades semblent ressentir la même chose. Chaque fois que l'un de nous est emmené dans les fourgons de police qui nous attendent, la foule acclame, applaudit et nous exprime son soutien. Cela réchauffe le cœur.

Arrivée à l'arrière du fourgon, je vois plusieurs femmes déjà assises sur l'un des deux bancs. J'ai beau être en forme, la marche est haute, sans compter que je ne peux pas me tenir, avec mes mains menottées dans le dos. L'agent m'aide en me hissant par les fesses, et dans un flash je revois une scène de la sixième saison de *Grace et Frankie* où Peter Gallagher doit aider Grace de la même manière pour grimper dans un SUV parce qu'elle est trop vieille pour y arriver seule. *Regarde les choses en face, Fonda. C'est ta nouvelle réalité.*

On met un temps fou pour effectuer le trajet jusqu'au poste, où on est débarqués et emmenés à l'intérieur. Là, on nous fouille, et tout ce qui n'est pas vêtements – lunettes sans ordonnance, papiers d'identité, argent – est rangé dans un sac transparent à notre nom. (Vu la cause qu'on défend, cette débauche de plastique est particulièrement agaçante.) Je n'avais pas vu que mon manteau rouge avait de vraies poches, qu'il suffisait de découdre après l'achat. Du coup j'ai glissé mon argent et mon permis de conduire dans mon soutien-gorge, ce qui amuse beaucoup les policiers. Ils doivent m'ôter les menottes pour que je puisse m'en saisir.

Quelqu'un coupe nos fines menottes en plastique blanc, les jette et les remplace par des noires plus épaisses, qui se fixent à l'aide de crans et sont apparemment recyclées après usage. Puis on nous emmène dans une autre pièce renfermant deux cellules, toutes deux peintes d'un beau vert hôpital, chacune équipée d'un banc en métal qui fait office de lit et des toilettes, en métal également. Rien ne peut être descellé ni cassé. Aucun angle tranchant.

Je me retrouve enfermée avec Vasser, Sandra, Medea et Wendy Fields. Je sais que le père de Vasser s'inquiétait à l'idée qu'elle soit arrêtée, et je suis heureuse et fière qu'elle ait eu le cran d'aller jusqu'au bout. Karen, Annie, Madeline et les autres se trouvent dans la cellule voisine.

Pendant que je fais des squats le dos au mur (eh, il faut saisir toutes les occasions), nous parlons du climat et de son lien avec tellement d'autres choses, de la démocratie à la guerre en passant par la santé. Je retiens des idées pour les prochaines conférences.

J'apprends que Medea et Sandra ont toutes deux connu mon défunt ex-mari, Tom Hayden. Sandra me raconte qu'en 1965 des étudiants de l'université du Michigan ont manifesté contre les recherches militaires effectuées sur le campus et l'implication toujours plus grande des États-Unis dans la guerre du Vietnam. Tom, qui était rédacteur en chef du *Michigan Daily* à l'époque, faisait partie des trois mille manifestants qui ont occupé Angell Hall, un bâtiment jusque-là considéré comme sacré. Toute la nuit ils ont fait des discours sur l'histoire et la culture du Vietnam, et débattu des bombardements ordonnés par Lyndon Johnson. C'est comme ça qu'est né le concept de *teach-in* (terme repris pour nos conférences du jeudi soir), une sorte de conférence, de sit-in où on s'instruit, en plus de protester. L'idée s'était rapidement propagée à d'autres facs.

« En 2015, poursuit Sandra, cinquante ans après ce tout premier *teach-in*, j'ai été invitée à débattre avec Tom de la crise climatique. La conférence a eu lieu au même endroit, à Angell Hall. Je crois bien que c'est le dernier grand discours qu'il a prononcé avant sa mort. »

Cette histoire fait remonter un flot d'émotions en moi. Le jeudi suivant, ce sera notre toute première conférence ; je suis contente de pouvoir y associer Tom. Il me manque, et j'aurais aimé qu'il soit là pour nous guider, nous conseiller. La stratégie a toujours été son point fort. Je me demande ce qu'il penserait de mon arrestation pour désobéissance civile. Je sais qu'il aurait adoré voir ma belle-petite-fille en cellule avec moi. Il a toujours été partisan d'une mobilisation transgénérationnelle.

Mais pour être tout à fait honnête, je me suis souvent interrogée : aurais-je eu le courage de me lancer dans les Vendredis Alerte Incendie si Tom avait là ? J'ai toujours été admirative de son intelligence et de sa grande expérience des mouvements sociaux. Avec lui, je me sentais comme une étudiante devant son prof. S'il avait ne serait-ce que légèrement douté de mon idée (ce qui lui arrivait souvent, pour des raisons qui pouvaient sembler arbitraires et personnelles), j'aurais très bien pu faire machine arrière. Ou pas… J'ai aussi conscience d'avoir énormément gagné en assurance depuis notre divorce il y a trente ans. Peut-être aurais-je été capable de tourner sa réticence à la plaisanterie, de la voir comme une manifestation de son ego farfelu qui ne m'intimidait plus.

Au bout de trois heures, on nous fait sortir au compte-gouttes. Un agent vient dire à Medea qu'elle en est à sa troisième arrestation de l'année et qu'ils envisagent de la garder jusqu'au lendemain. Au bout du compte, ils lui donnent une date d'audience au tribunal et la libèrent, en l'avertissant que si elle est arrêtée d'ici là elle ne coupera pas à une nuit ou deux en prison. Je note ces informations, qui vont m'être fort utiles dans les semaines à venir.

Je suis l'une des dernières à sortir et, restée seule, j'ai le temps de réfléchir à notre action montée à la hâte grâce au sentiment d'urgence qui m'a assaillie il y a un mois. Je suis fière de ce que nous avons accompli. J'aime ce que j'ai entendu au lancement : respect des terres autochtones, respect de la jeunesse et respect de la science. C'est bien, mais ce n'est qu'un début. Il y a tant de choses qu'il me tarde d'apprendre sur les sujets au programme. Où en serons-nous dans un mois ? Dans deux mois ? En tout cas, je suis prête !

Environ quatre heures après mon entrée en cellule, je dépose mes empreintes, paie l'amende de cinquante dollars et récupère mes affaires. Dehors, sous un soleil éblouissant, je tombe sur notre équipe, mon assistante Debi, Annie, Madeline, Karen ; tous m'acclament, m'applaudissent, me proposent des chips, de l'eau, des clémentines. Je n'en reviens pas qu'ils m'aient attendue, tant d'amis venus me remercier de m'être fait arrêter pour la cause climatique... Ça en fait un moment très spécial. Sam m'explique que c'est le « soutien aux prisonniers ». Et pour chaque Vendredi Alerte Incendie avec des arrestations, l'équipe de soutien aux prisonniers sera toujours là, qu'il pleuve, qu'il vente ou qu'il neige, et quand j'aurai à me montrer raisonnable sous peine de sanctions plus lourdes, j'en ferai moi-même partie.

Ce premier Vendredi Alerte Incendie achève de me convaincre de l'importance de collaborer avec d'autres mouvements, de rassembler tous ceux qui œuvrent pour la démocratie, les droits de la femme, les droits des peuples autochtones, les droits des travailleurs, contre le racisme et pour la paix. Il ne s'agit pas de politesse. Cette démarche n'était pas non plus indispensable : on aurait pu se débrouiller chacun dans notre coin. Mais prendre le temps de nous rassembler nous a rendus plus forts. Il y a un proverbe qui dit : « Si tu veux aller vite, pars seul ; si tu veux aller loin, pars à plusieurs. » Plus j'en apprenais sur la crise climatique, plus je sentais que ce serait en créant une vraie communauté que nous allions réussir à lever l'armée nécessaire pour changer la manière de faire dans ce pays – réellement, et sur le long terme.

Alors que je me préparais à partir, après avoir remercié tout le monde, un journaliste de Fox TV débarque et me fourre un micro sous le nez pendant que sa caméra filme.

« Pourquoi avoir fait ça, pourquoi vous faire arrêter ? me demande-t-il de but en blanc.

– Pour obliger votre chaîne à parler du climat », je rétorque, et je m'engouffre dans la voiture qui m'attend.

3

LE GREEN NEW DEAL

J'AI DES PETITS YEUX LE LENDEMAIN MATIN, mais en prenant mon smartphone je comprends que notre premier Vendredi Alerte Incendie est devenu viral. Ira me parlera plus tard de 8 670 articles ou sujets sur Internet, à la télé et dans la presse, accompagnés d'images incroyables, en particulier de mon arrestation, moi et mon manteau rouge. Les appels et textos affluent de partout, tout le monde me félicite et me remercie de défendre la planète. Tout cela m'affole un peu.

Cette semaine-là je fais douze interviews de plus, et on a droit à plus de quatre mille mentions dans les médias… du monde entier. Entre-temps, je dois bûcher le Green New Deal (GND), thème de notre première conférence du jeudi et du deuxième Vendredi Alerte Incendie. Mes invités sont l'acteur Sam Waterston et deux grands experts du sujet. À mon âge, je vais faire mon tout premier *live* sur Internet et j'ai le trac.

Le mercredi matin, l'un des deux experts me fait savoir que sa fille est malade et qu'il ne pourra pas venir ; l'après-midi, c'est l'autre qui s'excuse auprès de Greenpeace : elle est clouée au lit. Clairement, Sam et moi n'avons pas de quoi tenir une heure sur le Green New Deal. Je passe en mode méditation pour calmer ma panique grandissante. Les semaines suivantes vont-elles être aussi rock n'roll ?

Dieu merci, le jeudi matin, Greenpeace déniche une jeune militante, Joanna Zhu (membre du service politique du Sunrise Movement), qui n'est peut-être pas une spécialiste reconnue du GND mais en sait assez pour pouvoir l'expliquer à nos spectateurs derrière leur écran.

LA CONFÉRENCE

J'arrive dans la salle de conférences de Greenpeace qui va nous servir de plateau de tournage, tôt le jeudi soir. Firas ayant suggéré de créer une ambiance familiale, j'ai loué des meubles sur Internet et aménagé un salon cosy avec canapé, fauteuils et table basse dans un coin de la pièce. Je me suis assurée que le livre de Naomi figure en bonne place sur la table basse, j'ai fauché quelques plantes sur les bureaux des employés pour décorer les consoles, et aux murs j'ai mis des affiches de Vendredi Alerte Incendie et du Green New Deal, bien sûr. C'est la première fois que je vois le produit fini, et je dois dire que ça en jette. L'équipe du documentaire est là, et Carla s'occupe de fixer un smartphone sur un trépied pour nous filmer en direct.

En l'absence de téléprompteur, j'ai des fiches pour entamer la discussion et conclure, et je vais procéder ainsi chaque fois, avec des questions aux invités, et des réflexions en supplément s'il reste du temps.

À dix-neuf heures précises, Carla lance le compte à rebours, *Trois... Deux... Un...*, et c'est parti !

« Le Green New Deal n'est pas une politique, ni même une série de mesures regroupées sous un même nom. » C'est étrange de parler à ce minuscule écran placé à deux mètres de moi. J'ai du mal à croire qu'une si petite caméra puisse être les yeux et les oreilles de dizaines de milliers de spectateurs attentifs dans le monde entier – et pourtant, c'est le cas.

Je suis tellement à cran que je présente Sam Waterston comme Sol Bergstein, le nom de son personnage dans *Grace et Frankie*, et je suis désarçonnée de l'entendre me répondre : « Non, Jane. Je ne m'appelle pas Sol Bergstein… »

« Le Green New Deal est un cadre, je poursuis. Une réponse systémique et globale aux multiples crises, du climat, de la démocratie et de l'égalité. »

Une fois ma présentation terminée, je demande à Joanna de définir le concept. Elle parle une minute au lieu de cinq, puis se tourne vers moi. Ma gorge se serre. *Quoi, c'est tout ?!* Je vais devoir improviser.

Bon, au final, on s'en est plutôt bien sortis. Mais laissez-moi d'abord vous faire un résumé détaillé, pour qu'on soit tous sur la même longueur d'onde.

Le Green New Deal

Le Green New Deal énumère les dispositions que les États-Unis doivent prendre afin de prévenir les conséquences les plus graves du dérèglement climatique. Présenté par la députée Alexandria Ocasio-Cortez et le sénateur Ed Markey en février 2019, ce « pacte vert » affirme que face aux enjeux environnementaux et climatiques nous devons limiter à 1,5 °C l'augmentation de la température terrestre par rapport à son niveau préindustriel. Cela signifie réduire les émissions de CO_2 mondiales de 40 à 60 % d'ici à 2030 – dans une décennie donc –, puis atteindre la neutralité carbone en 2050.

En tant que responsables de 20 % de ces émissions en 2014, les États-Unis doivent montrer l'exemple. Nous possédons la technologie et les capitaux nécessaires pour prouver au monde qu'on peut passer de notre mode de vie à un autre, plus durable pour tous. Le GND explique comment en dix ans nous pouvons nous mobiliser pour sauver la planète, grâce au financement sur fonds publics de milliers d'emplois bien rémunérés qui permettront d'apporter à tous les citoyens de l'eau potable, un air pur, un accès facilité à la nature et à une nourriture saine, tout en faisant de l'énergie renouvelable neutre en carbone la base de notre économie.

En ce sens, il paraît logique d'employer les termes « New Deal ». S'attaquer à de tels problèmes, qui ont un impact sur tant de gens, requiert un effort comparable au New Deal des années 1930, une période économique difficile aux États-Unis au cours de laquelle le gouvernement fédéral a su être à la hauteur. C'est un effort de cette ampleur qui est nécessaire pour parer au désastre climatique. Et le GND nous montre le chemin à suivre.

À l'instar de son ancêtre, le GND commence par proposer des emplois, et des emplois de qualité. Ils sont destinés à mettre aux normes et à moderniser les bâtiments pour un maximum de performance énergétique ; à assurer une meilleure qualité et protection de l'eau ; à régler définitivement le problème des décharges toxiques ; et plus généralement ils visent à une meilleure efficacité, sécurité, durabilité et accessibilité en termes de prix. Comme pour les postes créés par le New Deal dans les années 1930, la main-d'œuvre serait formée aux compétences les plus recherchées dans la nouvelle économie engendrée par la sortie de l'énergie fossile. Cela se ferait au niveau local, car ce sont les populations locales qui bénéficieraient de ces changements. À mesure que les industries polluantes seraient délaissées, d'autres plus durables viendraient les remplacer, boostant la croissance économique.

Par ailleurs, cette révolution ne concernerait pas que les villes. Le GND a pour objectif d'associer éleveurs, cultivateurs et propriétaires de ranchs pour combattre les émissions de CO_2 dans l'agriculture, en investissant massivement dans les véhicules électriques – camions, machines agricoles, cars, trains à grande vitesse. Le GND promeut une agriculture familiale, vise à introduire des pratiques durables d'utilisation des sols et régénérer les écosystèmes grâce à des solutions *low-tech* ayant fait leurs preuves, qui stockeraient le CO_2 dans le sol et nettoieraient les sites de déchets dangereux.

Mais là où le GND est vraiment génial, c'est qu'il est vecteur d'intégration. Il ne se préoccupe pas uniquement des émissions de CO_2. Les communautés vulnérables telles que les peuples autochtones, les minorités, les travailleurs pauvres et les ruraux sont les premières victimes de la pollution et de l'extraction des ressources naturelles : avec le GND, ils deviendraient les bénéficiaires de la transition. Les postes iraient en priorité aux ouvriers impactés par la sortie de l'énergie fossile ; l'accent serait mis sur la formation ; le droit de tous à se syndiquer et à négocier collectivement serait garanti ; et la délocalisation des emplois (et de la pollution) serait interdite.

Pour être tout à fait honnête, j'ai d'abord été contrariée de voir que la résolution d'Ocasio-Cortez et de Markey allait bien au-delà du climat. Mais à force d'étudier le sujet, je me suis rendu compte qu'il ne pouvait en être autrement. On ne peut pas simplement passer à l'éolien et au solaire et en rester là. La transition doit être conçue de manière que les populations lésées par le système d'avant puissent reprendre la main, sur le réseau de distribution énergétique mais pas seulement. Si le GND avait été une réalité en janvier 2020, il aurait été beaucoup plus facile de contenir la Covid-19, et notre système de santé aurait bien mieux résisté.

Je souhaite que les gens voient la crise climatique comme une chance de créer un monde de nouvelles possibilités, pour plus de justice, de prospérité et de santé. Si nous sommes suffisamment nombreux à le réclamer, comme dans les années 1930, nous pouvons concrétiser ce New Deal du XXIe siècle. Mais cela signifie que le mouvement pour le climat doit s'adapter.

Premièrement, les défenseurs de la nature au sens classique du terme doivent élargir leur conception de la notion d'« environnement ». Un environnement où les hydrocarbures – charbon, pétrole et gaz – sont extraits est peut-être industrialisé et pollué, mais cela reste un environnement. Beaucoup d'Américains font peu de cas des hommes et des femmes en première ligne de cette économie. Trop souvent, ces derniers restent loin des yeux, donc loin du cœur. À travers les Vendredis Alerte Incendie, je voulais me servir de ma célébrité pour braquer les projecteurs sur l'impact réel de l'industrie fossile, que celui-ci soit visible par tous. Pour que le Green New Deal voie le jour, les écologistes doivent s'unir et faire l'effort d'inclure des citoyens qui jusque-là ne considéraient pas leur environnement comme une chose qu'ils avaient le pouvoir de changer.

Par ailleurs, le mouvement pour le climat doit aborder le problème des combustibles fossiles sous deux angles : en utiliser moins et en *produire* moins. En effet, quand on parle de réduire les émissions de CO_2 dues à l'extraction d'hydrocarbures par pompage ou *fracking* – première cause de la crise climatique –, écologistes et élus se focalisent traditionnellement sur la *demande*. En d'autres termes, ils soutiennent toute approche visant à réduire la *demande* en pétrole et autres combustibles grâce au renouvelable, aux véhicules électriques, aux économies d'énergie. C'est très bien, et on en aura besoin, mais si l'on veut vraiment rester sous la barre fatidique de + 1,5 °C, il va aussi falloir réduire l'*offre*. Sans cette baisse aux deux extrémités de la chaîne, on se bornera à enregistrer le nombre croissant de panneaux solaires et de voitures électriques autour de soi et à penser que le problème est en passe d'être réglé, sans avoir conscience de la tout autre réalité de ceux qui vivent dans des environnements auxquels on ne sera jamais exposés. Donc, pour que le Green New Deal voie le jour, le mouvement pour le climat doit s'efforcer d'inclure des thèmes qui vont au-delà de la classique défense de la nature, comme se rapprocher des populations peut-être très différentes des militants. C'est ainsi que nous construirons un mouvement suffisamment fort pour gagner en veillant à ne laisser personne sur le bord de la route.

L'argument traditionnel des critiques est qu'une sortie de l'industrie fossile sera dévastatrice pour l'économie. Or, de nombreux experts voient au contraire dans le GND un potentiel énorme de création d'emplois et de croissance. Dans un article publié dans la revue *One Earth*, Marc Jacobson, professeur à l'université de Stanford, affirme que le passage à une économie 100 % verte serait amorti en sept ans. Moderniser les réseaux électriques, les transports, l'industrie, etc., pour qu'ils fonctionnent à l'éolien, au solaire et à l'hydraulique coûterait 73 000 milliards de dollars. Mais Jacobson affirme que cette dépense serait compensée par des économies annuelles de presque 11 000 milliards de dollars. Il ajoute que des études effectuées par plus de dix centres de recherche indépendants concluent qu'il serait possible de passer à 100 % de renouvelable tout en conservant un réseau électrique et/ou de chauffage stable et abordable.

Mais revenons à notre *live*. Je demande à Joanna ce qu'elle dirait aux critiques qui parlent du GND comme d'une « liste d'envies pour l'extrême gauche». J'aime bien sa réponse : «Ce n'est pas qu'une liste d'envies : c'est une liste précise de choses à faire. C'est notre déclaration d'intention.»

Aux quatre coins des États-Unis, des villes s'attellent déjà à mettre en place les idées du Green New Deal, supprimant les combustibles fossiles de leur réseau électrique, votant le passage à des transports en commun 100 % électriques, imposant des pompes à chaleur électriques dans les nouveaux logements. De formidables signes de progrès, mais sans la puissance et les ressources du gouvernement fédéral, cela n'ira ni assez vite ni assez loin. Il est bien trop tard pour la modération.

Je relance le débat. «Il y a quarante ans, les scientifiques employés par Shell et Exxon ont eux-mêmes tiré la sonnette d'alarme, prévenant que ce qu'ils rejetaient dans l'atmosphère pouvait causer des dégâts irréversibles. Si ces mêmes compagnies n'avaient pas caché ce fait au grand public, nous aurions eu le temps de procéder à une transition modérée, par paliers, vers l'énergie renouvelable.

– Oui, répond Sam, et Dieu sait que je suis modéré, mais si je suis ici, c'est pour cette raison. Parce que le temps d'agir par paliers est révolu, et même les modérés veulent se dépêcher, puisque c'est le seul choix qui nous reste.»

Sam se tourne vers la caméra : «Quel que soit votre tempérament, quel que soit votre instinct, la nouvelle définition du mot "modération", c'est prendre toutes ces mesures pleines d'audace. Vu la dimension du problème et le peu de temps qu'il nous reste pour y faire face, la modération n'est plus de mise.»

Il ajoute : «Le truc insidieux là-dedans, c'est que la catastrophe climatique ne se vit pas de la même façon selon le lieu d'habitation, et que pour un privilégié comme moi il est tout à fait possible de la nier carrément : "Je vais bien. Il y a peut-être des petits problèmes par là-bas, mais ici tout va bien." Alors qu'on a plus que jamais besoin de faire preuve d'empathie et d'imagination. On doit pouvoir se reconnaître dans les victimes d'un typhon au Japon, ou dans ces pauvres gens que le changement climatique chasse de chez eux en Amérique latine. On doit voir que leur problème est notre problème. Ce n'est pas juste de l'altruisme, c'est aussi dans notre intérêt, en réalité.

– Exact, dis-je. Et à cause de toute la chaleur que la Terre a déjà accumulée, les choses vont empirer avant de s'améliorer. Justement, une des grandes idées du Green New Deal est de faire tout ce qu'on peut pour se préparer aux épreuves terriblement difficiles qui vont nous tomber dessus de toute façon. Et un pays où on se sent respecté et en sécurité, où on gagne un salaire correct, où les communautés vulnérables ne sont pas vouées à être sacrifiées résistera bien plus efficacement aux phénomènes extrêmes. Le Green New Deal augmentera notre résilience. » Cinq mois plus tard, le coronavirus nous apprendra tragiquement l'importance d'être préparé.

Je suis épuisée après tant d'efforts pour mener à bien cette première conférence alors que, sur nous trois, il y avait deux novices et une seule experte sur le GND. Je file à mon hôtel et dors comme une souche.

LE RASSEMBLEMENT

Le lendemain a lieu le deuxième Vendredi Alerte Incendie, dans une ambiance très différente du premier. Au point de ralliement, c'est une nuée de journalistes, de paparazzi et de badauds qui nous accueille.

Au micro, je commence par évoquer brièvement le New Deal des années 1930, car je souhaite rappeler que l'Amérique sait être à la hauteur quand elle est confrontée à une crise historique.

« Ne vous y trompez pas, le changement est à notre porte, que ce soit au hasard d'une catastrophe ou par notre propre volonté. Le

Green New Deal fournit les outils pour nous guider tous vers un avenir durable. »

Nos intervenants ce jour-là sont plutôt jeunes, et en les écoutant je prends enfin conscience de l'intensité de leur traumatisme à la perspective d'hériter d'une situation invivable, et de leur amertume de devoir sacrifier leur temps, leurs études, voire le métier qu'ils s'étaient choisi, à cette lutte qui leur permettra simplement d'avoir peut-être un avenir. S'il était encore besoin de le rappeler, le GND propose aux jeunes en particulier une tout autre vision de l'avenir, qui en vaut la peine.

La première intervenante est Abigail Leedy, qui du haut de ses dix-huit ans milite activement au sein du Sunrise Movement. Elle raconte au public qu'un mois plus tôt on lui a annoncé qu'elle était prise à l'université, alors qu'elle faisait un sit-in dans le bureau d'un député en espérant obtenir son soutien au Green New Deal. Ce jour-là, elle a pensé au réchauffement climatique, à la planète qui brûle, et elle a décidé de renoncer à ses études pour défendre le GND à plein temps.

Elle nous parle de sa ville natale de Philadelphie, où les étés sont devenus les plus chauds jamais enregistrés, et de cette fois où, en terminale, elle n'a pas pu aller en cours pendant six jours : le thermomètre avait tellement grimpé que le rectorat avait ordonné aux élèves de rester chez eux, craignant pour leur santé dans les salles non climatisées.

On l'a déjà fait : le New Deal

Le premier New Deal a vu le jour à une époque d'importants troubles sociaux, quand la Grande Dépression de 1929 mit un quart des Américains au chômage. Il y eut des grèves, des manifestations et des émeutes pour protester contre l'insécurité économique. Le peuple voulait que le gouvernement fédéral intervienne.

La Grande Dépression avait aussi été une période de dégradation climatique et de migration de masse. Les compagnies pétrolières avaient encouragé les agriculteurs du Midwest à se mécaniser, ce qui avait bouleversé le cycle de l'herbe qui maintenait la couche arable en place. Lorsque la sécheresse frappa, au début des années 1930, les violents nuages de poussière tuèrent le bétail et la récolte fut très mauvaise sur ces terres labourées trop profondément, obligeant 2,5 millions de malheureux à partir. Mon père, Henry Fonda, a joué dans le film *Les Raisins de la colère*, qui évoque ce drame.

Des citoyens, ouvriers et fermiers en colère, firent connaître leurs revendications au nouveau président Roosevelt, et il leur fit une réponse importante, que nous devons garder à l'esprit aujourd'hui. Il leur dit : « Je suis d'accord avec vous. Maintenant, forcez-moi à agir. » C'est la pression de la rue qui le força à agir, et ce fut pour sortir le pays de ses souffrances qu'il lança le New Deal.

Durant les cent premiers jours de sa présidence, Roosevelt imagina des programmes fédéraux qui redonnèrent un emploi à des millions de gens dans des centaines de projets publics à travers le pays.

Par exemple, le Corps civil de protection de l'environnement recruta 3 millions de jeunes pour la préservation des Grandes Plaines ; le Service des grands travaux embaucha des millions d'ouvriers pour construire des routes et des ouvrages monumentaux tels que les barrages et les stations hydrauliques qui amenèrent l'électricité dans le Sud, via la Tennessee Valley Authority, elle aussi créée par Roosevelt. C'est grâce à ces dépenses massives pour le bien public que la classe moyenne américaine s'est développée.

Le New Deal était loin d'être parfait. Pour s'assurer le soutien des démocrates du Sud profond, Roosevelt a écarté les Afro-Américains d'un grand nombre de mesures, et les femmes ont été largement ignorées. Il faut apprendre de ces erreurs et faire mieux la prochaine fois. Mais le New Deal a vu juste sur beaucoup de choses dont nous profitons encore aujourd'hui.

Les riches et les puissants détestaient le New Deal parce qu'il créait un précédent en donnant au gouvernement fédéral un rôle central dans les affaires économiques et sociales du pays. Ils le critiquèrent comme étant fasciste ou socialiste ; des banquiers tentèrent même de renverser Roosevelt. Grandes entreprises, sociétés de chemin de fer, banques, tous fulminaient, mais ils furent désavoués par les millions d'Américains descendus dans la rue pour demander au Président qu'il en fasse plus encore, et c'est ce qui fut la clé de sa réussite.

C'est exactement le genre de leadership courageux dont va devoir faire preuve le prochain Président, et une poignée d'experts ont déjà élaboré un « plan des dix premiers jours », qui énumère les décisions pouvant être prises par décret présidentiel, sans attendre un vote du Congrès. Soyons clairs, c'est ultra-ambitieux et révolutionnaire, et oui, cela va coûter beaucoup d'argent. Mais le prix de l'inaction est encore plus grand. Rien que sur les trois dernières années, le coût total des phénomènes météorologiques extrêmes dépasse les 450 milliards de dollars ! Et la pandémie de Covid-19 a prouvé que les gouvernements savent trouver les fonds nécessaires en cas d'urgence.

Les mêmes groupes d'intérêt qui détestaient le New Deal nous affirment aujourd'hui que le Green New Deal est mauvais pour les États-Unis, qu'un gouvernement interventionniste n'est pas la bonne solution, et ils ont convaincu des tas d'électeurs avec leur discours : ceux-là mêmes qui pâtissent du désinvestissement de l'État au profit des grandes entreprises.

La vérité, c'est que le Green New Deal ressemble à ce que les Américains ont fait par le passé...

Car, comme hier, aujourd'hui nous n'avons pas le choix.

« À Philadelphie, ces dix dernières années, il y a eu plus de cent morts à cause de la canicule, poursuit Abigail Leedy. Les lycées nous renvoient chez nous, mais le plus souvent ça veut dire rester cloîtré dans un logement sans clim, dans une rue où il fait dix degrés de plus que dans les quartiers arborés de banlieue. »

Abigail évoque une raffinerie de pétrole située dans un quartier pauvre à forte densité démographique, où un grand nombre d'enfants souffrent d'asthme. Cette raffinerie a explosé en 2016, faisant pleuvoir une quantité impressionnante de débris sur les toits du sud de la ville. Il n'y a pas eu de morts, mais l'incident a libéré plus de deux tonnes d'acide fluorhydrique dans l'air.

« À Philadelphie, on meurt du pétrole, du manque d'infirmières dans les écoles, de la pauvreté. Les habitants naissent pauvres, restent pauvres, et un jour ils mourront peut-être d'une chaleur caniculaire ou d'une explosion chimique dont ils ne sont pas responsables.

« Avec mes amis, on a une blague sur le Green New Deal : on la sort chaque fois qu'on pense à un truc si génial qu'il paraît impossible. Avec le Green New Deal, les grandes chaînes de librairies deviennent des bibliothèques publiques. Avec le Green New Deal, les stations-service sont transformées en parcs. Avec le Green New Deal, il y a la clim dans chaque école. On tourne ça à la plaisanterie, mais c'est aussi très sérieux. »

Après le discours poignant d'Abigail, c'est au tour de Jasilyn Charger de parler. Elle fait partie de ces jeunes autochtones qui, en 2016, ont couru près de 2 500 kilomètres entre Standing Rock (dans le Dakota du Nord) et Washington, afin de remettre en main propre une pétition avec plus de cent quarante mille signatures au corps des ingénieurs de l'armée américaine, leur demandant de stopper la construction du Dakota Access Pipeline qui allait traverser leurs terres et leurs cours d'eau. Elle aussi s'interroge sur ces jeunes qui se retrouvent en première ligne au lieu de « vivre leur vie comme tout le monde » : « Et pourquoi ? Parce que nos cœurs et nos âmes sont assaillis par la menace qui pèse sur notre avenir. Mais aujourd'hui, quand je nous vois soutenus par des gens de tous âges, riches comme pauvres, quand je vois que nous nous dressons comme un seul homme devant le Capitole, ça me donne beaucoup de force. »

L'intervenant suivant, Charlie Jiang, un militant de Greenpeace de vingt-quatre ans, a toujours voulu être physicien pour découvrir les mystères de l'univers et s'imaginait, adulte, vivre une vie confortable.

« Mais face à une crise où tant de mes amis et de mes proches souffrent de la pollution et subisssent des incendies, les jeunes comme moi ne peuvent plus choisir le confort. Avant tout, en tant que citoyens du monde, nous avons le devoir d'être là les uns pour les autres, et je ne pouvais pas ne pas me poser la question : comment devenir physicien et regarder les étoiles quand tant de gens souffrent sur notre planète ? »

Charlie ajoute qu'une nouvelle ère, celle du Green New Deal, est possible si des millions de gens se rassemblent, descendent dans la rue, votent et osent la désobéissance civile.

« La prochaine décennie va être cruciale, et dès l'année 2020. On va avoir besoin de tout le monde et de beaucoup d'audace pour élire des dirigeants qui soutiendront le Green New Deal et passeront des lois signant la fin de l'énergie fossile. »

Je conclus le rassemblement en implorant le public d'aller voter. « Assurez-vous d'être inscrit sur les listes électorales. Assurez-vous que tout le monde dans votre entourage soit inscrit aussi. Le jour J, proposez à ceux qui ne peuvent pas se déplacer de les conduire au bureau de vote. Chaque voix compte. Et je ne parle pas seulement du Président ou des membres du Congrès, mais des gouverneurs et des élus locaux. Chacun de vos futurs représentants peut faire bouger les choses. Et avant de voter pour eux, renseignez-vous sur ce qu'ils pensent de la crise climatique. Assurez-vous qu'ils comprennent bien l'urgence, parce que les élus de novembre 2020 vont avoir un rôle capital à jouer.

Ensuite, mobilisez autour de vous. Rappelez-vous le premier New Deal, dans les années 1930. Prenez conscience que ce qui a poussé Roosevelt à agir, ce qui a vraiment sorti notre pays du désespoir, ce sont les Américains dans la rue. Ils ont forcé la main du Président. Alors manifestez. Mobilisez. Votez. »

La manifestation destinée à bloquer le carrefour entre le Capitole et la Cour suprême est chaotique, à cause de la masse de journalistes pressés autour de nous. Ils sont vraiment nombreux. La plupart sont bienveillants, mais j'ai aussi droit à : « Hé, Jane, vous avez pris l'avion pour venir ? Vous ne trouvez pas ça hypocrite ? » Ou : « Qu'est-ce qui vous donne le droit de parler d'écologie, Hanoi Jane ? » Je ne m'abaisse pas à leur répondre. Ma fille, Vanessa Vadim, m'a fait la surprise de prendre le train depuis le Vermont pour être à mes côtés. L'une de mes plus vieilles et plus proches amies, Paula Weinstein, productrice et programmatrice du Tribeca Film Festival, est là aussi. Bousculés par les caméras et les micros qui nous assaillent de toute part, nous avons le plus grand mal à avancer en rang tout en tenant la banderole « Green New Deal » de deux mètres de long.

Vanessa, Paula, Sam, l'actrice Katherine LaNasa et une vingtaine d'autres personnes ont prévu de faire acte de désobéissance civile. Je suis censée recevoir un prix ce jour-là, le Stanley Kubrick Britannia Award for Excellence in Film, mais je savais que je ne pourrais pas me rendre à la cérémonie, les Vendredis Alerte Incendie étant ma priorité. Alors, quand les policiers m'emmènent avec mes fines menottes en plastique blanc, je fais en sorte d'être filmée en train de crier : « Merci pour le prix ! Je suis très honorée ! »

Le regard d'un modéré sur la désobéissance civile
par Sam Waterston

« Mon arrestation a fait de moi un autre homme. Dans ma tête, tout s'est assemblé comme les pièces d'un puzzle, des pièces jusque-là éparpillées par la peur d'une crise climatique qui me dépasse – si je regarde les choses en face –, mais aussi par le déni, cette vieille illusion que si je fais l'autruche le problème va disparaître, ou au moins ne pas me concerner. Comme je l'ai déjà dit, je ne suis pas quelqu'un de radical. Mais quand la situation l'est – et il n'y a pas plus radical comme situation que l'urgence climatique –, un acte radical est la chose la plus modérée à faire, finalement. Pour retrouver un semblant d'intégrité, il faut accomplir un acte qui sorte de l'ordinaire. Se mettre en état d'arrestation pour une cause, c'est nouveau pour moi. Bien sûr, dans ma vie, j'ai vu passer beaucoup d'autres causes qui le méritaient, mais l'urgence climatique est tout en haut de la liste. Évidemment, il faut rester modeste sur ce qu'on peut accomplir individuellement, mais se faire passer les menottes est un très bon début ! Tout le monde devrait essayer. Comme toujours, Abraham Lincoln a mis dans le mille quand il a dit : "Nous devons avoir des pensées novatrices, suivies d'actes novateurs, et alors seulement nous sauverons notre pays." C'est exactement l'impression que ça donne, de se faire arrêter pour la cause climatique : l'impression d'avoir une pensée novatrice et de la faire suivre d'un acte novateur. Je ne saurais trop vous le recommander. »

Mes remerciements filmés reçoivent un accueil enthousiaste au gala, apparemment. J'espère que cela va inciter d'autres stars à me rejoindre. Qu'on le veuille ou non, notre société est obsédée par la célébrité, et quand une personne connue soutient publiquement un mouvement, cela fait venir la presse, donc amplifie la portée du message. La passion et l'engagement des jeunes militants pour le climat m'inspirent et m'émeuvent énormément. En y associant des stars, les Vendredis Alerte Incendie amplifieront toutes ces voix qui méritent d'être entendues.

Cette fois, vu notre nombre, au lieu de nous conduire au poste on nous emmène dans un grand entrepôt froid et humide dont la police se sert pour ce genre d'occasions. Je garde un œil sur Sam, qui bavarde avec ses camarades de cellule et semble être en pleine forme. Je sais que tout ira bien pour Paula. Elle a milité contre la guerre du Vietnam dans les années 1960 et 1970, c'est donc loin d'être sa première confrontation avec la police du Capitole.

Je rencontre des femmes intéressantes durant nos trois heures de détention : une manucure qui a entendu parler des Vendredis Alerte Incendie à la radio et décidé de venir du Delaware avec sa fille, alors qu'elles n'avaient jamais fait ça de leur vie ; une prof de rhétorique dans une fac du Midwest avec un humour à la Diane Keaton ; et une Pakistanaise qui travaille pour une association de protection des réfugiés musulmans contre la police de contrôle aux frontières.

Il fait encore jour quand nous payons nos cinquante dollars, déposons nos empreintes, et sommes libérés. Des grévistes pour le climat nous attendent en compagnie de l'équipe de soutien aux prisonniers. Je vois bien que l'expérience a affecté Sam de façon aussi intense que positive.

Quelques semaines plus tard, ce « modéré », comme il se plaît à le dire, qui ne connaissait rien à la désobéissance civile et n'avait jamais été arrêté jusque-là, ira soutenir des étudiants manifestant contre les investissements de leur université dans l'industrie fossile, pendant la mi-temps d'un match Harvard-Yale, et se fera appréhender sur le terrain. J'aurai droit à une photo de lui, menotté, avec un grand sourire aux lèvres, et ce texto : « Regarde ce que tu as fait ! » Il reviendra à Washington avec sa sœur Ellen pour le douzième Vendredi Alerte Incendie et se fera encore arrêter.

Vanessa étant partie voir des amis, Paula et moi décidons d'aller retrouver Jerome Foster qui, comme toutes les semaines, manifeste pour le climat devant la Maison-Blanche.

Ma voix faiblissant, je laisse le jeune activiste crier, bluffée par tant d'obstination et d'endurance vocale. Il reste là à scander des slogans pendant une bonne demi-heure, j'en profite pour parler réchauffement climatique avec les touristes qui s'arrêtent pour prendre des selfies, jusqu'à ce qu'il soit temps pour nous autres seniors de rentrer.

Encore une semaine terminée, encore un Vendredi Alerte Incendie à notre actif. Je sens bien que c'est en train de prendre*.

QUE FAIRE ?

L'intérêt croissant du public pour le Green New Deal est formidable ! Enfin on évoque une solution à la hauteur des exigences de la science. Mais la résolution proposée par le sénateur Ed Markey et la députée Alexandria Ocasio-Cortez n'est qu'un point de départ. Une tâche immense nous attend pour l'expliquer en détail, lui trouver davantage de soutiens et ensuite la faire devenir réalité. Il existe plusieurs façons d'aider.

Vu l'impasse dans laquelle se trouvent le Sénat et la Maison-Blanche, ce qui retarde toute action fédérale d'ampleur, on ira sans doute plus vite au niveau local. Beaucoup d'États et de villes planchent déjà sur un GND adapté à leurs besoins. À Seattle – qui est connu pour ses embouteillages –, cela passe par la gratuité des transports en commun. La Californie a fait voter une variante, qui outre la gratuité des transports propose d'augmenter la part des logements sociaux et de

---

* Voir annexe B : « La désobéissance civile », par Annie Leonard, p. 337.

s'attaquer au problème des sans-abri, une autre crise bien réelle dans cet État.

Beaucoup d'administrations locales soutiennent le Green New Deal, même si elles le baptisent autrement. Vingt États et une centaine de villes visent les 100 % d'électricité renouvelable. Alors commencez par vérifier s'il y a une initiative qui va dans ce sens – peu importe le nom – là où vous habitez. Sinon, contactez une association et écrivez à vos élus locaux pour les pousser à s'y mettre. Entamez le dialogue dans votre quartier afin de déterminer ce qu'il faudrait faire pour initier un GND.

Les mesures prises par votre ville en faveur du climat seront meilleures et le soutien plus grand si les différents acteurs (y compris les syndicats et les mouvements de justice environnementale) y sont associés dès le début. Sur le site de The New Consensus, vous trouverez toutes les informations utiles pour obtenir l'unanimité autour du GND : étudiez les mesures et concoctez le pacte vert le mieux adapté à votre communauté. Le Sunrise Movement propose des tas d'outils aux jeunes qui souhaitent s'engager, dont un guide pour créer un groupe local de soutien au GND. Leur site énumère les sénateurs et députés qui soutiennent officiellement la résolution : vérifiez que vos élus sont bien sur la liste. Sinon, appelez-les pour les faire changer d'avis – et embauchez vos amis pour qu'ils en fassent autant.

Le GND fait beaucoup d'émules : les militants de Red Nation ont créé un « Red Deal » qui intègre la sagesse des chefs autochtones ; les défenseurs des océans rédigent un « Blue New Deal » pour protéger nos océans en même temps que le climat ; et les féministes ont établi toute une liste de principes à ajouter au GND. Discutez de la meilleure façon d'insérer ces idées – et d'autres – dans la campagne que vous aurez lancée ou rejointe.

Quand vous détaillerez le programme du GND à votre entourage, n'oubliez pas de mentionner la sortie définitive de l'énergie fossile !

Cela signifie l'interdiction de tout nouveau permis d'exploitation, une réduction progressive et responsable des exploitations en cours, et l'assurance, pour ceux qui perdent leur emploi dans l'industrie fossile, d'en retrouver un correct ailleurs. Un Green New Deal qui promet l'égalité et la sécurité pour tous aura le pouvoir de guider notre pays vers le bien-être tout en s'attaquant de front au problème climatique.

Bien évidemment, le Green New Deal ne deviendra réalité que si nous élisons des candidats en faveur du climat à chaque niveau du pouvoir. Demandez à tous – Président, gouverneur, maire, conseiller municipal, membre de la commission d'urbanisme – s'ils sont pour le GND. Faites-leur savoir que vous voterez en faveur du climat le jour des élections – et tous les jours, d'ailleurs ! Assurez-vous que vos amis, vos voisins, vos collègues sont inscrits sur les listes électorales, et ensuite allons tous voter vert !

En France*, ce type de projets peut être porté par des associations comme ATTAC : https://france.attac.org/, ou le collectif Plus jamais ça : https://plus-jamais.org/.

* À la fin de chaque chapitre, l'éditeur, avec la précieuse collaboration de Greenpeace France, a décidé de proposer des pistes d'engagement dans des associations présentes en France.

4

LES OCÉANS ET LE CHANGEMENT CLIMATIQUE

La troisième semaine est probablement la plus dure pour moi physiquement. Le samedi, je saute dans un avion pour la Californie, où j'ai cinq contrats de doublage de voix à honorer avec Lily Tomlin dans un studio des environs de Los Angeles. Le jeudi suivant, j'anime la conférence par webcam, puis je fonce prendre le vol de nuit pour Washington afin d'être à l'heure au rassemblement. Il faut savoir que les vols de nuit et moi, ça fait deux.

Ce Vendredi Alerte Incendie est plein d'émotion. Les deux premiers portaient sur mes raisons d'agir, nos revendications et sur ce qui, selon nous, était la solution. Mais cette semaine, j'entame enfin l'étude des conséquences du dérèglement climatique sur la planète, à commencer par les océans. J'ai l'estomac noué.

J'ai grandi à Brentwood, en Californie. Jusqu'à mes dix ans, avant l'apparition des autoroutes et du smog, je pouvais admirer depuis notre maison dans les collines le vaste océan Pacifique, une source d'inspiration pour le garçon manqué que j'étais. Je passais tous mes étés sur la plage de Santa Monica, à plonger dans les vagues et à faire du bodysurf avec mon frère. J'ai fait du snorkeling autour de la Grande Barrière de corail à une époque où elle débordait de vie. Jamais je n'oublierai la première fois que j'ai plongé depuis l'aile d'un hydravion au large, avec pour seuls compagnons mon fils et ma fille. L'extravagante variété de couleurs et de formes était ahurissante. J'ai plongé avec mes enfants dans les Caraïbes, avec les tortues de mer et les phoques aux îles Galapagos. J'ai pêché en haute mer avec tous les hommes importants de ma vie, à commencer par mon père. J'ai vécu dix ans avec Ted Turner, qui a sillonné les mers du globe et même gagné l'America's Cup. Son respect et son amour pour l'océan étaient contagieux. Quand je pense que mes petits-enfants ne connaîtront pas ces merveilles, cela me brise le cœur. Bref, le sujet me touche profondément et les dégâts causés par l'homme m'y rendent d'autant plus sensible.

J'ai beau avoir aimé l'océan toute ma vie, je découvre que j'ignore beaucoup de choses sur lui et il me tarde d'en apprendre davantage avec nos experts du Vendredi Alerte Incendie.

LA CONFÉRENCE

L'un de nos invités est John Hocevar, le directeur de campagne de Greenpeace pour les océans, et ce qu'il dit est une révélation.

« Les océans absorbent 93 % de la chaleur générée par l'homme et 40 % du dioxyde de carbone produit. En réalité, les océans représentent nos meilleurs alliés dans la lutte contre le changement climatique. Que se passera-t-il si on ne parvient pas à freiner les dégâts qu'on leur cause ? La crise climatique s'accélérera toujours plus.

« L'homme a déjà mangé 90 % des gros poissons de la planète, ce qui signifie que les entreprises qui exploitent les produits de la mer ont plus de mal à générer des bénéfices. Résultat : beaucoup réduisent leurs coûts en versant des salaires de misère à leurs employés. Certaines ont même carrément cessé de les payer. »

John raconte qu'avec son équipe de Greenpeace, il a été témoin de trafic d'êtres humains, de travail forcé, de servitude pour dettes, et même d'esclavage sur certains bateaux de pêche.

« Outre le problème des conditions de travail et de la surpêche, il y a celui des prises accessoires, c'est-à-dire la pêche accidentelle – parfois pas si accidentelle que ça – d'un million de requins et de centaines de milliers de tortues de mer pris dans les filets chaque année. L'association Oceana estime qu'entre les prises accessoires et la demande en ailerons pour la soupe, on tue 100 millions de requins par an.

« Saviez-vous que pour 3 milliards d'êtres humains 20 % des protéines de leur régime alimentaire proviennent de la mer ? Saviez-vous que la moitié de l'oxygène que nous respirons provient des océans ? Pour être précis, cet oxygène est généré par des plantes microscopiques, le phytoplancton. Et ces plantes vitales figurent parmi les premières victimes de l'acidification des océans.

« Plus on brûle de charbon, de pétrole et de gaz, plus le CO_2 monte dans l'atmosphère et réchauffe le globe. C'est le réchauffement climatique. Mais une grande partie du CO_2 est aussi absorbée par les océans, ce qui augmente l'acidité de l'eau. Et cette acidité entraîne des problèmes pour certains organismes comme les palourdes, les huîtres et les récifs coralliens, qui n'arrivent plus à régénérer leur coquille de calcium.

« Mais la conséquence la plus grave est sans aucun doute l'effet délétère sur le plancton et le phytoplancton, ces créatures microscopiques qui constituent la base de la chaîne alimentaire et nourrissent tout le monde, du plus petit poisson à la baleine. La plupart, y compris le phytoplancton producteur d'oxygène, ne sortiront pas indemnes de l'acidification des océans. Ils commencent déjà à se dégrader, et certains ont disparu.

« Que se passera-t-il le jour où nous perdrons des variétés entières de plancton ? On n'en sait rien. Mais déjà les océans produisent moins d'oxygène qu'il y a quelques années. L'homme est comme un savant fou en train de faire une expérience à l'échelle mondiale sans aucun contrôle, et ça ne va pas du tout.

« Les plates-formes offshore constituent l'un des grands responsables du dérèglement climatique », poursuit John. Il a raison : le forage sous-marin dégrade l'environnement ; les marées noires et la combustion du pétrole extrait de l'océan y contribuent pour beaucoup. John décrit la conséquence directe qu'une marée noire a eue sur un écosystème. « Après l'explosion de Deepwater Horizon dans le golfe du Mexique, je me suis rendu sur place avec des scientifiques à bord de l'*Arctic Sunrise*, le bateau de Greenpeace, pour constater l'ampleur des dégâts. Ce que j'y ai vu, les répercussions sur les oiseaux marins, sur les dauphins, littéralement sur tout ce qui nage et se pose dans le golfe du Mexique, m'a donné des cauchemars pendant des semaines. Encore une fois, ça ne va pas. On ne peut pas se contenter de rester les bras croisés. »

Nous avons aussi la chance d'avoir comme invité à cette conférence l'acteur Ted Danson, qui défend depuis des années la cause des océans. C'est inhabituel pour une star d'être experte sur un sujet tel que celui-ci, mais c'est son cas, et je me suis arrangée pour programmer ce Vendredi Alerte Incendie à un moment où il était libre.

« Un tiers de la pêche mondiale est rejeté en mer », commence Ted. Il explique qu'en 2002, quand son propre mouvement (American Oceans Campaign) a fusionné avec Oceana et que Ted a intégré le conseil d'administration, ils se sont penchés sur le grave problème de la surpêche et des prises accessoires. « Avant, les bateaux devaient remonter les filets dès que ceux-ci touchaient les fonds rocheux, non pas pour protéger ces fragiles habitats mais pour ne pas déchirer leurs filets. Puis les moteurs et le matériel se sont perfectionnés, du moins ceux des gros chalutiers, qui ont eu assez de puissance pour laisser leurs énormes filets racler les fonds marins, détruisant tout sur leur passage et transformant le plancher océanique en gravière. Et comme John l'a dit, une fois remontés ces immenses filets sont remplis de toutes sortes d'animaux marins qui ne sont pas censés être là, et que l'on rejette par-dessus bord.

« Notre message chez Oceana est devenu "Sauvons les océans, nourrissons le monde", ajoute Ted. Nous collaborons avec les systèmes de management environnemental des vingt plus grands pays côtiers pour les aider à opérer une transition vers une pêche durable. Ceux qui ont investi dans les gros chalutiers nous mettent des bâtons dans les roues, mais les populations locales comprennent bien que si les pêcheries sont mieux gérées il y aura plus de poissons, plus d'argent, plus d'emplois et plus de nourriture pour tout le monde. L'expérience l'a prouvé à maintes et maintes reprises. Il faut savoir que dans la plupart des pays les pêcheries et les nurseries se situent à moins de trois cents kilomètres des zones économiques. »

John nous rappelle que s'il est essentiel de protéger les eaux côtières pour sauver les tortues de mer, les baleines, les oiseaux marins et les thons, on doit prendre soin de la haute mer aussi.

« Toutes ces espèces sont des animaux migrateurs qui sillonnent les océans du monde entier. Et il faut savoir qu'aujourd'hui la haute mer est très mal réglementée, voire non protégée, et avec la pêche illégale c'est carrément le Far West, là-bas. Et les espèces migratrices qui viennent nicher dans nos eaux côtières risquent de disparaître, même si les côtes, elles, sont protégées. »

Je décide d'intervenir : « S'il vous plaît, John, donnez-nous quelques raisons de ne pas désespérer. »

Heureusement, il y en a. Il nous assure avoir connu de vrais succès récemment et ajoute qu'à l'été 2019, plus de cent quatre-vingt-dix pays se sont réunis à l'ONU pour entamer les négociations d'un traité international visant à créer des réserves qui aideront à protéger et développer la vie marine. La réserve est le moyen le plus éprouvé et le plus rentable de redynamiser les stocks de poissons en déclin, préserver la biodiversité et accroître la résilience des écosystèmes et des espèces, afin de leur donner une vraie chance de survivre au dérèglement climatique, à la pollution par le plastique et à l'acidification des océans.

« Si on s'y prend bien, et on n'a pas d'autre choix que de s'y prendre bien, ce traité va nous permettre d'augmenter considérablement le nombre de réserves marines et donc, pour la première fois, de protéger 30 % des océans. Aujourd'hui, 2 % des océans sont pleinement protégés, et 5 % partiellement protégés, mais les scientifiques disent qu'il faut impérativement atteindre au moins les 30 % d'ici à 2030. »

Ted nous donne une autre bonne nouvelle, qui concerne la protection des stocks de poissons. Oceana s'est associée à Google et à SkyTruth, une ONG qui utilise les satellites pour surveiller les océans via le programme Global Fishing Watch, en partie financé par un don généreux de Leonardo DiCaprio. Tous les bateaux de plus de 300 tonnes naviguant dans les eaux internationales, et qui peuvent mesurer jusqu'à 90 mètres de long et pêcher 350 tonnes de poisson par jour, ont l'obligation d'avoir à bord un appareil qui donne aux satellites leurs positions présentes et passées. Quand un bateau de ce genre trace à toute vitesse dans une réserve protégée, on sait qu'il se rend ailleurs et ne fait que passer. Mais si d'un coup il ralentit ou sillonne la zone, il y a de fortes chances pour qu'il soit en train de pêcher clandestinement. Si l'on parvient à transmettre l'info à terre, quand ce bateau arrive dans un port, les autorités sont à même de le contrôler et de sévir. Mais il est également nécessaire d'intervenir sur zone car certains se font ravitailler en haute mer et en profitent pour décharger leur pêche illégale sur un second navire. En outre, si une inspection révèle que le bateau ne se contente pas de pêcher mais est impliqué dans un trafic d'êtres humains, de drogue ou d'armes, des militants peuvent faire pression sur sa compagnie d'assurances : « Vous voyez, là, le chalutier que vous assurez, voici la preuve de tout ce qu'il fait d'illégal. Vous êtes sûr de vouloir le garder comme client ? » Sans assurance, un bateau n'a pas le droit d'être exploité.

J'ai appris beaucoup de choses à cette conférence. Je ne savais rien du rôle joué par l'océan dans la formation de l'air que nous respirons, et découvrir tout ce que l'homme lui fait subir m'empêche de dormir. Allongée dans mon lit, je me lance dans des discussions imaginaires avec des sénateurs climatosceptiques, mais je me sens impuissante car je n'ai pas les mots pour leur faire comprendre la gravité des enjeux et les persuader d'agir.

Peuvent-ils continuer à ignorer le réchauffement dramatique de la péninsule Antarctique, et le fait que c'est pire en Arctique ? Et qu'à mesure de la fonte de la banquise disparaît aussi le précieux krill, ce petit crustacé ressemblant à une crevette, base de l'alimentation des manchots, des baleines et de tant d'autres espèces ?

DOIT-ON MANGER DU POISSON ?
par Ted Danson

« Je ne crois pas qu'il faille cesser de manger du poisson. En revanche, il est important de s'informer sur ceux qu'on ne devrait pas manger : le marlin, l'espadon, le maquereau roi, le requin. En clair, les super-prédateurs. Ceux-là, on ne devrait pas y toucher parce qu'ils contiennent trop de mercure, accumulé à force de se nourrir de poissons ayant eux-mêmes absorbé ce produit toxique. Une autre raison de ne pas manger les gros poissons est qu'ils ont un cycle de reproduction beaucoup plus long que les autres. En les capturant, on ne leur laisse pas le temps de se reproduire, ce qui fait décliner la population de l'espèce.

« La devise d'Oceana est : Mangez petit, local et sauvage. Des sardines, des anchois. Il y a des tas de très bons poissons que l'on peut consommer sans risque pour notre santé ni l'environnement. Attention aux poissons d'élevage comme le saumon ou le thon, qu'il vaut mieux éviter parce qu'ils sont carnivores : il faut plus de 2 kilos de poissons sauvages broyés pour produire 500 grammes de saumon d'élevage par exemple. On pourrait directement se nourrir de la plupart de ces petites espèces, ce qui ôterait du coup toute rentabilité au poisson d'élevage. »

Comment convaincre les décideurs de l'importance de protéger les baleines ? Elles jouent un rôle capital dans la lutte contre le changement climatique. À elle seule, une baleine capte jusqu'à 33 tonnes de CO_2 au cours de sa vie : elle mange du plancton, lequel a absorbé du CO_2, et une fois la digestion terminée ses excréments se déposent sur les fonds marins. Le jour où elle meurt, c'est son corps qui va reposer au fond de la mer, stockant tout ce gaz à effet de serre sur le plancher océanique. Ainsi, toute sa vie, et même dans sa mort, la baleine contribue à retirer du CO_2 de l'atmosphère.

Si seulement nos élus comprenaient qu'en ramenant les populations de baleines au niveau où elles se trouvaient avant leur destruction par l'homme, on pourrait capter 1,7 milliard de tonnes de CO_2 par an. Cela a beau faire consensus parmi les scientifiques, il existe encore trop de politiciens pour nier le problème des émissions de CO_2.

À la fin de la conférence, Ted me surprend. Il explique que le jour de ses soixante-dix ans il s'est dit qu'il était temps de ralentir le rythme, de se détendre et de profiter de la vie. « Et puis tu m'as appelé et tu m'as dit que tu allais à Washington pour t'attaquer à la crise climatique, et tu m'as demandé de faire acte de désobéissance civile avec toi, donc de risquer l'arrestation. Cette éventualité de la détention m'a remis les idées en place, et j'ai pris conscience que tout ce qu'on fait, ce que des gens dans le monde entier font pour revitaliser les océans, peut être défait par le dérèglement climatique, l'acidification, le réchauffement de l'eau, le fléau du plastique – qui a un lien avec le pétrole, évidemment. On en revient toujours à l'énergie fossile. Enfin bref, je commence à voir tout ça sous un nouvel angle. »

Nous n'en sommes qu'à notre troisième Vendredi Alerte Incendie et déjà Ted Danson, influenceur de poids, commence à voir les choses sous un nouvel angle. Vous imaginez ce que ça signifie pour moi ?

LE RASSEMBLEMENT

Au rassemblement, Jennifer Jacquet, maîtresse de conférences en sciences de l'environnement à l'université de New York, spécialiste d'écologie marine et de biologie évolutionniste, nous encourage à penser aux animaux, sur terre et dans la mer, autrement que comme à des denrées comestibles. « Les espèces aquatiques, explique-t-elle, sont les derniers animaux sauvages de la planète à être chassés pour nourrir l'homme. Chaque année, la pêche industrielle tue, au bas mot, mille milliards de poissons. On ne les voit pas comme des espèces ; on les voit comme de la nourriture. » Elle ajoute que, pour fuir une eau devenue trop chaude, les poissons se déplacent en direction des pôles au rythme de vingt-six kilomètres par décennie. Cela signifie que beaucoup auront disparu des tropiques d'ici à 2050. La manière dont le poisson réagit aux fluctuations de son environnement en dit long sur l'avenir.

« Certains disent que le déplacement des poissons constitue une chance pour les pêcheurs en Arctique, d'autres s'inquiètent des conflits géopolitiques potentiels. Ils en parlent comme de simples ressources, au lieu de voir que c'est la nature qui nous envoie un signal d'alarme. Les coraux blanchissent et les poissons se déplacent parce qu'on a rendu leur monde inhabitable. Ils se déplacent juste pour pouvoir respirer. Cependant, le réchauffement climatique n'est qu'une menace parmi d'autres pour les animaux aquatiques. La plus grande de toutes reste l'exploitation directe, l'industrie de la pêche au niveau mondial. Il faut mettre un terme à la pêche industrielle. »

Les tortues de mer doivent faire face à une autre conséquence du changement climatique, et elle est pénible à entendre. Ce que j'apprends ce jour-là restera gravé pour toujours dans mon cœur. Comme je l'ai dit plus haut, j'ai eu la chance de faire du snorkeling avec des tortues de mer, et j'étais si près que je les ai regardées dans les yeux. C'étaient des yeux empreints de gentillesse et de tristesse, la version reptilienne du golden retriever. John Hocevar m'a expliqué que le sexe des tortues de mer dépend de la température de l'œuf et que, à cause du réchauffement des océans, la quasi-totalité des bébés tortues nés en Floride sont des femelles désormais. Cela fait des années qu'aucun mâle n'éclot ou presque. Résultat, pas de reproduction possible.

Avant le rassemblement, j'ai demandé à John de terminer sur une note d'espoir, et surtout de proposer du concret. C'est exactement ce qu'il fait. « J'avoue que je dois lutter contre le désespoir quand je pense à ce qu'on inflige aux océans, mais ce qui m'aide c'est d'agir, m'efforcer d'avoir un impact positif sur ce sujet qui me tient à cœur, et ça peut vous aider aussi.

« Il est grand temps de faire un scandale. Les scientifiques sont catégoriques : les océans vont mal et *nous* allons mal, dit-il pour inciter le public à réagir.

« Il faut faire tout ce qu'on peut individuellement, c'est important. Mais notre vrai pouvoir consiste à nous unir pour faire comprendre aux politiciens et aux grandes entreprises que nous exigeons d'autres options que celles qui ont pour résultat la destruction de la planète. À chaque petite victoire, faites-le savoir et incitez les autres à s'engager, puis passez au niveau supérieur, travaillez au corps votre ville, votre comté, votre État, votre pays. Promis, vous ne serez pas seuls. »

La situation critique des tortues de mer
par Whitney Crowder

Whitney Crowder travaille au centre écologique de Gumbo Limbo, en Floride, où elle gère la réhabilitation des tortues de mer.

« Le taux de mortalité des tortues de mer atteint des records et c'est notre faute », dit d'emblée Whitney. Elle décrit les tortues qui meurent de faim, l'estomac trop rempli de plastique pour pouvoir ingérer de la nourriture. Celles qui s'asphyxient, empêtrées dans des filets de pêche, ou sous le poids de nos déchets. La pollution déclenche des tumeurs qui se propagent à l'ensemble de leur corps, y compris leurs yeux et leurs nageoires, les rendant aveugles et incapables de nager. Tout cela, Whitney en a été témoin.

« Chaque année, à cause des vents anormalement forts, des centaines de bébés sont rejetés sur les plages de Floride et la plupart d'entre eux meurent. Cette année, 100 % des tortues mortes qu'on a ramassées avaient l'estomac gavé de plastique. Toutes les tortues de mer sont gavées de plastique. Dans l'estomac d'un bébé, on a retrouvé pas moins de cent quatre morceaux de plastique. Ces bêtes pourtant robustes, qui ont survécu à l'extinction des dinosaures, se font décimer par les déchets qui engorgent la surface de l'eau. *Nos* déchets, qui prolifèrent dans les océans et se décomposent sous l'action du soleil et de l'eau salée en petits morceaux que les animaux ingèrent. Avant, on pensait que c'était un problème uniquement pour les espèces vivant dans les eaux côtières, mais on s'est rendu compte que cette pollution au plastique s'est infiltrée partout, jusqu'au plancher océanique, ce qui en fait un danger pour l'ensemble de la vie marine.

« Si les tortues de mer disparaissent, il y aura des effets en cascade dont on ne se remettra peut-être jamais, conclut-elle. Elles sont un indicateur fiable de la santé des océans. Et sans océans en bonne santé, pas de vie sur terre. Les océans ne peuvent pas attendre. Je n'avais jamais ressenti que le temps manquait à ce point. Les tortues de mer nous avertissent qu'elles sont en difficulté, et nous avec elles. Est-il possible qu'en les sauvant on sauve aussi l'humanité ? On peut renverser la vapeur, et je pense qu'on y arrivera parce que l'avenir de nos enfants dépend de notre capacité à passer à l'acte maintenant. »

Accompagnée de Ted Danson, je rejoins ceux qui ont décidé de faire acte de désobéissance civile, et ils sont nombreux. J'aperçois Ted au moment où on le menotte. Il est radieux.

Il fait encore jour quand nous sommes libérés, et l'équipe de soutien aux prisonniers nous attend. Étant sortie avant Ted, je m'avance quand il sort à son tour pour le serrer dans mes bras et le remercier, mais il prend mon visage dans ses mains et dit : « Non, merci à toi, Jane. C'est important ce qui s'est passé aujourd'hui. » Et à sa façon de parler, de m'obliger à le regarder dans les yeux, je comprends que quelque chose a changé en lui.

Les stars ne sont pas les seules personnes à m'avoir parlé de l'effet positif que la désobéissance civile a eu sur elles. Pour la plupart c'était nouveau, et très souvent on m'a dit : « Je ne serai plus le/la même. » J'ai beaucoup réfléchi à cette phrase. Je pense que leur réaction vient du fait qu'elles ont pris la décision consciente de se mettre physiquement en danger pour une cause qui leur semble juste et importante. Dans ce genre de situation, vous ne savez pas bien ce qui va arriver, hormis que vous allez être arrêté et que pendant un certain temps vous n'allez rien maîtriser ; et malgré tout, vous foncez. Pour moi, c'est comme entrer dans un état de plénitude. J'aligne mon corps sur mes valeurs, et c'est une chose qu'on a rarement l'occasion de faire de nos jours.

QUE FAIRE ?

Que vous habitiez près ou loin de l'océan, vous pouvez contribuer à préserver et à régénérer la vie marine. Pour commencer, mangez tout simplement moins de poisson ! Réduisez votre consommation, pour protéger les océans mais aussi les populations qui dépendent du poisson pour se nourrir et vivre, comme les insulaires. Si vous devez en manger régulièrement, optez pour les petites – mais non moins délicieuses ! – espèces en bas de la chaîne alimentaire, telles que l'anchois, la sardine, le hareng, le maquereau. Sur le site de Greenpeace par exemple, vous pouvez trouver une liste des espèces conseillées.

Les poissonneries doivent entendre de leurs clients qu'ils sont favorables à une pêche durable. Demandez dans votre supermarché, à votre vendeur sur le marché ou aux restaurateurs d'où provient leur poisson. Savent-ils si la population totale de l'espèce se porte bien ? (Profitez-en pour vous renseigner sur Internet avant, histoire de leur donner les réponses s'ils ne les ont pas.) Le poisson est-il d'élevage ou sauvage ? Issu de pêche locale artisanale ou de chalutage destructeur de fonds marins et de tonnes d'animaux capturés en prises accessoires ? Les marins sur ce bateau ou les employés de l'entreprise sont-ils bien traités et payés correctement ? Le détaillant a-t-il les moyens de vérifier que ce qu'il vend n'a pas été pêché par des personnes surexploitées ? S'il n'en sait rien, encouragez-le à se renseigner pour qu'il ne soit pas complice d'un délit – et vous non plus par ricochet.

Bien entendu, l'employée du rayon poissonnerie ou l'hôtesse de caisse ne sera peut-être pas en mesure de vous répondre, ni d'influer sur les pratiques de son employeur, donc soyez toujours respectueux et poli. En revanche, on sait que les réclamations répétées des clients peuvent arriver aux oreilles de la direction et changer les choses. Si un nombre suffisant de clients osent parler, le supermarché peut très bien se tourner vers la pêche durable et l'approvisionnement éthique dans sa stratégie marketing, pour mieux s'en vanter.

Parallèlement à cela, étant donné que nos activités sur terre ont un impact sur la mer, nos choix personnels – par exemple notre manière de nous rendre au travail, de jardiner ou de faire nos courses – peuvent aider à réduire la quantité de polluants qui terminent leur course dans les océans, surtout si nous sommes beaucoup à nous en soucier. Autant que possible, prenez le vélo au lieu de la voiture ; bannissez les pesticides et les engrais chimiques au jardin ; et évitez au maximum l'achat de plastique, surtout celui à usage unique, que l'on jette aussitôt utilisé.

Si vous avez la chance de passer du temps en bord de mer, prenez des photos de détritus que vous repérez sur la plage ou dans l'eau. Zoomez bien sur le logo de l'entreprise qui a engendré cette pollution et faites-lui savoir que vous attendez autre chose d'elle. Si vous êtes sur les réseaux sociaux, postez les photos en mode public et taguez les entreprises concernées pour qu'elles sachent que leurs clients sont attentifs.

S'il est important de faire évoluer nos habitudes de consommation, le vrai changement viendra d'actions collectives et politiques. Demandez à vos élus si dans les parcs et les écoles de la ville on utilise des pesticides et des engrais chimiques, qui contribuent largement à créer dans les océans des zones mortes, où le niveau d'oxygène est si bas qu'il ne peut y avoir de vie. Enrôlez vos voisins et amis pour réclamer l'interdiction de ces produits toxiques. Des espaces verts sans intrants chimiques, c'est mieux pour les enfants, mieux pour les employés municipaux, mieux pour la petite faune locale et mieux pour les océans. Au-delà du parc de quartier, demandez à votre employeur de réduire, voire d'éliminer l'utilisation des pesticides et des engrais chimiques sur votre lieu de travail.

Écrivez à vos élus pour leur dire que le sujet vous tient à cœur, les informer et les inciter à agir. Cela prend du temps, mais heureusement vous n'êtes pas seul. Des tas d'associations peuvent vous épauler. Adhérez à Greenpeace, Surfrider, Oceana ou tout autre mouvement de protection des océans, et demandez à vos proches d'en faire autant. En France, vous pouvez vous engager auprès de Surfrider Foundation Europe : https://surfrider.eu/, Bloom : https://www.bloomassociation.org/, Sea Shepherd : https://www.seashepherd.fr/, Greenpeace France : https://www.greenpeace.fr/, WWF : https://www.wwf.fr/ ou encore Zearth : http://www.zea.earth.

Enfin et surtout, rappelez-vous qu'un océan en bonne santé ne peut être que bénéfique pour le climat ! Et réciproquement : au-delà de ce chapitre, toutes les solutions que nous proposons dans ce livre aident à protéger les océans. Ils ont besoin de nous et nous avons besoin d'eux.

5

LES FEMMES ET LE CHANGEMENT CLIMATIQUE

Je travaille dur la première semaine de novembre, me rendant à Detroit pour honorer un dernier contrat de doublage avec Lily Tomlin, répondant à des interviews, effectuant des recherches pour la conférence du jeudi, discutant avec mon avocate des conséquences de ma prochaine arrestation. Car les trois premières m'ayant valu une date d'audience au tribunal, il est fort probable que je passe la nuit en prison. Ça me va. J'y suis déjà allée… mais jamais pour désobéissance civile.

Je suis sûre que cette semaine, avec le thème des femmes face à la crise climatique, va être drôle et animée. Beaucoup d'amies ont prévu de venir, comme Catherine Flowers, fondatrice du Centre pour l'initiative rurale et la justice environnementale (je siège au conseil d'administration), et mes deux copines de Big Sur, Rosanna Arquette et Catherine Keener, qui étaient avec moi quand l'idée d'aller me battre pour le climat à Washington a germé dans mon esprit. Il me tarde qu'elles voient comment elle a évolué. Ma fille Vanessa a décidé de rempiler. Hasard étonnant, ma fille adoptive, Mary « Lulu » Williams, rentre aux États-Unis cette semaine-là, après avoir passé deux ans à enseigner l'anglais dans un village ougandais en tant que volontaire du Peace Corps ; elle a promis de venir au rassemblement – et restera en fait avec moi jusqu'à la fin de mon séjour. Enfin, la fougueuse Eve Ensler, mon amie dramaturge et militante, sera là.

Pendant des milliers d'années, le paradigme patriarcal a dominé. C'est ce paradigme qui a entraîné la crise climatique ; une mentalité d'exploitation et du je-consomme-je-jette qui traite les travailleurs, les individus différents, les femmes et la nature comme des marchandises à la disposition de l'homme pour son bon plaisir et son profit. Partout sur la planète, dans des pays tels que la Hongrie, le Brésil, l'Inde, le Royaume-Uni, la Turquie, les Philippines, la Russie et aussi les États-Unis, on assiste à l'apogée de cette mentalité toxique incarnée par des hommes forts, tyrans nationalistes et dictateurs en puissance.

Dans ce monde patriarcal séculaire, le principe féminin n'a pas été détruit, il a été réprimé. Selon le guide spirituel Eckhart Tolle (dans son livre *Nouvelle Terre*), cela a « permis à l'ego d'acquérir une suprématie absolue dans la psyché humaine collective ». Par ailleurs, il est moins facile pour l'ego de s'enraciner dans le féminin que dans le masculin parce que la femme est « plus en contact avec le corps intérieur et l'intelligence de l'organisme, d'où proviennent les facultés d'intuition », qu'elle fait preuve « d'une plus grande ouverture d'esprit, d'une plus grande sensibilité envers les autres formes de vie » et qu'elle est « plus synchronisée avec la nature ». J'aime à croire que tout cela est vrai, mais ce dont j'ai la certitude c'est que les femmes ont davantage été éduquées que les hommes à être attentives aux autres et à les aider. Peut-être est-ce pour cela qu'elles sont moins prédisposées au fléau de l'individualisme, et davantage conscientes de nos liens physiques et spirituels avec la nature, de notre interdépendance, de l'importance de l'harmonie dans la communauté au sens large – et pas juste dans le petit cercle personnel. Les hommes craignent que devenir « nous » n'efface le « je », la perception de soi. Pour la plupart des femmes, le « je » a toujours été un peu poreux, tandis que le « nous » est notre superpouvoir.

Je pense qu'une partie du problème remonte à notre passé de chasseurs-cueilleurs. L'homme sortait pour tenter de tuer des animaux et rapporter de la viande. D'après les anthropologues, lorsque la chasse était fructueuse, ce qui n'était pas souvent le cas, le chasseur donnait la viande à sa famille ou s'en servait pour s'attirer les bonnes grâces des chefs de tribu. La source fiable de nourriture provenait des tubercules, des noix et des baies ramassées par les femmes de tous âges ; c'est cela qui apportait les nutriments quotidiens nécessaires à la famille. Et s'il y en avait trop, la femme en distribuait aux autres membres de la tribu. Quand les jeunes femmes étaient enceintes ou allaitantes, les plus âgées se chargeaient de la cueillette. Les grands-mères aidaient aussi aux accouchements, s'occupaient des nouveau-nés et transmettaient un savoir indispensable : où trouver l'eau la plus pure, les baies les plus juteuses, mais aussi comment éviter les insectes venimeux. La survie aurait été impossible sans cette interconnexion entre femmes qui dépendaient véritablement les unes des autres, et on peut penser que c'est resté gravé dans notre ADN.

Tout cela est de la plus haute importance aujourd'hui, car le changement climatique est une crise collective qui requiert des solutions collectives, et non individuelles. Mais le problème est que ces quarante dernières années l'idée du collectif – de la sphère publique, du bien commun – a été délibérément sapée, et que l'individualisme s'y est substitué. Nous serons pourtant incapables d'opérer individuellement le changement systémique nécessaire. L'individualisme ne bénéficie qu'à la poignée d'heureux élus au pouvoir. Il faut donc mettre de côté nos différences et nous unir autour de besoins communs, car c'est ensemble que nous obtiendrons le pouvoir.

Selon Anthony Leiserowitz, un chercheur de Yale qui étudie la perception du changement climatique dans la société, les trois pays où les gens en sont le moins conscient sont les États-Unis, le Canada et le Royaume-Uni. Parce que c'est là que l'individualisme s'est le plus enraciné, en particulier depuis trente ans, du fait des médias conservateurs appartenant à Rupert Murdoch, tels que Fox News.

Mais même dans ces pays le sens inné de l'interdépendance explique en partie pourquoi ce sont les femmes qui sauvent leur famille, mais aussi leurs voisins, en cas de phénomène météorologique extrême, et pourquoi elles se mobilisent en plus grand nombre face à l'urgence climatique. La féministe Gloria Steinem le résume très bien : « La femme n'est pas meilleure que l'homme. Simplement, nous n'avons pas à prouver notre masculinité. »

Pour toutes ces raisons, la femme se situe à l'avant-garde des solutions à la crise climatique. Mais à bien des égards, elle en est aussi la grande victime. Dans les pays en développement, c'est elle qui produit 40 à 80 % de la nourriture. Elle ensemence, récolte, va chercher l'eau et coupe le bois, ce qui permet à sa famille de survivre. Or, quand il y a une mauvaise récolte ou une pénurie d'eau, elle peut devoir marcher pendant des jours sans aucune garantie de rapporter ces ressources vitales. Le changement climatique alourdit énormément sa tâche.

En outre, 80 % des réfugiés climatiques – déplacés à cause d'un phénomène météorologique extrême – sont des femmes, et elles sont les dernières à être sauvées. Des études ont montré qu'elles courent quatorze fois plus de risques de mourir dans une catastrophe climatique que les hommes.

Ce n'est pas tout. D'un point de vue physiologique, la femme a davantage de masse graisseuse que l'homme. Dans cette graisse se concentre à l'excès une « charge corporelle » de polluants, pesticides et produits chimiques dérivés du pétrole qui peut provoquer des maladies comme le cancer et être transmise au bébé dans le ventre ou par l'allaitement.

En étudiant le sujet pour notre Vendredi Alerte Incendie, j'ai appris que plusieurs rapports évoquent une nette augmentation du nombre de viols, d'agressions sexuelles et de violences conjugales dans les régions subissant une catastrophe climatique (inondation, tremblement de terre...) ou une destruction de l'environnement (forage, *fracking*...).

Quand un nouveau gazoduc est construit aux États-Unis, on voit affluer des milliers d'hommes dans des zones rurales et sur des réserves indiennes, où ils sont logés dans des « camps » temporaires.

Autour des gisements de sables bitumineux de l'Alberta (Canada) et des champs de pétrole de Bakken (Dakota du Nord), on a constaté une hausse des violences sexuelles commises contre les Indiennes. Dans le Dakota du Nord, on dénombre pas moins de cent vingt-cinq disparitions de femmes indigènes, un chiffre sans doute en deçà de la réalité car il n'existe aucun décompte officiel. Comme l'a dit Patina Park, directrice du Centre d'information pour les femmes indiennes du Minnesota : « Comment être surpris que les individus qui ont violé notre terre violent aussi nos femmes. »

Pourquoi la femme senior est au cœur du mouvement pour le climat

J'ai remarqué que chaque vendredi, dans la foule rassemblée devant le Capitole et parmi ceux qui se font arrêter avec nous pour désobéissance civile, il y a trois fois plus de femmes que d'hommes, et qu'elles sont majoritairement d'un certain âge. J'ai fini par en comprendre la raison. C'est un sujet aussi riche que fascinant, donc je synthétise : la femme d'un certain âge est faite pour prendre la tête de la lutte climatique car elle a le temps, la sagesse, la largeur d'esprit et les effectifs nécessaires. Rien qu'aux États-Unis, nous sommes plus de 40 millions – 51 % des baby-boomers. Toujours aux États-Unis, les femmes sont plus nombreuses que les hommes. Les femmes d'âge mûr ont moins à perdre, et n'ont plus peur désormais de manifester leur colère. Certains anthropologues estiment qu'en vieillissant la femme s'affirme plus que l'homme ; c'est en partie dû aux hormones. Et il y a l'avenir des jeunes – souvent nos propres petits-enfants, neveux et nièces – qui nous motive encore plus. N'avez-vous pas la furieuse impression qu'une femme senior serait à même de changer l'attitude des institutions mondiales ? Ainsi que je l'ai écrit dans *Prime Time*, mon livre sur le vieillissement, il faut nous imaginer comme un compensateur. Un compensateur est une sorte de mini-gouvernail pour avion, un tout petit mécanisme dans un immense appareil qui, lorsqu'il est correctement réglé, permet au pilote de lâcher les commandes. Les femmes constituent une masse critique, et les femmes seniors sont la masse critique à l'intérieur de la masse. La tranche d'âge qui connaît la croissance la plus rapide au monde est la femme de plus de quatre-vingt-cinq ans ! Alors, ensemble, soyons le petit compensateur pour le gigantesque appareil qu'est l'État.

LA CONFÉRENCE

Pendant la conférence, Eve Ensler partage des anecdotes sur ce qu'elle a vu en voyageant dans le monde pour dénoncer les violences faites aux femmes. Elle explique être arrivée aux Philippines juste après le passage du typhon Haiyan, l'un des plus puissants jamais enregistrés. « Des hommes rôdaient déjà dans les secteurs dévastés et enlevaient les filles des camps pour les forcer à se prostituer. »

Elle raconte aussi être allée à Brownsville (Texas), près de la frontière mexicaine, pour recueillir la parole des réfugiées. Là, elle a parlé à une Hondurienne qui cultivait les terres de son mari, jusqu'à ce qu'une longue sécheresse anéantisse leurs efforts. Son mari l'a alors battue parce qu'elle n'était pas capable de nourrir la famille. La pauvreté étant du pain bénit pour les gangs, elle s'est fait violer dans la rue. Quand elle a décidé de partir, elle s'est fait agresser et violer une deuxième fois, car les réfugiés ne bénéficient d'aucune protection. Et lorsqu'elle est venue trouver refuge aux États-Unis, on l'a enfermée dans un centre de rétention, où elle a subi une troisième agression sexuelle.

« À cause de la politique d'immigration de Trump, poursuit Eve, il y a toutes les chances pour que cette femme soit renvoyée à Ciudad Juárez, derrière la frontière, une ville connue pour ses féminicides. Elle va débarquer là sans papiers, sans famille, sans que personne ne soit au courant de son existence et sans aucun endroit où aller parce que le Mexique n'a tout simplement plus les moyens d'accueillir le flot de migrants expulsés. Et devinez ce qui va probablement lui arriver ? Elle va se retrouver à la rue, forcée de se prostituer, et elle finira par disparaître et être assassinée. Cette histoire tragique a commencé au Honduras par une sécheresse, et on voit très bien comment la crise climatique conduit pas à pas à la violence sexuelle. Je tiens à dire que les solutions doivent être communes : on ne peut plus mener cette lutte séparément. On doit cesser de croire que ce qui est fait au corps de la femme n'a rien à voir avec ce qui est fait à la terre. On doit se rassembler maintenant et comprendre que, quand on se bat pour l'égalité raciale, pour le droit à disposer de son corps, pour la justice climatique, pour les droits des migrants, c'est une seule et même histoire, qui s'est retrouvée cloisonnée, compartimentée, parce que le patriarcat a tout intérêt à nous garder séparées, à ce qu'on ne prenne pas conscience de notre interconnexion, de notre interdépendance. »

Emira Woods, du Liberia, est aussi présente à la conférence. Elle est membre de la branche internationale du mouvement Africans Rising for Justice, Peace and Dignity, et a été la directrice d'Impact social chez ThoughtWorks, une entreprise de technologie présente dans plusieurs pays.

Emira nous raconte d'autres histoires de communautés anéanties par l'industrie fossile. « Laissez-moi vous emmener dans un coin d'Afrique de l'Ouest appelé le delta du Niger. Depuis des décennies, les multinationales Mobil et Shell extraient du pétrole dans ce delta, et ne laissent dans leur sillage que mort et destruction. Chaque village est confronté aux mêmes graves problèmes de santé dus au torchage, à la contamination de l'eau, aux marées noires. Les habitants se rebellent à intervalles réguliers, comme le peuple ogoni et son chef Ken Saro-Wiwa, qui a été exécuté par le régime militaire nigérian parce qu'il faisait campagne contre cette atteinte aux droits de l'homme et de l'environnement que représente l'extraction des combustibles fossiles. »

Emira tient à souligner l'implication des femmes dans cette bataille. « L'Afrique est peut-être l'épicentre de la catastrophe climatique, mais c'est aussi l'épicentre des solutions, et ce sont les femmes qui les portent. Lamu, une île très belle située près des côtes du Kenya et qui possède une biodiversité unique au monde, est détruite parce qu'un idiot a eu l'idée d'y construire une centrale à charbon. Mais les habitants, menés par de jeunes femmes dynamiques, se révoltent et disent non. Elles tiennent courageusement tête au pouvoir de l'argent.

« En Inde, ce sont les femmes qui montent des entreprises écologiques, qui imaginent des fourneaux non polluants pour la cuisine et disent : « On n'a pas besoin de couper des arbres pour faire à manger ; on peut utiliser une énergie propre et renouvelable, se servir des rayons du soleil, qu'on a en abondance et qui ne coûte rien. » Et ce sont les femmes qui, en innovant, permettent non seulement de braquer les projecteurs sur leurs communautés, mais aussi de sauver la planète. Et dans des régions où on accouche littéralement à la lueur de la bougie, c'est ce type de solutions qui seront vitales pour les générations à venir. »

Emira mentionne les femmes au Kenya, en Tanzanie et au Rwanda qui se sont mobilisées jusqu'à obtenir l'interdiction des sacs plastique dans leurs pays respectifs ; les États où l'on compte davantage de femmes parlementaires, plus susceptibles de faire passer des lois en faveur de l'environnement.

Eve rebondit. « J'ai toujours pensé que les femmes étaient la force la plus puissante de toutes. Regardez Greta. Regardez les jeunes autochtones de Standing Rock qui ont traversé la moitié du pays en courant pour remettre leur pétition ici, à Washington. Il y a beaucoup de jeunes femmes puissantes en ce moment, et elles vont nous guider vers la terre promise grâce à leur créativité. Elles utilisent les réseaux sociaux, la culture, la musique, la danse, l'art. Elles se servent de tous ces outils géniaux pour mobiliser, être un détonateur, mais aussi toucher le cœur des gens. » Eve cite Deena Metzger, une écrivaine et guérisseuse qui parle dans un essai de « la maladie de l'extinction », une théorie corroborée par la hausse des troubles du déficit de l'attention, de l'autisme, des suicides, des tendances suicidaires et de la dépression chez les jeunes. « Et se développe aussi un nouveau syndrome, que Metzger appelle "le syndrome de la résignation".

« Je crois que ce qui arrive, conclut Eve, c'est que la jeunesse n'a plus le sentiment absolu d'avoir un avenir. Et je crois que la solution à ça, c'est que les parents éduquent leurs enfants à devenir des battants pour l'avenir. Voilà l'un des moyens par lesquels on surmontera ce nouveau genre de maladies. »

Je repense à ces jeunes présents aux Vendredis Alerte Incendie (Abigail Leedy, Jasilyn Charger, Charlie Jiang) et au désespoir qui les a poussés à s'impliquer dans le mouvement pour le climat.

POURQUOI CHAQUE EFFORT COMPTE
par Emira Woods

« J'aimerais vous parler d'une grande femme kenyane, qui a reçu un prix Nobel, Wangari Maathai. Un jour, je l'ai entendue raconter l'histoire du colibri piégé dans une forêt en feu. Tandis que les animaux les plus forts, tels que l'éléphant, étaient paralysés par la peur, le petit colibri a volé vers un lac, pris une goutte d'eau dans son bec, il l'a versée sur l'incendie et est allé en chercher une autre sous le regard médusé de ses congénères. Le colibri leur a simplement dit qu'il faisait sa part. "Nous devons tous être des colibris, a conclu Wangari Maathai ce jour-là. Nous devons utiliser notre pouvoir, utiliser notre voix pour stopper le pillage de la planète et faire partie non plus du problème mais de la solution." Et comme le colibri, Maathai a planté au cours de sa vie des millions d'arbres, pour freiner l'érosion des sols, créer de l'ombre et absorber le CO_2. »

LE RASSEMBLEMENT

Il fait un temps superbe le lendemain, c'est la première journée vraiment froide de l'automne et pourtant la foule est plus nombreuse que jamais. Je réalise, lors de notre briefing d'avant-rassemblement, que les Vendredis Alerte Incendie ont franchi un cap. Nous avons clairement touché un point sensible, réussi à tirer parti d'un sentiment dont nous espérions, sans en avoir la certitude, qu'il était là : beaucoup de gens ressentent le besoin, la plupart pour la première fois, de prendre un risque pour lutter contre le changement climatique. Je vous donne un exemple : une jeune femme nommée Alexandra Charitan, rédactrice en chef d'un webzine, *Roadtrippers*, apprend notre existence sur les réseaux sociaux et nous rejoint depuis New York. Quand elle revient des semaines plus tard et est arrêtée une seconde fois, elle m'avoue, les larmes aux yeux, qu'elle n'a jamais rien fait de tel et que ça l'a radicalement changée. « J'ai toujours été une "fille sage", toujours respecté les règles. J'avais besoin de sortir de ce carcan et de m'affirmer. Et votre action du vendredi, ça m'a parlé. » Je suis sur un petit nuage, le cœur gonflé de fierté en songeant que, si on arrive à répliquer les Vendredis Alerte Incendie partout dans le pays, on peut mobiliser de plus en plus de gens qui deviendront des militants, seront motivés pour élire un président favorable à notre cause et exiger qu'il ait le même genre de courage que Franklin Roosevelt.

Deux heures après nous avoir mis en cellule dans l'entrepôt humide, des agents viennent me chercher, procèdent à une nouvelle fouille complète et m'escortent jusqu'à un fourgon de police, où ils remplacent mes menottes en plastique par les traditionnelles en métal. Ils m'enchaînent au sol et me conduisent au dépôt central de Washington D.C., où l'on incarcère les prévenus jusqu'à leur passage le lendemain après-midi devant un juge, qui prononce soit la relaxe, soit la condamnation à une peine de prison.

Quand j'arrive au dépôt central à dix-huit heures trente, ce n'est pas la foule des grands soirs. On m'enchaîne de nouveau les pieds, puis on me demande si j'ai déjà été agressée sexuellement. Je réponds oui. « Avez-vous été agressée lors d'une incarcération ? » poursuit alors l'agent, et cette fois je réponds non. Des affiches couvrent les murs, invitant à contacter une hotline si l'on a subi une agression sexuelle lors d'une incarcération. Je ne me souviens pas d'avoir vu ce genre de chose la dernière fois, dans les années 1970, et ça me fait froid dans le dos.

Ensuite a lieu la prise de ma photo d'identité judiciaire, puis j'ai droit à un sandwich pain de mie-fromage-sauce bolognaise enveloppé dans du film alimentaire, à un gobelet en plastique rempli d'un jus à la couleur violette suspecte, et on m'enferme dans une cellule vide avec une gardienne postée devant pour me protéger. De qui ? Je me le demande. Les seules personnes qui pourraient s'introduire ici sont des représentants de la loi.

C'est une cellule étroite, avec deux blocs de lits superposés et des toilettes, le tout en métal. Comme toujours, pas d'angle tranchant, rien qui puisse être descellé pour faire office d'arme ou se mutiler.

D'autres prisonniers ne tardent pas à arriver, mais je ne les vois pas. En revanche je les entends. Un homme frappe sur les murs et la porte de sa cellule toute la nuit, en poussant des hurlements de colère et de désespoir à vous fendre le cœur. Les gardiens font les cent pas dans le couloir bruyamment. Je suis sur le point de les prier d'être un peu plus discrets car j'aimerais bien dormir, mais je me rends compte à quel point ce serait un signe de *white privilege*, le fameux privilège réservé aux Blancs, alors je la ferme et je ris sous cape en pensant que Grace aurait été fort capable de faire ce genre de chose dans *Grace et Frankie*.

J'ai bien conscience d'être traitée différemment parce que je suis blanche et célèbre. Une cellule à moi toute seule, de l'eau quand j'ai soif, une gardienne. Il y a une semaine, on m'a parlé des courageux militants de Greenpeace qu'on a arrêtés pour s'être suspendus à un pont (ils voulaient bloquer symboliquement le canal servant à acheminer du pétrole en banlieue de Houston, au Texas), et les non-Blancs parmi eux ont été très mal traités. Mon amie Patrisse Cullors, cofondatrice du mouvement Black Lives Matter, m'a raconté des histoires horribles, notamment celle de son frère, qui s'est fait tabasser en prison à Los Angeles alors qu'il souffre de schizophrénie.

Je fais des squats le dos au mur pendant un moment, je médite, et je finis par m'endormir avec un pull en guise d'oreiller. J'ai gardé mon manteau rouge pour me réchauffer, et aussi pour avoir une épaisseur entre mes fesses et le métal. Mais je somnole plus qu'autre chose.

Dans la matinée, on m'ordonne de rassembler mes affaires, puis on me remet chaînes et menottes et on me transfère en fourgon dans un autre bâtiment où je vais rester plusieurs heures, d'abord dans une salle de détention propre et peinte en blanc, dotée d'un banc et des sempiternelles toilettes en métal, derrière un muret. Au bout d'une heure, quatre femmes me rejoignent. Deux ont dix-huit ans, les deux autres la trentaine bien tassée. Toutes sont afro-américaines. L'une des plus jeunes a un bandage au pied et gémit de douleur. Elle me raconte qu'elle s'est renversé de l'huile brûlante dessus en faisant sauter du poulet à la poêle. Sans chaussures, elle a filé en voiture aux urgences avec son enfant en bas âge et dans sa hâte a éraflé une autre voiture. Il y a eu une altercation, la police l'a arrêtée, mais ils ont laissé son enfant seul dans la voiture. Elle est à juste titre folle d'inquiétude.

La plus âgée des quatre, qui est allongée par terre et parle toute seule, me dit qu'elle préparait le petit déjeuner avant d'aller travailler au magasin discount Dollar Tree quand elle s'est disputée avec son copain, et la voilà qui se retrouve en garde à vue pour violences conjugales. Clairement, elles ne sont pas novices en matière de détention, mais avoir comme camarade de cellule une vieille Blanche en manteau rouge, c'est une première. Je leur dis qu'on m'a arrêtée pour désobéissance civile parce que, avec d'autres gens, on essaie de sensibiliser l'opinion publique au problème du dérèglement climatique.

« Comment ça, t'as choisi d'être ici ? » demande l'une, incrédule. « C'est quoi ton truc, là, sur le climat ? » veut savoir une autre. Je fais de mon mieux pour expliquer les dégâts qu'on fait subir à la planète, mais ça ne les intéresse manifestement pas. Alors je précise que je suis actrice, que j'ai joué dans des films et des séries à la télé, et que ça m'aide à faire passer mon message auprès des médias.

Elles se redressent et s'intéressent un peu plus à moi… Mais pas tant que ça. Elles ont plus urgent à régler. « Dans quels films t'étais ? » questionne la troisième. Il y en a un en particulier qu'elles sont susceptibles de connaître. « Je joue la belle-mère de Jennifer Lopez dans *Sa mère ou moi !* » Bingo. Elles l'ont toutes vu.

Quelques heures après, on m'emmène dans une autre salle, plus grande, où patientent cinq femmes. Au bout d'un moment, il m'apparaît évident qu'aucune d'elles n'est à sa place ici. Ce qu'il leur faut c'est parler à un psy, trouver un job correct, échapper au cycle infernal des violences conjugales, pouvoir compter sur leurs proches, être tout simplement respectées et traitées d'égal à égal. L'une d'elles tremble, je lui prête mon manteau. En s'emmitouflant dedans, elle se redresse et se tient la tête haute, et je remarque à quel point elle est belle. Si elle avait eu une vie plus facile, je suis sûre qu'elle aurait pu être mannequin ou se lancer dans toutes sortes de carrières. Les gardiens doivent nous observer et s'inquiéter de voir notre discussion si animée, car ils finissent par me renvoyer dans la première salle pour m'isoler. Ça m'ennuie de demander à la femme qu'elle me rende mon manteau, mais il est devenu un symbole de notre action et mon instinct me presse de ne pas m'en séparer.

Dans la cellule voisine, est enfermée une Noire d'un certain âge. Pendant tout le temps que je reste là, elle tient des propos décousus et pleins d'angoisse. J'essaie de saisir quelques bribes de ses divagations, en vain. J'ai bien l'impression qu'elle fait une crise psychotique et je regrette de ne pouvoir lui fournir l'aide dont elle a visiblement besoin. Beaucoup trop d'Américains souffrent des conséquences du racisme et de la pauvreté. Réussirons-nous un jour à changer cela, à traiter nos concitoyens de façon plus juste ? Et accessoirement, est-il impossible de leur proposer des soins psychiatriques dignes de ce nom ? C'est un combat qui doit être mené. Je ne peux m'empêcher de penser combien ces problèmes vont s'exacerber à mesure que la crise climatique empirera : emploi, santé, services sociaux, tous les secteurs vont être touchés.

À treize heures, je suis libérée en vue de mon audience au tribunal. Dans le hall, je retrouve la fine équipe du soutien aux prisonniers ainsi qu'Emira Woods, avec sa robe traditionnelle du Liberia et son turban rouge vif sur la tête, Carol Gilbert et Ardeth Platte, deux religieuses incroyables qui sont présentes à tous les Vendredis Alerte Incendie et ne craignent jamais d'être arrêtées, et Lulu, ma fille adoptive. Au moment de les embrasser, j'aperçois du coin de l'œil mon autre fille, Vanessa, et j'éclate en sanglots tant je suis émue qu'elle ait attendu tout ce temps. Elle pleure aussi. C'est un moment important pour nous.

Mon avocate m'informe que le bureau du procureur de Washington « laisse tomber » – la plainte est classée sans suite et je peux m'en aller. Encore un signe manifeste de privilège. Mes amies me ramènent à l'hôtel, où ma fille me propose un bain chaud puis refait mes pansements – des plaies qui commencent à s'infecter, les suites de mon opération du mois dernier pour enlever des mélanomes hérités de ma jeunesse de petite écervelée adoratrice du dieu soleil.

Cette nuit-là, je dors treize heures d'affilée.

QUE FAIRE ?

Jamais nous ne résoudrons la crise climatique – ni tous les problèmes connexes – sans des femmes en position de leadership, capables de prendre des décisions sur des sujets affectant leur vie. Plus nous aurons de femmes à la tête du mouvement pour le climat, plus notre action gagnera en force. Les pays dirigés par des femmes ratifient plus souvent les traités internationaux sur le climat, c'est un fait. Le « projet Drawdown » de Paul Hawken, qui a étudié les meilleurs moyens de réduire les émissions de CO_2 dans l'atmosphère, démontre qu'éduquer les filles et valoriser les femmes constitue l'une des solutions les plus efficaces pour le climat !

Commencez par repérer qui dans votre entourage pourrait vous soutenir (ou encore mieux, vous imiter) dans votre transformation en femme militante, surtout si on vous a cataloguée dans des rôles plus traditionnels. Si vous n'en êtes pas une, prenez des mesures concrètes afin d'aider les femmes dans votre vie. Faites votre part, que ce soit pour le ménage, l'éducation des enfants à la maison, ou l'administratif et la logistique au travail : vous les soulagerez et elles auront du temps à consacrer aux sujets importants. Si vous êtes membre d'une association écologiste, veillez à ne pas inconsciemment limiter la participation des femmes. En cas de déséquilibre, réfléchissez à la manière de rendre votre association plus accueillante pour elles. Vous pouvez aussi promouvoir activement l'égalité des salaires et des droits, par exemple.

Il est crucial pour l'égalité face au dérèglement climatique que les femmes aient le *choix* de faire des enfants ou pas. L'éducation et l'émancipation signifient moins de grossesses non désirées et plus de possibilités de carrière. Le changement climatique touche en premier lieu les femmes pauvres et non-blanches, qui sont aussi les premières à s'occuper des enfants et des proches à leur charge. Informez-vous sur l'égalité des sexes et les droits des femmes auprès des associations (par exemple, aux États-Unis : SisterSong, Forward Together, National Domestic Workers Alliance, One Billion Rising).

Dans le monde, l'immense majorité des agriculteurs sont en fait des agricultrices (à noter que ce n'est pas le cas aux États-Unis). Les femmes se sont révélées être de bien meilleures gestionnaires de la terre. Citons le mouvement Chipko, « celles qui se collaient aux arbres » pour empêcher leur abattage, initié par des paysannes indiennes dans les années 1970, ou celui de la Ceinture verte, fondé par la militante écologiste (et mère de trois enfants) Wangari Maathai, qui a permis de planter des millions d'arbres au Kenya et lui a valu le prix Nobel de la paix en 2004.

Certaines associations (Food First, La Via Campesina) défendent le droit des femmes à posséder des terres, leurs droits civiques et économiques, et les protègent des violences conjugales et des agressions sexuelles. Renseignez-vous sur la crise actuelle que traversent les femmes autochtones, dont un nombre insensé disparaît, souvent retrouvées assassinées aux abords des sites pétroliers et gaziers, et ce aux quatre coins de l'Amérique du Nord. Sensibilisez l'opinion publique à cette tragédie en soutenant par exemple le Centre d'information pour les femmes indiennes du Minnesota. Encouragez vos proches à en faire autant.

Soutenez les mouvements lancés par des jeunes femmes, comme Greta Thunberg et sa « grève scolaire pour le climat ». Aidez financièrement les mouvements citoyens dirigés par des femmes qui luttent contre le changement climatique et pour l'égalité des sexes ; proposez de vous y investir. Mes préférés aux États-Unis sont : Women's Earth Alliance, WECAN International, WoMin et WEDO.

Le projet de culture de chanvre de Winona LaDuke (Hemp & Heritage Farm) vaut aussi la peine d'être soutenu ; cette militante écolo invétérée, qui a fait le voyage jusqu'à Washington pour participer aux Vendredis Alerte Incendie, s'efforce à la fois de combattre les pipelines et de faire pousser du chanvre comme source d'énergie renouvelable. Allez sur son site pour en apprendre plus sur son travail innovant, et profitez-en pour lui envoyer un don !

Élisez davantage de femmes à des postes de pouvoir, et veillez à ce qu'elles siègent à la table des négociations quand la crise climatique et la justice environnementale seront abordées, comme pour le Green New Deal. (Il existe même un GND féministe, développé par des associations du monde entier : feministgreennewdeal.com.) Assurez-vous de donner votre voix à des femmes qui s'engagent vraiment pour la justice sociale et climatique. L'héritage de Margaret Thatcher, Première ministre britannique des années 1980, est l'un des pires pour l'environnement mais aussi les droits des femmes, des travailleurs et des immigrants. Alors travaillez le dossier, et faites savoir aux dirigeantes que vous comptez sur elles pour faire ce qu'il faut envers les femmes *et* la planète !

Enfin, encouragez les femmes à voter. Un projet de recherche de l'université de Yale a établi que les femmes se préoccupent plus de l'environnement et soutiennent davantage l'action du gouvernement en ce sens que les hommes. Conclusion : *débrouillons-nous pour que les femmes aillent aux urnes et votent vert!* Et retroussons-nous les manches pour nous assurer qu'il y ait des candidates pro-écologie à toutes les élections, petites et grandes, partout dans le monde. Un groupe comme EMILY's List a beaucoup contribué à cela en matière de droit à l'avortement. Et le mouvement américain Women's March a fait de la justice climatique et du droit à l'avortement ses deux grands thèmes pour l'année 2020. Alors, soyons solidaires de nos sœurs du monde entier!

Et pour la France, tournez-vous vers Care France : https://www.carefrance.org/, ou Oxfam France : https://www.oxfamfrance.org.

6

LA GUERRE, L'ARMÉE ET LE CHANGEMENT CLIMATIQUE

La deuxième semaine de novembre, je prends un train pour New York avec Ira Arlook car j'ai des interviews prévues dans l'émission *The View* et sur les chaînes Vice et CNN. Il m'est arrivé de le prendre, dans l'autre sens, pour aller à des manifestations contre la guerre en Irak et des rassemblements pour le climat, mais depuis les Vendredis Alerte Incendie c'est devenu régulier. J'aime avoir ces trois heures devant moi, qui me permettent de lire et d'écrire dans le calme. Sous mes yeux, les villes ouvrières défilent – Baltimore, Wilmington, Newark – et la dégradation de l'environnement y est flagrante. Alors j'imagine un Green New Deal qui accorderait des fonds fédéraux à des villes comme celles-là pour procéder à la rénovation énergétique des bâtiments et créer des espaces verts.

Le hasard veut que cette semaine-là, une nouvelle déclaration alarmante soit publiée :

« Les scientifiques ont l'obligation morale d'avertir l'humanité des menaces qu'elle encourt, et de le dire sans détour. Sur la base de cette obligation […], nous déclarons avec plus de onze mille scientifiques signataires dans le monde entier, clairement et sans équivoque, que la planète Terre fait face à une urgence climatique. »

Don Lemon me surprend en lisant un passage de cette tribune pendant notre interview sur CNN.

C'est une bonne chose. Plus on en parle, plus le grand public sera forcé de reconnaître que cette menace fait l'unanimité parmi les scientifiques.

Il me tarde de rencontrer les experts qu'on a invités pour évoquer les liens entre la guerre, l'armée et la crise climatique. Je dois avouer que je n'avais guère réfléchi à la question jusque-là. Je suis particulièrement heureuse que Phyllis Bennis soit là. Je la connais depuis les années 1970, quand on avait travaillé ensemble avec Tom Hayden pour mettre fin à la guerre du Vietnam. On s'est revues aux manifestations monstres qui ont suivi l'élection de Trump. Phyllis travaille pour l'Institute for Policy Studies, un think tank basé à Washington, et elle s'est spécialisée dans les sujets relatifs à la guerre, l'armée et le Moyen-Orient. Elle est le mélange parfait entre l'universitaire et la militante, et ma professeure idéale en vue de ce cinquième Vendredi Alerte Incendie.

LA CONFÉRENCE

« La guerre et le militarisme entraînent les catastrophes climatiques, et les catastrophes climatiques entraînent la guerre », déclare Phyllis d'emblée. C'est l'une des grandes raisons de la guerre en Syrie : une sécheresse qui a poussé huit cent mille paysans à fuir la campagne pour aller s'entasser dans les villes, où ils ont souffert du chômage, de la discrimination et des inégalités économiques. « Et tout ça à cause de trois années de sécheresse qui sont une conséquence du changement climatique », conclut-elle.

Je suis stupéfaite d'entendre Phyllis dire que l'armée américaine est exemptée de la plupart des lois sur l'environnement, ce qui signifie qu'elle peut déverser des produits chimiques dans la nature et brûler n'importe quel matériel usagé sans avoir à se soucier des conséquences. Cela explique peut-être pourquoi 10 % des sites de nettoyage Superfund – sites désignés comme dangereusement toxiques par le gouvernement fédéral – se trouvent sur des bases militaires ou dans leurs abords. En 1991, puis en 2003, l'armée américaine a bombardé des zones civiles irakiennes à l'uranium appauvri, provoquant une hausse des cas de cancer sur plusieurs générations, pour les habitants irakiens comme pour les GI. On ne peut pas nier le lien entre guerre et pétrole, guerre et environnement, guerre et racisme, guerre et islamophobie, et tout cela est même étroitement imbriqué quand on pense aux conséquences économiques, nationales et internationales.

Je demande à Phyllis de dire à nos spectateurs ce sur quoi ils peuvent agir. Elle explique de façon convaincante pourquoi il faut réduire le budget démesuré de l'armée américaine, qui incite au militarisme à outrance alors qu'il existe des solutions alternatives.

Tiens, tiens, je songe en mon for intérieur. C'est que j'ai de l'expérience pour ce qui est de réclamer des coupes dans un budget. Au début des années 1970, Tom Hayden, une armada de militants (dont Ira et Karen) et moi avons sillonné le pays, incitant les gens à téléphoner, écrire et rendre visite à leurs députés afin d'exiger la suppression des aides accordées au président Van Thieu. Le régime imposé par les États-Unis au Sud-Vietnam était si impopulaire là-bas qu'il n'aurait jamais tenu sans l'argent des contribuables américains. Au bout de deux ans de travail acharné, le Congrès a fini par céder, et la guerre s'est terminée peu après.

« Notre budget de la défense est colossal, continue Phyllis. En 2019, on en est à 719 milliards de dollars par an. C'est plus que le budget total des sept pays suivants sur la liste : Russie, Chine, Arabie saoudite, etc.

« Pour chaque dollar prélevé sur nos impôts fédéraux, 54 *cents* vont directement dans les poches de l'armée. Si on y ajoute le département de la sécurité intérieure créé en 2002 par George Bush et l'escalade dans la militarisation, on monte à 62 *cents*. La proportion est énorme, et le pire, c'est que tout cet argent ne garantit même pas notre sécurité. On pourrait baisser le budget de la défense de 500 milliards de dollars et le restant équivaudrait aux dépenses cumulées de la Russie, l'Iran, l'Arabie saoudite et la Corée du Nord pour leurs armées. »

Ben Cohen et Jerry Greenfield, cofondateurs de la marque de glaces Ben & Jerry's, sont nos vedettes de la semaine car ce sont des militants de longue date contre la guerre et le militarisme. Ben fait une remarque qui me semble pertinente : l'argent déboursé sur le sol américain pour améliorer les conditions de vie des citoyens est une dépense de sécurité nationale. C'est ça, et non la guerre, qui nous garde en sécurité. Et l'est-on vraiment quand des enfants respirent des émanations toxiques chez eux, quand le pays est mal préparé face à une pandémie, quand tant de gens n'ont pas les moyens de se soigner et de s'éduquer correctement, quand des millions sont sans abri ?

Chiffres à l'appui, Phyllis détaille les dépenses extravagantes de l'armée américaine. Par exemple les huit cents bases militaires que les USA possèdent dans le monde entier.

« Aucun autre pays n'a de bases sur l'ensemble des continents. Je crois que la Russie n'en a que sept dans le monde. A-t-on vraiment besoin de onze porte-avions quand les autres n'en ont qu'un ? Tout cet argent englouti pour notre défense, et vous vous sentez vraiment plus en sécurité, vous ? »

En réponse à sa question, Phyllis cite Martin Luther King : « Une nation qui continue, année après année, à dépenser plus d'argent pour sa défense militaire que pour ses programmes sociaux se rapproche dangereusement de la mort spirituelle. » Et Phyllis poursuit : « Et de la mort physique de la planète, j'ajouterais aujourd'hui. La voilà, l'urgence. »

C'est au tour de Krystal Two Bulls de parler. Cette femme issue de la Nation des Indiens Cheyenne du Nord et du clan Oglala Lakota est une militante écologiste qui a fait la guerre au Koweït. Elle est aussi membre du mouvement pacifiste About Face : Veterans Against the War.

« Krystal a connu non pas un mais deux champs de bataille, dis-je en guise d'introduction. Elle a combattu au Koweït mais aussi aux États-Unis, contre la prolifération des pipelines et des sites de *fracking* sur les réserves autochtones. » Étant donné le déplorable rôle qu'a joué l'armée américaine dans l'extermination des Amérindiens, je suis curieuse de savoir ce qui a poussé Krystal à s'enrôler.

Elle explique avoir été élevée dans la croyance qu'il fallait servir son pays, et dans l'héritage de ses ancêtres guerriers : les Oglala, les Sioux, les Arapaho, des tribus qui ont vaincu le général Custer à la bataille de Little Big Horn. Elle s'est engagée en se disant que c'était l'alliance parfaite de ses valeurs, mais une fois déployée elle s'est mise à penser aux massacres perpétrés par l'armée sur les Indiens à Sand Creek, Wounded Knee, Fort Robinson. Cela l'a obligée à s'interroger sur ses motivations en tant que militaire *et* autochtone, mais elle a gardé ses doutes pour elle car c'était une contradiction qu'elle n'arrivait pas à dépasser.

À son retour à la vie civile, Krystal s'est investie corps et âme dans le mouvement pour la justice climatique, sans jamais mentionner sa première carrière. C'est là qu'un changement radical s'est opéré en elle : elle est passée « du statut de bon soldat qui défend l'empire, de pion de l'empire qui obéit sans poser de questions, à celui, salvateur, du guerrier prêt à faire ce qu'il faut dans l'intérêt de son peuple, de sa terre et des générations futures ». « Aujourd'hui, je vois bien que mes engagements contre la guerre et pour la justice climatique ne font qu'un. »

Le point de vue unique de Krystal m'incite à imaginer quel nouvel usage on pourrait faire des compétences acquises par les ex-militaires. Elle n'avait pas l'intention d'en parler mais je lui pose la question. J'ai connu trop de soldats qui reviennent et se sentent perdus, en colère, désœuvrés, à cause du traumatisme qu'ils ont vécu et de l'incapacité de l'armée à les réinsérer. Je me dis que sa réponse pourra en motiver certains. Je sais d'expérience que le militantisme, ce changement salvateur évoqué par Krystal, peut chasser la dépression et donner un nouveau sens à la vie. À l'instar des dix mille vétérans venus soutenir les protecteurs de l'eau à Standing Rock, vraie source d'inspiration pour moi.

D'après Krystal, les compétences le plus facilement transférables à la vie civile sont celles de l'infirmier militaire. Et malheureusement, les militants pourraient en bénéficier largement : la police s'est militarisée à tel point que des mouvements comme celui pour le climat ont besoin d'assistance médicale ; les manifestants se font rouer de coups et blesser par des balles en caoutchouc et des jets d'eau puissants.

Par ailleurs, un soldat est expert dans l'organisation et la coordination de groupes importants.

« Gérer la logistique, viser un objectif à long terme tout en gardant un œil sur les différentes stratégies à l'œuvre, voilà le genre de chose qu'on vous apprend à l'armée. Savoir fédérer les mouvements au lieu de travailler chacun dans son coin, c'est important. Moi, je suis capable de rassembler les militants et d'atteindre l'objectif qu'on s'est fixé pour telle campagne en particulier. À tous les niveaux, pour chaque vétéran, chaque soldat de l'armée, ce savoir-faire peut se transformer en action directe, en désobéissance civile, en mobilisation. Imaginez ce qu'on pourrait accomplir avec ce genre de compétences. »

En entendant Krystal énumérer ses idées, il m'apparaît crucial que des femmes soient à la table des discussions quand les solutions à la crise climatique seront évoquées, tout comme il sera crucial que les populations les plus touchées puissent s'exprimer. Elles voient les choses différemment, attirent l'attention sur des problèmes et des idées que d'autres ignorent, connaissent les besoins réels, concrets, des gens.

Phyllis reprend la parole pour récuser l'argument selon lequel si vous êtes pour une réduction du budget de l'armée, c'est que « vous ne soutenez pas les troupes ». La vérité, c'est qu'une infime partie du budget soutient effectivement nos troupes. En 2017, alors qu'elle participait à une campagne contre la pauvreté (la Poor People's Campaign), Phyllis a appris que vingt-trois mille soldats de l'armée de terre et de la marine gagnaient si peu d'argent qu'ils avaient droit à l'aide alimentaire.

« Si on regarde bien, la moitié de ce budget pharaonique va aux entreprises en contrat avec l'armée et aux P-DG de ces entreprises, qui figurent parmi les mieux payés des États-Unis. En 2016, le salaire moyen des P-DG de ces cinq premières entreprises était de 20 millions de dollars par an, tandis que des soldats doivent demander l'aide alimentaire. » Scandaleux !

Un peu de légèreté n'est pas de refus quand un spectateur demande à Ben : « Si les Vendredis Alerte Incendie étaient un parfum de glace, ce serait quoi ? » Il répond : « En ce moment, ce serait peut-être la cannelle. Vous vous rappelez, quand on était gamins, on mangeait ces bonbons au goût de cannelle très fort, les Fire Balls. Voilà, je pense que ce serait ça. Un goût intense et corsé comme les Vendredis Alerte Incendie. »

La conférence se termine, et je comprends maintenant pourquoi le mouvement pour le climat et le mouvement pour la paix doivent absolument travailler de concert.

LE RASSEMBLEMENT

Il n'a jamais fait aussi froid à un rassemblement, c'est la première fois que je dois enfiler mes gants en laine. Jerry Greenfield, le plus timide des deux associés, s'empare du micro. « On peut le faire. Ce pays est encore une démocratie. C'est encore le peuple qui décide, surtout pour l'élection présidentielle. C'est vrai, quoi, nous autres, Américains, on se soucie de notre prochain, de nos frères et de nos sœurs, ici mais aussi dans le monde. Pourquoi bombarder, tuer, cibler avec des drones des gens comme nous qui demandent juste à vivre ? Je suis toujours stupéfait que ceux qui travaillent là [il montre le Capitole du doigt] suivent les ordres des lobbyistes à la lettre, empochent l'argent que les pollueurs et le complexe militaro-industriel leur donnent, tout ça pour défendre leurs intérêts aux dépens des nôtres. On peut y arriver, on peut faire que notre voix compte, mais il ne s'agit pas que d'un bulletin à glisser dans l'urne. Il s'agit de se rassembler partout comme ici, et puis de recommencer, comme Jane chaque vendredi. C'est un engagement, et je dirais même un engagement de toutes les générations. Alors au boulot ! »

À la fin du rassemblement nous sommes rejoints par la Poor People's Campaign, les mouvements pacifistes About Face et Veterans for Peace, Code Pink, l'Institute for Policy Studies et une association appelant à la destitution de Trump pour avoir retiré les États-Unis de l'accord de Paris.

Nous devons bien être mille à défiler sur plus de trois kilomètres jusqu'à la Maison-Blanche, dans les larges avenues de Washington, brandissant nos pancartes et scandant nos slogans avec une vigueur renouvelée. J'en ai la chair de poule. En chemin, nous croisons une manifestation plus modeste de jeunes supporters du DACA, le dispositif instauré par Obama qui permet aux mineurs arrivés illégalement de bénéficier d'un répit de deux ans. Ils vont dans la direction opposée, vers la Cour suprême, où un jugement doit être rendu. Tout le monde s'arrête et se salue par des cris de soutien mutuel, dans une démonstration parfaite d'interaction spontanée et de solidarité entre générations.

Notre intention est de faire acte de désobéissance civile devant la Maison-Blanche en nous postant sur le trottoir et en faisant le plus de bruit possible, mais la police n'intervient pas. On décide de bloquer l'entrée ouest par un sit-in, mais la police refuse toujours de nous arrêter. Il commence à faire vraiment froid, alors on se disperse pour aller manger une glace Ben & Jerry's, que les deux compères ont eu la générosité de faire livrer sur le lieu de la manifestation. Pas mal... Une bonne glace par une belle journée glaciale.

QUE FAIRE ?

Remettre en question le budget de l'armée est délicat, car cela est souvent perçu comme une attaque contre nos soldats et notre pays. Ce qui est faux ! Le meilleur moyen d'honorer nos soldats et notre pays est de ne pas s'engager dans des guerres inutiles et d'utiliser une partie de ce budget pour rendre les États-Unis plus sûrs, plus résilients et plus heureux, en luttant notamment contre le changement climatique.

Le sujet étant pour beaucoup chargé d'émotion, préparez-vous bien avant d'entamer la conversation. Voici des arguments à opposer aux réactions que vous allez peut-être susciter en soulevant la question de la réduction du budget de l'armée.

Réduire le budget de la défense est dangereux : sans armée forte, les États-Unis ne seront plus en sécurité.

Ainsi que Phyllis Bennis l'a dit, on pourrait « baisser le budget de la défense de 500 milliards de dollars et le restant équivaudrait aux dépenses cumulées de la Russie, l'Iran, l'Arabie saoudite et la Corée du Nord pour leurs armées ». Avec 200 ou 300 milliards de dollars en moins, notre puissance militaire serait quelque peu réduite mais on ne serait certainement pas moins en sécurité. Par contre, on augmenterait considérablement notre capacité à lutter contre la crise climatique.

Deuxièmement, on ne peut pas vraiment dire que l'armée fait du bon boulot s'agissant de la sécurité de ses soldats. Le gouvernement ne fait pas grand-chose pour les aider lors de leur retour à la vie civile et ne leur fournit pas le soutien nécessaire à long terme en cas de traumatisme physique et/ou psychologique. Par ailleurs, les bases militaires américaines génèrent des tonnes de déchets toxiques et n'ont pourtant aucune obligation de les traiter proprement. Conséquence, d'innocents civils et notre personnel militaire sont empoisonnés. Pour finir, ainsi que l'a révélé le documentaire de 2012 *The Invisible War*, une femme sur trois dans l'armée américaine sera agressée sexuellement par un collègue. On pourrait donc aller jusqu'à dire que l'armée telle qu'elle est gérée actuellement nous met non pas en sécurité mais en danger (voir ci-dessous).

Réduire le budget de la défense diminuera automatiquement le nombre de postes dans l'armée.

Le gouvernement fédéral pourrait remplacer chaque emploi supprimé dans l'armée par un autre dans le domaine de l'éducation, des infrastructures publiques, de la santé, etc. Voilà des secteurs qui ont désespérément besoin d'être pourvus en postes et qui fourniraient des services essentiels à la population. Et puis, il existe une inégalité profondément injuste entre le salaire des P-DG d'entreprises en contrat avec l'armée (20 millions de dollars en moyenne par an !) et celui des vingt-trois mille soldats de rang inférieur qui gagnent si peu qu'ils ont droit à l'aide alimentaire.

Et la sécurité nationale dans tout ça ?

Ainsi que Ben Cohen l'a rappelé, l'argent déboursé sur le sol américain pour améliorer les conditions de vie de nos citoyens *est* une dépense de sécurité nationale. C'est cela, et non la guerre, qui assure notre sécurité. Les États-Unis possèdent onze porte-avions. Pratiquement aucun pays au monde n'en a plus d'un. Veut-on réellement nous faire croire que ces dix porte-avions supplémentaires, qui coûtent jusqu'à 13 milliards de dollars *chacun*, protègent l'Amérique ? Ne préférerait-on pas que les 54 *cents* par dollar d'impôt qui vont à l'armée aillent plutôt à la dépollution de l'air, de l'eau et des sols ? Au financement des écoles, à un meilleur accès aux services de santé physique et mentale ? À la formation et à la reconversion des travailleurs, en particulier ceux qui se verront affectés par la fin programmée de l'industrie fossile ? Les services sociaux, l'éducation, la protection de l'environnement : voilà ce qui garantit notre sécurité, pas des porte-avions.

D'accord, mais qu'est-ce que le militarisme a à voir avec le climat ?

La crise climatique a *tout* à voir avec le militarisme. Toutes les guerres qui ont éclaté ces quatre-vingts dernières années (voire plus) sont liées de près ou de loin au pétrole. À l'avenir, les conflits mondiaux ne seront plus seulement causés par le pétrole mais par les ressources qui s'amenuiseront, comme l'eau et la nourriture. Pour aggraver encore les choses, les guerres et les catastrophes génèrent des « réfugiés climatiques », des civils qui n'ont d'autre choix que de fuir leur pays devenu invivable mais ne trouvent refuge nulle part.

À lui seul, le Pentagone est l'organisme public qui consomme le plus d'hydrocarbures au monde, ce qui signifie que les États-Unis sont les responsables numéro un des émissions de gaz à effet de serre. Le mouvement pour le climat et le mouvement pour la paix ne font qu'un.

Informez-vous sur le soutien à l'armée de votre ville et de votre pays. Le site du National Priorities Project (www.nationalpriorities.org) est très bien fait. Vous y découvrirez par exemple combien chaque citoyen débourse indirectement par année pour la guerre en Irak et en Afghanistan. Un autre outil (www.nationalpriorities.org/interactive-data/trade-offs/) indique de façon simple et précise combien d'enfants pourraient être éduqués avec cette même somme dans le cadre du programme Head Start, combien d'adultes pourraient bénéficier d'une couverture santé ou combien de logements d'une rénovation énergétique. En France, vous pouvez vous tourner vers l'ICAN par exemple : http://icanfrance.org/.

Une fois prêt, allez voir vos élus pour leur suggérer de réduire le budget de l'armée, ce qui permettra de réallouer les fonds à nos véritables besoins – y compris la lutte contre le dérèglement climatique ! Ben Cohen l'a très bien résumé : « Si une seule personne le fait, cela aura certainement peu d'effet. Si cinq personnes le font, ils vont commencer à se dire : Tiens, il se passe un truc, là. Si dix, vingt, cinquante personnes le font et qu'elles contactent aussi la presse, ils se diront : Mon Dieu, mais on ferait bien d'y prêter attention. » Vous pouvez aussi pousser votre député à mettre un terme aux coupes massives dans le budget du ministère des Affaires étrangères, de manière que les États-Unis puissent répondre aux conflits mondiaux par la diplomatie, et non par la violence.

Renseignez-vous pour savoir si vous ou tout organisme dont vous êtes membre investissez dans le complexe militaro-industriel. Passez en revue votre portefeuille, mais aussi celui de votre ville, de votre ex-université, de votre église, de votre banque. Les plus gros fournisseurs de l'armée américaine sont Lockheed Martin, Boeing, Northrop Grumman et General Dynamics. Assurez-vous de ne pas financer ces entreprises, directement ou indirectement.

En conclusion, il n'y a que nous, en tant qu'électeurs et citoyens, qui pouvons obliger nos élus à changer cette réalité aussi injuste qu'intenable. Avec un peu de pratique, vous saurez vous faire entendre, et de plus en plus de voix s'élèveront avec la vôtre. Les bénéfices à en tirer sont considérables : moins de conflits et le déblocage de fonds quasi illimités pour financer les programmes dont nous avons urgemment besoin si nous voulons opérer la transition vers une économie verte, sûre et équitable.

7

LA JUSTICE ENVIRONNEMENTALE

JE M'ABSENTE LA TROISIÈME SEMAINE DE NOVEMBRE et j'en suis toute chamboulée. À New York, je vais au gala du magazine *Glamour*, qui récompense les femmes de l'année, car je dois y recevoir un prix au nom de Greta Thunberg. Après des jours entiers à penser militantisme et justice environnementale, j'ai la curieuse impression de détonner sur le tapis rouge. Ce n'est certainement pas la première fois que je me sens mal à l'aise quand les circonstances me mettent face aux contradictions de ma vie, mais ces dernières années je réussissais plutôt bien à prendre la pose devant les photographes, et je me demande si cette sensation de ne pas être à ma place va devenir mon quotidien.

Au milieu de la soirée, trois jeunes activistes sur leur trente et un racontent avec des mots touchants comment Greta les a inspirées, puis me présentent. Dans mon préambule, j'insiste sur le fait que la jeune Suédoise, par sa façon unique d'exposer la vérité sans fard sur la crise climatique, nous pousse à cesser de croire que tout va bien, à écouter les scientifiques, à être audacieux et à sortir de notre zone de confort. Puis je lis son discours de remerciement, concis et rempli d'un sentiment d'urgence :

Malheureusement, je ne peux être parmi vous ce soir.

Je me sens incroyablement honorée d'avoir reçu ce prix. Et je suis très heureuse qu'il soit donné à une militante pour le climat – ce qui n'aurait sans doute pas été le cas il y a deux ans. Il se passe quelque chose, clairement.

Si une ado suédoise fan de science – qui n'achète plus de vêtements et ne prend pas l'avion, qui ne s'est jamais maquillée et n'est jamais allée chez le coiffeur – peut être élue Femme de l'année par l'un des plus grands magazines de mode, je me dis que rien n'est impossible.

Cela me donne de l'espoir, parce que c'est exactement ce dont nous avons besoin aujourd'hui pour empêcher une catastrophe climatique. Nous devons faire l'impossible.

Le public applaudit à tout rompre. Le discours les a émus, mais les incitera-t-il à l'action ?

LA CONFÉRENCE

Je dois me rendre à Atlanta, au gala de bienfaisance de la Campagne pour le potentiel des adolescents de Géorgie, une ONG que j'ai fondée il y a vingt-cinq ans. Cela fait un an que l'événement est programmé ce jeudi-là, il m'est donc impossible de présenter la conférence sur la justice environnementale. June Diane Raphael, l'actrice qui joue ma fille Brianna dans *Grace et Frankie*, a accepté de me remplacer aux côtés d'Annie Leonard.

Écologiste depuis trente ans, Annie raconte qu'à l'université elle a étudié la pollution, les déchets et l'environnement, mais qu'une fois son diplôme en poche, de retour dans le monde réel, elle a constaté que les décisions impliquant les victimes du dérèglement climatique sont prises dans un contexte racial, social, économique, sexuel et de pouvoir qu'aucun de ses profs n'avait mentionné en cours. Alors que, si l'on veut promouvoir des solutions climatiques, ce sont tous ces critères qu'il faut prendre en compte.

Elle évoque le rapport qui lui a ouvert les yeux, daté de 1987 et intitulé *Liens entre race et déchets toxiques aux États-Unis*. L'auteur y répertorie tous les sites de déchets toxiques du pays, puis cherche ce qu'ils ont en commun. Et il démontre que c'est la composition raciale et sociale d'un quartier qui détermine le lieu où les grandes entreprises stockent leurs déchets dangereux, et non des facteurs comme la distance d'avec un aquifère ou la perméabilité du sol, ainsi qu'Annie l'avait étudié à la fac. Le rapport prouve que les communautés non-blanches, autochtones et à revenus modestes risquent davantage de voir ce genre de site implanté près de chez elles. Elles sont affectées par la pollution et développent des maladies, et pire, on les exclut de décisions qui ont une incidence directe sur leur vie.

Annie aime randonner près de chez elle à Seattle et pour elle, l'environnement se résumait à la forêt et aux animaux. Un jour, elle a entendu Dana Alston, une Noire qui a été à l'avant-garde de la justice environnementale, dire ceci : « L'environnement, c'est l'endroit où on habite, où on travaille et où on s'amuse. » En d'autres termes, l'environnement est tout ce qui nous entoure dans tous les domaines de la vie, et c'est un changement de perspective radical pour beaucoup.

Avec ses amis activistes, Dana a incité les grands groupes de protection de la nature à s'ouvrir à la diversité et à faire en sorte que la justice sociale soit partie intégrante de leurs campagnes pour l'environnement. Elle leur a dit sans ambages : « Votre personnel, votre conseil d'administration, vos membres, ils ne nous représentent pas et ne montrent en rien que vous nous comprenez. » Il ne faut pas se bercer d'illusions et croire qu'on pourra gagner la bataille contre la pollution sans affronter la réalité de ceux qui vivent au cœur du problème. Cette réalité ne date pas d'hier. Les pauvres et les non-Blancs sont les premiers touchés parce qu'ils *habitent et travaillent* dans les épicentres de l'extraction, du raffinage et du stockage des hydrocarbures. Ce sont eux qui au quotidien respirent un air toxique et voient une eau brune inflammable couler du robinet. Ils sont les premiers à ressentir les effets de la pollution, mais ces produits chimiques – dioxyde de carbone, méthane, benzène, oxyde d'azote, fluor, etc. – détériorent l'environnement de tous. Voilà pourquoi on ne peut pas lutter contre le changement climatique sans défendre l'idée de justice environnementale pour tous.

LE RASSEMBLEMENT

Un vol de nuit me permet d'arriver juste à temps pour le briefing d'avant rassemblement, qui doit se dérouler dans un grand espace, vu le monde qui s'est déplacé cette semaine. Je suis émue de voir l'équipe des scénaristes de *Grace et Frankie*, nos deux *showrunners* Marta Kauffman et Howard Morris, certains de nos producteurs, June Diane Raphael et Brooklyn Decker, l'actrice qui joue mon autre fille dans la série.

Malin Svensson, ma coach sportive à Los Angeles, est là avec son petit ami, et j'aperçois mon vieil ami Bob Mulholland, vétéran du Vietnam et conseiller du parti démocrate californien. Plus de cinquante personnes sont d'accord pour faire acte de désobéissance civile et être arrêtées.

C'est un groupe plein d'entrain et de passion qui marche vers le Capitole, et un public plus fourni que d'habitude nous accueille. Les intervenants ont fait personnellement l'expérience des ravages causés par l'injustice environnementale. Comme Kerene Tayloe, qui s'est attaquée à la régie des transports de New York avec son association WE ACT, car sur six dépôts de bus cinq sont situés à Harlem, ce qui contribue considérablement au taux de 25 % d'enfants asthmatiques dans ce quartier – le plus élevé de la ville. Ils ont obtenu que la régie passe à des bus roulant avec un carburant moins polluant et isole plus efficacement ses dépôts.

« Tout ce dont vous ne voulez pas dans votre quartier, vous pouvez être sûr que ce sont les Noirs et les Latinos qui vont le récupérer, poursuit-elle, résumant l'essentiel du concept de justice environnementale. Cette phrase accrocheuse en anglais, *Not in my back yard*, "Pas de ça dans mon jardin", eh bien, quand vous avez le pouvoir politique de la proclamer, où croyez-vous que ça finit ? Dans les quartiers noirs et latinos. Ce n'est pas moi qui l'affirme, c'est prouvé. Et nous ne méritons pas ça. »

Kerene m'apprend qu'en Alabama, un quartier largement habité par des Afro-Américains s'asphyxie parce qu'une entreprise a passé un marché avec les élus locaux pour y enfouir ses poussières de charbon, sans se soucier des riverains exposés aux particules cancérogènes. Je sais que dans les Appalaches et en Louisiane, dans la tristement nommée « Cancer Alley », la classe ouvrière blanche est elle aussi exposée à des émanations toxiques. La lecture du livre *Strangers in Their Own Land*, de la sociologue Arlie Hochschild, m'a plus que perturbée, notamment son portrait de familles d'ouvriers qui vivent au beau milieu des raffineries et des usines pétrochimiques, sont victimes de cancers, d'asthme, d'éruptions cutanées, de maladies respiratoires et cardiovasculaires, et pourtant ne veulent pas, ne peuvent pas, accuser ces usines de peur de perdre leur emploi.

Il m'est arrivé de visiter des endroits où les habitants auraient eu bien besoin de justice environnementale, même si à l'époque je n'avais pas les mots pour le décrire. Je siège au conseil d'administration du Centre pour l'initiative rurale et la justice environnementale, qui a été fondé par l'intervenante suivante, mon amie Catherine Flowers. Elle est née en Alabama, dans le comté de Lowndes, et un jour de chaleur torride, je suis allée à une réunion du conseil, puis je l'ai accompagnée en déplacement.

Le comté de Lowndes se situe entre Selma et Montgomery. C'est un territoire plat et boisé, marqué par l'histoire et le mouvement des droits civiques. L'esclavage y a certes été aboli, le droit de vote y a certes été rétabli (même si certains tentent d'y faire obstacle, surtout dans les secteurs votant démocrate), mais le chômage y reste élevé, et le raccordement à des canalisations dignes de ce nom y fait défaut. Nous avons roulé sur d'étroits chemins de terre s'enfonçant dans la forêt pour rendre visite à des familles vivant dans des caravanes équipées de tuyaux qui déversaient leurs eaux usées dans l'herbe, où elles stagnaient et se putréfiaient. Ces gens n'avaient tout simplement pas les moyens de s'offrir une fosse septique. D'autres étaient reliés au tout-à-l'égout mais l'installation était de mauvaise qualité et mal entretenue. En cas de grosses pluies – ce qui est de plus en plus fréquent –, les eaux usées refluaient directement chez eux. Ils devaient remplacer régulièrement leur moquette, voire leur plancher. À l'époque, Catherine avait alerté les responsables politiques sur le fait que l'ankylostome, un parasite intestinal tout droit venu du tiers-monde, avait été signalé dans le comté. Et devant ces caravanes, abasourdies par ce qu'on entendait, voyait et sentait, nous avons discuté de la menace, bien réelle avec le changement climatique, que des maladies jusque-là absentes des pays du Nord puissent apparaître, charriées par les eaux usées. Catherine venait de lire un article affirmant que la peste bubonique avait refait surface aux États-Unis. « Une maladie du Moyen Âge ! s'écrie-t-elle au rassemblement. On en est à parler de maladies du Moyen Âge qui font leur réapparition.

« La plupart des élus ne s'aventurent pas sur ces chemins de terre. Alors comment pourraient-ils trouver une solution à un problème dont ils n'ont même pas conscience ? » s'interroge Catherine.

La prochaine intervenante est Abigail Disney, une documentariste, philanthrope et militante. En tant que nièce de Walt Disney et fille de Roy Disney, Abby vient d'un milieu ultrariche, ultrapuissant et ultraconservateur.

« J'ai débarqué à New York dans les années 1980. J'ai grandi dans une famille huppée qui m'a dorlotée, et quand je suis arrivée là, j'ai regardé autour de moi et pensé : "Bon sang, mais qu'est-ce qui se passe ici ? Des gens dorment sur le trottoir, et d'autres les enjambent pour accéder à la bouche de métro. Comment est-ce possible ?" C'était comme tomber d'un petit vaisseau capillaire dans le vaste réseau sanguin, et ça m'a menée à une veine, qui m'a menée à une plus grosse veine, et à une plus grosse encore, et vous savez où tout ça aboutit ? Ça aboutit au cœur, car le travail qu'on fait pour plus de justice, le travail qu'on fait pour la planète, c'est de l'amour. De l'amour radical. » Puis elle cite la fameuse phrase du philosophe Cornel West : « N'oubliez jamais que la justice prend en public l'apparence de l'amour. »

Abby a vu juste. Tous ces problèmes qui nous occupent sont des veines dans un vaste système vasculaire interdépendant. Certaines personnes ont peut-être l'impression que leur richesse et leur pouvoir les protégeront de la crise à venir (comme elles ont cru être à l'abri du coronavirus), mais les effets dévastateurs des combustibles fossiles se propageront tôt ou tard à l'ensemble du système puisqu'il est interconnecté. Sam Waterston avait raison de dire que faire preuve d'empathie revient à agir aussi dans notre intérêt personnel. Chez certains, malheureusement, le gène de l'empathie est en sourdine. Je prie pour que, le jour où les victimes en première ligne se feront enfin entendre, ces privilégiés s'engagent eux aussi dans la lutte, parce qu'ils auront compris qu'ils ne seront pas épargnés.

Le contraste entre Abby et Yvette Arellano, une fougueuse Hispano-Américaine travaillant pour le service de promotion de la justice environnementale du Texas, ne pourrait pas être plus grand. Yvette a grandi près du lycée César-Chavez à Houston, dans une zone contaminée puisque cernée par un complexe pétrochimique géant. Un brin ironique, elle note qu'« il est illégal pour une usine pétrochimique de s'implanter près d'une école, mais légal pour une école de s'implanter près d'une usine pétrochimique. C'est le genre de faille dans le système dont certains profitent allègrement au moment de construire un nouvel établissement dans un quartier non-blanc ».

Ayant vécu là toute sa vie, Yvette ne savait pas qu'ailleurs les enfants n'étaient pas assaillis en permanence par l'odeur douce et sucrée du benzène. Elle croyait que, comme elle, ils passaient une partie de l'été enfermés chez eux par 45° C sans climatisation, les fenêtres calfeutrées avec du plastique jusqu'à ce que l'alerte soit passée. L'expérience de « confinement à la maison » lui était familière, au contraire de la vaste majorité des gens, qui l'ont découverte avec l'apparition de la Covid. Dans son quartier, l'herbe était marron à cause des toxines, et les parents interdisaient à leurs enfants de jouer sous la pluie car personne ne pouvait garantir que c'était sans danger. Un jour que l'équipe de foot américain du lycée recevait à domicile, le terrain a été illuminé par les torchères voisines, et les jeunes sportifs ont inhalé des gaz hautement toxiques. Mais tout allait bien parce que, à ce qu'on disait, la fumée sortant du complexe n'était que de la vapeur d'eau. D'ailleurs, les enfants avaient trouvé un surnom à ces panaches : des faiseurs de nuages. Cela, racontait-on à Yvette, est le prix à payer pour la vie confortable qu'on mène tous. « Or, c'est faux. Tout le monde ne paie pas ce prix. Certains ne paient même rien du tout. »

En accord avec sa personnalité, Yvette ne demande pas au public d'avoir pitié, mais d'agir. Elle le supplie, même : « N'oubliez pas le Sud. S'il vous plaît, ne nous oubliez pas. Souvenez-vous de nous quand on ne sera plus sur une estrade avec des stars pour amplifier nos voix. Merci à vous tous de nous avoir emmenés jusqu'ici, mais le Sud ne peut pas être abandonné. Ne laissez pas ça arriver. Venez, aidez-nous à inscrire les gens sur les listes électorales, incitez-les à aller aux urnes.

Aidez-nous dans notre combat contre la suppression du droit de vote. On a besoin d'aide. »

La scène devient surréaliste quand Yvette cède sa place à Bobby Kennedy Jr, fils de Robert Kennedy et neveu du président JFK. C'est ce que j'aime avec les Vendredis Alerte Incendie, on s'attache à donner la parole aux plus vulnérables comme aux détenteurs de la puissance économique et sociale.

Bobby Kennedy, avocat en droit de l'environnement et militant, a le don de raconter des histoires frappantes, qui illustrent comment et pourquoi on peut faire plier le pouvoir en place. Il souffre de dysphonie spasmodique, une maladie qui lui donne une voix enrouée, comme s'il avait du mal à s'exprimer, et il n'est pas toujours facile à entendre. Je vois le public se pencher en avant pour l'écouter plus attentivement quand il nous raconte la fois où il a poursuivi en justice Rudy Giuliani (l'avocat de Donald Trump), à l'époque où celui-ci était maire de New York. Peut-être ce défaut d'élocution est-il en réalité son superpouvoir, comme l'autisme de Greta Thunberg, en ce qu'il incite à prêter l'oreille.

Bobby nous explique que New York a accès à l'une des meilleures eaux potables du monde, la plus pure et la plus délicieuse puisqu'elle vient directement des montagnes Catskill. L'eau qui arrive en ville par les canalisations du Delaware est donc cristalline. Mais celle qui est transportée par les canalisations de Croton, dans l'East Side, est mélangée à une eau assainie dans les usines locales. Quand Bobby a demandé à consulter une carte de l'alimentation en eau des différents quartiers de New York, la ville a refusé. Il a dû intenter un procès pour l'obtenir, et quand il l'a enfin eue entre les mains, il a constaté que l'eau pure du Delaware alimentait les quartiers riches, tandis que l'eau traitée de Croton finissait dans les foyers de Harlem, du South Bronx, du Lower East Side et de Hell's Kitchen, les quartiers les plus pauvres de New York. Puis il a repéré une anomalie :

« Sur le côté, il y avait un tout petit point blanc dans une zone d'eau traitée à Croton, correspondant à une habitation fournie en eau du Delaware. J'ai dû prendre une loupe pour y voir mieux, et j'ai découvert que le point blanc correspondait à Gracie Mansion, la maison du maire. Rudy Giuliani s'était assuré d'avoir le meilleur. »

Des exclamations de surprise outrée montent du public.

« Cela n'a fait que renforcer ma conviction, en tant qu'écologiste, d'être du côté de la démocratie, de l'équité, de l'égalité, de la justice. Les grandes entreprises transforment nos biens communs en marchandises. »

Le concept de biens communs, ou simplement de « communs », doit absolument faire partie de notre réflexion, de surcroît à une époque où de plus en plus de choses sont privatisées. Pour nos ancêtres les pères fondateurs, l'idée était qu'en tant que citoyens nous partagions un bien commun, une richesse commune. Même si cela ne s'appliquait qu'aux Blancs en réalité, l'idée est parvenue jusqu'à nous, sous une forme diluée. Ce n'est pas pour rien si le plus ancien parc de Boston – là où, il y a des siècles, les paysans faisaient tous ensemble paître leurs bêtes – s'appelle le « Boston Common ». C'est la terre que tous les membres de la communauté partageaient, de la même manière qu'historiquement, l'État de Virginie s'appelle le « Commonwealth » de Virginie, car il a été fondé sur le « consentement de l'ensemble du peuple ».

« Les communs sont le filet de sécurité de la société, poursuit Bobby. Si vous êtes pauvre à New York, vous n'avez pas accès à la climatisation. Vous devriez pouvoir aller vous rafraîchir en allant nager dans l'Hudson ou à Jones Beach. C'est ça, les communs. Pendant la Grande Dépression des années 1930, dix mille New-Yorkais au chômage sont descendus au fleuve et ont pêché pour se nourrir. Aujourd'hui ce serait impossible, même si la constitution de l'État de New York stipule que les poissons appartiennent au peuple. Aujourd'hui, ils sont la propriété de la firme General Electric. Cette même firme déverse du

PCP [pentachlorophénol, pesticide classé comme polluant organique] dans le fleuve, et ces poissons sont devenus tellement impropres à la consommation qu'il est interdit de les vendre. »

Bobby nous parle ensuite de son ami lord David Puttnam, qui en 2008 a défendu devant le Parlement britannique l'idée d'un système d'échange de quotas d'émission afin de mettre un prix sur le CO_2. Alors que l'opinion publique était largement en faveur de cette mesure, les députés ont botté en touche sous prétexte qu'il ne fallait pas brusquer les choses, au risque de bouleverser l'économie.

Lord Puttnam leur a rappelé que, deux siècles plus tôt, le débat sur l'abolition de l'esclavage s'était tenu dans un contexte similaire. Tout le monde s'accordait à dire que l'esclavage était contraire à la morale et sapait l'autorité de la Grande-Bretagne, qui se targuait d'être l'arbitre moral du monde. Mais l'esclavage représentait 25 % de son PIB. Cette main-d'œuvre gratuite assurait une énorme source de richesse pour l'Empire britannique, et les députés ont refusé de l'abolir trop vite, de crainte de voir l'économie s'effondrer.

Un an plus tard, l'abolition était votée. « Littéralement du jour au lendemain, au lieu de s'effondrer, l'économie britannique a connu un boom sans précédent grâce aux milliers d'entrepreneurs qui se sont rués pour créer une nouvelle dynamique, explique Bobby. Si on fait le parallèle avec aujourd'hui, il n'est guère compliqué de comprendre que notre addiction délétère au CO_2 constitue un poids pour le capital américain et le principal frein à la prospérité. Le FMI [Fonds monétaire international] a révélé que les États-Unis dépensent 649 milliards de dollars par an en subventions aux compagnies charbonnières, pétrolières et gazières, plus que le budget alloué au Pentagone.

« Pas besoin du réchauffement climatique pour savoir que le CO_2 est une mauvaise option. Il suffit de ne pas aimer l'idée de l'acidification des océans. De ne pas aimer l'idée que, dans les Appalaches, une surface plus grande que le Delaware a été déboisée – et je ne parle même pas des 20 000 kilomètres de cours d'eau qu'on a enterrés dans cet État. Il suffit de ne pas aimer l'idée que les pluies acides ont rendu stériles 20 % des lacs des monts Adirondacks, et tous les lacs de haute altitude des Appalaches, depuis la Géorgie jusqu'au Nord-Québec. Il suffit de ne pas aimer l'idée que tous les poissons d'eau douce contiennent du mercure, qui les rend dangereux à consommer. Il suffit de ne pas aimer l'idée qu'un site de fracturation hydraulique a contaminé le réseau de distribution d'eau de la commune de Dimock, en Pennsylvanie, loin d'être la seule dans ce cas dans le pays.

« À nous de reconquérir notre démocratie. À nous de mettre un terme définitif à la production des combustibles les plus sales, les plus répugnants, les plus toxiques, les plus conflictuels de tous, et de passer aux énergies abordables, propres, courageuses, saines et patriotiques à notre disposition. Pour réussir, il va falloir faire un geste plus important que changer une ampoule : il va falloir changer nos hommes politiques. »

Nous vivons tous dans un documentaire
par Mark Magaña

Mark Magaña est le fondateur et P-DG de Green Latinos, une coalition de mouvements pour le climat latino-américains

On sentait déjà l'énergie gagner la foule, lorsque Mark Magaña prend le micro et nous électrise tous. Il demande s'il nous est déjà arrivé de regarder des documentaires sur de grands mouvements comme la résistance à l'apartheid, les suffragettes, l'abolition de l'esclavage, les luttes paysannes, les droits civiques, et de nous poser cette question : Est-ce que je serais monté dans ce bus ? Est-ce que j'aurais manifesté sur ce pont ? Est-ce que j'aurais supporté les coups de matraque de la police ? Est-ce que j'aurais fait la grève de la faim ?

« Vous savez ce qui est bien aujourd'hui ? Vous n'avez plus à vous poser la question. Vous vivez dans un documentaire. Vous vivez à une époque sur laquelle vos enfants et petits-enfants vous interrogeront : Où tu étais ? Qu'est-ce que tu as fait quand il restait encore une chance de tout changer ? Est-ce que tu as manifesté ? Est-ce que tu t'es battu ? Est-ce que tu étais sur le terrain ?

« Nous vivons tous dans un documentaire. »

Je suis secouée par les histoires que j'ai entendues, mais aussi remplie de joie devant la diversité de nos intervenants : deux militantes de terrain, noire et hispano, un écologiste latino, une jeune gréviste pour le climat, des Blancs privilégiés (et d'un certain âge) qui ont malgré tout choisi d'être du bon côté de l'histoire. *Ça, c'est de la démocratie !* Je le dois en grande partie à Annie Leonard et à l'équipe des Vendredis Alerte Incendie. Depuis le départ, ils mettent un point d'honneur à ne jamais avoir une liste d'invités totalement blanche ou masculine, et la presse comme les autres mouvements l'ont remarqué. Extrait d'un article de

Mashable : « À une époque de tensions entre générations, de multiplication des termes clivants comme “OK Boomer” [pour décrier l’attitude désinvolte propre à certains babyboomers] et de manifestations de plus en plus menées par des jeunes, les Vendredis Alerte Incendie ont su créer un îlot de sérénité où toutes les générations peuvent se rassembler. »

Il y a tellement de gens qui défilent avec nous jusqu’à l’immeuble Russell que nous mettons un temps fou à passer la sécurité et à nous regrouper au centre de l’atrium pour faire acte de désobéissance civile, assis par terre, banderoles levées bien haut :

Qu’est-ce qu’on veut ?
La justice climatique.
Quand la veut-on ?
Maintenant !

Bob Mulholland, mon ami vétéran du Vietnam, est assis sur le sol en marbre derrière moi et cela me met en joie. Depuis cinquante ans qu’on se connaît, Bob m’a toujours épaulée physiquement et moralement, même dans les situations les plus risquées. Abigail Disney nous fait rire en disant : « Je suis déjà venue ici quand j’avais neuf ans. On remettait à mon oncle Walt la médaille présidentielle de la Liberté. S’il me voyait aujourd’hui, il s’étranglerait. » Elle est de toute évidence ravie d’incarner le rôle de rebelle de la famille et de porte-drapeau de la véritable morale.

Cette fois, quand la police donne son troisième avertissement, je monte au balcon du premier étage, qui court sur toute la longueur de l’atrium, et je regarde mes camarades se faire arrêter au rez-de-chaussée en les acclamant bruyamment. Pour la plupart, c’est une première. Je suis particulièrement émue de voir Marta Kauffman et les scénaristes de *Grace et Frankie* être emmenés un par un, mains menottées levées en l’air et scandant des slogans.

À cause de ma date d'audience et de la nuit que j'ai passée en détention, je ne peux me mettre en situation d'arrestation, alors c'est mon premier vendredi dans l'équipe de soutien. Je me rends compte que ma présence y est finalement une affirmation aussi forte. Je patiente dans le froid pour serrer dans mes bras chaque détenu libéré, et cela a un vrai sens. Embrassade après embrassade, j'ai l'impression qu'on fait grandir le mouvement.

Ils sont tellement nombreux que la nuit sera tombée depuis longtemps quand le dernier sortira.

Quand c'est au tour de June Diane Raphael, elle me regarde droit dans les yeux et dit : « Jane, c'est important ce qui s'est passé », et je vois bien qu'elle le pense. Elle cherche ses mots. « À compter d'aujourd'hui, je ne me comporterai plus de la même façon dans le monde. Merci. »

Des mois plus tard, de retour sur le tournage de *Grace et Frankie*, je lui ai demandé si elle avait tiré des leçons de cette expérience. Elle m'a répondu ceci : « À vrai dire, je suis repartie de Washington avec des sentiments contradictoires. J'ai compris que je devais me forcer à quitter ma zone de confort. Puisque j'ai le privilège d'être blanche et riche, je dois continuer à militer activement dans ces mouvements, au nom de tous les gens qui n'ont pas les moyens de le faire. »

Et elle a ajouté : « Tes Vendredis Alerte Incendie et le discours de Greta m'ont fait comprendre à quel point j'étais devenue dépendante de la culture de consommation. De la même manière que le mouvement pour la justice climatique nous demande de reconnaître qu'on détruit la Terre et d'en prendre acte, j'ai regardé en face mon propre système de valeurs, et j'en ai pris acte. En ce moment je passe au crible les mille façons dont j'ai soutenu le capitalisme au détriment des territoires autochtones, des ressources naturelles, des communautés. L'idée est de recentrer mon temps, mon énergie et mon talent sur mes valeurs, et je n'en suis qu'au début, mais déjà j'ai la sensation de drôlement mieux respirer. »

J'ai essayé de tirer les vers du nez aux scénaristes en leur demandant si, à tout hasard, après leur expérience de ce jour-là, les personnages de *Grace et Frankie* pourraient se transformer en militantes écolos dans la dernière saison, mais ils ne m'ont fait aucune promesse.

QUE FAIRE ?

Heureusement, il y a plein de choses à faire pour promouvoir la justice environnementale, que vous veniez d'un milieu pauvre ou privilégié.

Commencez par la théorie, puis passez à la pratique au travail – peu importe ce que vous faites dans la vie. Le mieux est encore d'appliquer les principes de Jemez, développés dans les années 1990 pour servir de cadre à des mobilisations plus justes et équitables :

- Soyez inclusif
- Commencez par le bas de la pyramide
- Laissez les gens s'exprimer
- Travaillez ensemble et en solidarité
- Développez des rapports d'égal à égal entre vous
- Engagez-vous dans la voie de la transformation personnelle

Beaucoup d'articles ont été écrits sur ces principes. Je vous encourage à faire des recherches sur Internet pour savoir comment les associations les ont intégrés à leurs chartes et à leurs campagnes. Du moment que vous suivez les principes de Jemez, tout ce que vous ferez pour lutter contre la crise climatique servira la cause de la justice environnementale.

La deuxième étape consiste à savoir si vous êtes exposé à des produits toxiques « là où vous habitez, travaillez et vous amusez ». Les associations écologistes locales auront sans doute des données sur votre quartier ou ceux qui l'entourent et pourront vous indiquer les campagnes à soutenir pour réclamer des règles plus contraignantes et l'élimination des déchets dangereux.

Si vous ne réussissez pas à obtenir ces renseignements, cherchez-les par vous-même. Quelles communautés sont exposées, à quel type de toxines et en quelle quantité, voilà des informations que le public est en droit de connaître, et c'est aussi une bonne base pour entamer une campagne en faveur de la justice environnementale. L'EPA (l'Agence de protection de l'environnement américaine) a retiré de son site la carte des zones contaminées aux toxines. Je vous conseille de contacter les autorités compétentes pour obtenir l'info. Vous obtiendrez peut-être une réponse en demi-teinte, mais c'est toujours une bonne idée d'interpeller l'administration publique : cela met la pression pour que soient livrées ces données qui devraient être mises à notre disposition et tenues à jour.

Malheureusement, mais peut-être n'est-ce pas si surprenant, le mouvement pour l'environnement est marqué par un passé troublant de racisme et de classisme. Pendant des années, beaucoup d'écologistes sont partis du principe que les minorités et les pauvres ne se souciaient pas de l'environnement, et ont embauché des « experts » venus de l'extérieur pour imposer des solutions aux communautés locales. Combien de fois ont-ils déplacé des autochtones sous prétexte de « protéger » ou « préserver » une nature prétendument pure et vierge. Veillez toujours à inclure ceux qui sont le plus concernés dans les solutions proposées : cela profitera à tous. Comme le réclament les défenseurs de la justice environnementale : « Rien ne doit être décidé sur nous sans nous. »

Si vous touchez au but, assurez-vous de ne pas avoir juste déplacé le problème. Un exemple : vous contribuez à faire fermer un incinérateur ou une centrale à charbon. Victoire ! Mais ça n'a aucun intérêt si le pollueur va s'installer ailleurs. Il faut absolument passer de la philosophie du NIMBY (*Not In My Back Yard*, « Pas de ça dans mon jardin ») à celle du NOPE (*Not On Planet Earth*, « Pas de ça sur la planète Terre »). De façon qu'un projet polluant soit définitivement jeté aux oubliettes – pas seulement délocalisé.

Rappelez-vous, nous sommes *tous* affectés d'une manière ou d'une autre par la crise environnementale. Ceux d'entre nous qui ont plus de pouvoir et d'influence doivent collaborer avec les militants sur le front plutôt que de prétendre avec condescendance « aider les autres ». C'est seulement comme ça que se noueront des relations justes et que se construira un avenir juste. Pensez solidarité, ne vous voyez pas en sauveur.

Aux États-Unis, il existe des milliers de groupes locaux et régionaux qui se battent pour la justice environnementale, et la liste que je vous propose n'en donne qu'un tout petit aperçu.

Si vous vivez dans le Sud, renseignez-vous sur le service de promotion de la justice environnementale du Texas (T.e.j.a.s.), le Centre pour la justice environnementale du Sud profond (Deep South Center for Environmental Justice) et le Centre pour l'action rurale en Alabama (ACRE, Alabama Center for Rural Enterprise Community Development Corporation).

Si vous souhaitez soutenir les campagnes menées par les autochtones, regardez du côté de Honor the Earth et, au Canada, d'Indigenous Climate Action.

À New York, vous avez l'association WE ACT, NY Renews et Green Worker Cooperatives ; et en Californie, Communities for a Better Environment, Center on Race, Poverty and the Environment, STAND-LA et Movement Generation.

Et bien sûr, il existe de nombreux groupes pour la justice climatique (Climate Justice Alliance par exemple), ainsi que des associations historiques comme Greenpeace, Friends of the Earth (en France : Les

Jane prend la parole lors du premier Vendredi Alerte Incendie en brandissant un exemplaire du livre de Naomi Klein.

▲ La foule présente au lancement.

▲ Jansikwe Medina-Tayac, de la Nation des Indiens Piscataway, donne le coup d'envoi.

▲ Jerome Foster, 17 ans, militant pour le vote des jeunes, au premier Vendredi Alerte Incendie.

▲ Sandra Steingraber, la biologiste poétesse, en plein discours.

◄ Le groupe risque l'arrestation collective pour la première fois sur les marches du Capitole.

◄ Annie Leonard et Madeline Carretero se font arrêter à leur tour.

◄ L'acteur Sam Waterston, arrêté pour la première fois de sa vie.

Jane Fonda se fait arrêter, applaudie par Annie Leonard, directrice de Greenpeace USA, et Madeline Carretero.

◄ Jasilyn Charger, l'une de ceux qui ont couru 2500 km jusqu'à Washington pour protester contre le Dakota Access Pipeline en 2016.

Arrestation de l'acteur Ted Danson.

Whitney Crowder, Ted Danson, Jane, Madeline Carretero (derrière Jane), John Hocevar, Jennifer Jacquet, Denise Patel et Laura Flanders (derrière Denise) posent pour la photo devant le Capitole avant le rassemblement.

▲ Jennifer Jacquet, spécialiste d'écologie marine, à la tribune.

◄ Les actrices Rosanna Arquette et Catherine Keener rejoignent Jane sur scène.

▲ L'auteure des *Monologues du vagin*, Eve Ensler, sur les droits des femmes.

© Avec l'aimable autorisation de Liz Gorman

▼ Emira Woods, du mouvement Africans Rising for Justice, Peace and Dignity, parle de l'industrie du pétrole dans le delta du Niger.

▲ Vanessa Vadim (la fille de Jane) se fait arrêter. Devant elle, Emira Woods.

◄ Mary « Lulu » Williams (la fille adoptive de Jane) arrêtée elle aussi.

➤ Phyllis Benis, du think tank Institute for Policy studies, spécialiste de la guerre, de l'armée et du Moyen-Orient.

➤ La pacifiste et ex-militaire Krystal Two Bulls, issue de la Nation Cheyenne du Nord.

▼ De gauche à droite : Krystal Two Bulls, Jane, Phyllis Bennis et Jodie Evans défilent en direction de la Maison-Blanche.

▲ June Diane Raphael anime la conférence aux côtés d'Annie Leonard (à droite) en l'absence de Jane, avec comme invités Von Hernandez, Yvette Arellano, Catherine Flowers et Kerene Tayloe.

▲ Kerene Tayloe de l'association WE ACT de Harlem.

➤ Abigail Disney en plein discours.

➤ Robert Kennedy Jr, avocat en droit de l'environnement, sur les inégalités du réseau d'eau potable de New York.

➤ Mark Magaña, de l'association Green Latinos, une coalition de mouvements latino-américains pour le climat.

▲ De gauche à droite : Malin Svensson (la coach sportive de Jane), Bob Mulholland (derrière Jane), June Diane Raphael et Abigail Disney pendant l'occupation de l'immeuble Russell.

◄ Jane Fonda avec Maude Barlow, spécialiste de l'eau et de ses liens avec la crise climatique.

▲ Garett Reppenhagen, vétéran de la guerre d'Irak, prend la parole. Derrière lui, Amber Valletta et Manny Jacinto l'écoutent.

Le groupe manifeste sur les marches du Capitole après le rassemblement. Entourant Jane, on peut voir Lindsey Allen, Iain Armitage, Paul Scheer, Viva Vadim et Malcolm Vadim (les petits-enfants de Jane), Nathalie Vadim (la belle-fille de Jane), Ricardo Salvador et Jim Goodman.

◄ Iain Armitage, 11 ans, star de la série *Young Sheldon*.

◄ Kallan Benson, du Sunrise Mouvement, se présente « en deuil de notre avenir ».

◄ Jim Goodman, propriétaire d'une ferme biologique, milite pour l'agriculture régénérative.

Amis de la Terre) et Sierra Club, qui incluent les principes de justice environnementale dans leur travail.

En France aussi, de nombreuses associations existent, par exemple Alternatiba : https://alternatiba.eu/, ANV Cop 21 : https://anv-cop21.org/, Fondation Nicolas Hulot : https://www.fondation-nicolas-hulot.org/, France Nature Environnement : https://www.fne.asso.fr/, mais aussi Les Amis de la Terre : https://www.amisdelaterre.org/, Notre Affaire à Tous : https://notreaffaireatous.org/, Greenpeace France bien entendu : https://www.greenpeace.fr/, ou encore Youth for Climate France : https://youthforclimate.fr/, ADS : https://laffairedusiecle.net/ et Oxfam : https://www.oxfamfrance.org/.

8

L'EAU ET LE CHANGEMENT CLIMATIQUE

Le sénateur Ed Markey et sa femme, Susan Blumenthal, sont des amis à moi depuis les années 1990. À l'époque, Susan était administratrice adjointe de la santé publique américaine. Elle était en charge de la question du suicide chez les femmes, et j'avais fait appel à elle au moment d'écrire mon autobiographie car j'avais besoin de comprendre le suicide de ma mère. Cette fois, j'ai été ravie lorsque Susan m'a contactée de la part de son mari, qui souhaitait m'inviter à débattre au Sénat avec le groupe de réflexion sur le changement climatique. Après tout, Ed Markey est l'homme qui a proposé le projet de Green New Deal avec Alexandria Ocasio-Cortez.

Annie Leonard et Ira Arlook m'accompagnent dans une salle de réunion de l'immeuble Hart. Les membres du groupe de réflexion ne sont pas encore là mais leurs collaborateurs sont assis sur des chaises alignées contre le mur, et d'après mon expérience du lobbying dans les années 1970, je sais qu'il est parfois très utile de mettre des idées dans la tête de collaborateurs intelligents qui influenceront ensuite leur chef sur les dossiers à défendre.

On m'a informée qu'il va y avoir des allées et venues, car c'est un jour de votes importants que les sénateurs ne peuvent rater. Cependant Ed Markey (démocrate, Massachusetts), Kirsten Gillibrand (démocrate,

New York), Jeanne Shaheen (démocrate, New Hampshire), Tom Udall (démocrate, Nouveau-Mexique) et Jeff Merkley (démocrate, Oregon) seront présents la majeure partie du temps. J'explique pourquoi j'ai initié les Vendredis Alerte Incendie, mais j'ai surtout envie de savoir ce qu'ils en pensent et jusqu'où ils sont disposés à me suivre.

Je leur demande : « Est-ce que c'est une bonne idée, ce que je fais ? Croyez-vous qu'il y ait un meilleur moyen de sensibiliser à l'urgence de la crise, de réveiller les consciences ? »

Ed Markey me répond le premier, d'un ton sans équivoque. « Oui, c'est une bonne idée ! Tu es en train de lever une armée. Il faut qu'elle soit nombreuse. On a besoin de cette pression de l'extérieur. »

Étant donné l'hostilité de l'administration Trump envers tout ce qui, de près ou de loin, pourrait ralentir le changement climatique, je comprends l'empressement des sénateurs. Ils ont besoin de toute l'aide qu'on voudra bien leur apporter et savent pertinemment que, dans l'histoire, aucune grande transition n'a abouti sans des citoyens énervés et organisés pour l'exiger.

La question fondamentale qu'Annie et moi brûlons de leur poser est : sont-ils prêts à défendre un projet de loi sur le climat avec une majorité de sénateurs, même s'ils ne représentent pas soixante voix ? Car il faut savoir qu'une majorité aux trois cinquièmes, donc soixante voix, peut être exigée pour les votes déterminants. Ils répliquent tous par un « Oui » bruyant. Hourra ! C'est important à savoir, car il y a peu de chances qu'on ait soixante sénateurs écolos aux commandes avant des années, et c'est cette incapacité à obtenir la majorité absolue qui a bloqué tout progrès sur la crise climatique et tant de sujets essentiels.

En revanche, légère fausse note lorsque je m'enquiers de ce qu'ils pensent des trois objectifs fixés par les Vendredis Alerte Incendie. Ils sont à fond pour le Green New Deal, mais s'agissant de stopper toute nouvelle extraction d'hydrocarbures et de programmer une sortie progressive de l'industrie fossile, ils font la sourde oreille, tout en disant qu'ils soutiennent l'objectif de 100 % d'énergie renouvelable. C'est super. Moi-même j'espère voir 100 % de renouvelable un jour. Mais je les informe que, s'ils continuent à donner leur bénédiction à l'industrie fossile, cela annulera une grande partie des bienfaits du boom de l'énergie verte. D'un côté, énergie renouvelable et voitures électriques réduiront la demande en pétrole, de l'autre, le pétrole fraîchement extrait sera transformé en plastique ou exporté : dans les deux cas, cela ne fera qu'alimenter la crise climatique.

Je suis surprise de leur réticence à se positionner. Je trouve même inquiétant que des élus favorables à nos idées, qui comprennent un peu les enjeux climatiques et prennent fait et cause pour le GND, rechignent à déclarer qu'il faut cesser d'extraire les hydrocarbures. Clairement, le mouvement pour le climat doit maintenir la pression, en s'appuyant sur la science. Si le GIEC affirme que les émissions de l'industrie fossile doivent baisser de 50 % en dix ans, pourquoi diable s'entête-t-on encore à la développer ?

Mais comme Annie, Ira et moi sommes d'avis qu'il faut célébrer chaque petite victoire et continuer la lutte, nous sommes plutôt euphoriques en quittant la salle de réunion. Devant l'ascenseur nous croisons l'acteur Mark Ruffalo, venu rencontrer des sénateurs pour les convaincre de prendre des mesures contre un type de substances chimiques particulièrement toxiques qui se trouvent dans beaucoup de produits ménagers, les PFAS*. C'est le sujet d'un film palpitant dans lequel Mark a joué en 2019, *Dark Waters*. À l'instar du secteur pétrolier, les industriels qui fabriquent ces substances savent depuis des années qu'elles ont des conséquences graves sur la santé humaine, mais ils ont payé des lobbyistes pour bloquer les tentatives de réglementation et des agences de relations publiques pour redorer leur image – tout en continuant à contaminer sciemment les gens. C'est exactement

* Les tensioactifs, ou détergents, en font partie. (*N.d.T.*)

pareil avec l'industrie fossile. C'est systémique. S'il faut se battre contre chaque produit chimique et chaque oléoduc, jamais on n'y arrivera. Pour nous réapproprier notre démocratie, nous devons délivrer nos élus de la mainmise des compagnies et obtenir qu'ils donnent la priorité à la santé et au développement durable, plutôt qu'à des groupes d'intérêt manifestement prêts à tout sacrifier pour le profit.

C'est un soulagement, en cette semaine précédant le septième rassemblement, de ne pas avoir à voyager et de rester à la maison – eh oui, ma chambre d'hôtel est devenue ma maison – pour lire. On m'envoie des articles et des livres sur le réchauffement climatique par camions entiers, et j'ai du mal à suivre.

Ce Vendredi Alerte Incendie a pour thème l'eau. « *L'eau, c'est la vie. Mni Wiconi.* » J'ai entendu cette phrase pour la première fois en 2016 à la réserve de Standing Rock, où les protecteurs de l'eau n'ont pas hésité à affronter des policiers lourdement armés pour tenter de stopper la construction du Dakota Access Pipeline. Sans eau, pas de vie. C'était on ne peut plus clair à Standing Rock, où le tracé retenu faisait passer le gazoduc sous les fleuves Mississippi et Missouri, mettant en péril les réseaux d'eau potable et d'irrigation. Grâce à mes rencontres et aux recherches effectuées en amont, je sais déjà que l'état de l'eau potable n'est pas réjouissant au niveau mondial. En ce moment, plus de deux milliards d'individus n'ont pas accès à une eau salubre, et le changement climatique ne va faire qu'aggraver les choses.

Pour la plupart des Américains, c'est inimaginable. L'école nous enseigne le cycle de l'eau en le présentant comme un processus qui s'autorégénère à l'infini. La chaleur du soleil évapore l'eau en fines gouttelettes qui produisent des nuages, lesquels la déversent sous forme de pluie au-dessus des villes, des montagnes et des plaines. Cette eau de pluie dévale les coteaux vers les rivières et les caniveaux, jusqu'aux usines de traitement municipales qui lui ôtent ses impuretés. Quand on ouvre le robinet, on ne doute pas que ce qui en sort est sain et abondant.

Cette ressource n'est plus illimitée. Elle s'épuise à cause de la pollution industrielle, de la pollution agricole et du *fracking*, et les conséquences sont désormais visibles – pire, elles s'accélèrent. L'ONU prévoit qu'en 2050 cinq milliards d'individus, soit la moitié de la planète, pourraient ne pas disposer d'un accès à l'eau potable. Aux États-Unis on se sent en sécurité, mais on ne devrait peut-être pas. En 2013, quand la Cour des comptes américaine s'est penchée sur la gestion de l'eau, quarante des cinquante États interrogés ont dit s'attendre à en manquer d'ici à 2023. Pourtant, rares sont ceux qui communiquent sur cette pénurie annoncée, directement liée au changement climatique, lequel ne fait que l'aggraver.

LA CONFÉRENCE

J'ai appris une foule de choses sur la crise de l'eau et ses liens étroits avec le dérèglement climatique en lisant un excellent livre sorti en 2019 : *Whose Water Is It, Anyway?* de Maude Barlow, qui est *LA* grande experte en la matière.

Annie Leonard a invité Maude à notre Vendredi Alerte Incendie, me disant que j'allais l'adorer, et elle avait raison. Cette femme menue aux cheveux gris est sans doute la meilleure ambassadrice de l'eau au monde. Ex-présidente du Conseil des Canadiens (une organisation de défense des citoyens), présidente du conseil d'administration de Food & Water Watch, cofondatrice de l'ONG Blue Planet Project (qui œuvre pour le droit d'accès à l'eau partout dans le monde), elle a aussi été conseillère eau auprès du soixante-troisième président de l'Assemblée générale des Nations unies et a écrit dix-neuf livres sur le sujet. Accessoirement, elle est chaleureuse et généreuse. Je sens d'emblée qu'on va devenir amies.

Maud est la personne idéale pour débuter notre conférence sur l'eau parce qu'elle a vu venir ce qu'on connaît aujourd'hui. Dans les années 1980, au Canada, elle a constaté que des entreprises tentaient d'acheter des droits sur l'eau dans le but de privatiser un bien par définition public, et cette spéculation est devenue plus agressive à mesure que la ressource se faisait rare dans le monde. Une fois qu'une entreprise privée prend le contrôle de l'eau municipale, la hausse des tarifs peut friser les 60 %, la rendant inabordable pour beaucoup de foyers. Certaines obtiennent le droit de vous couper l'eau, voire de saisir votre maison si vous réglez les factures en retard, ce qui arrive désormais dans l'ensemble des États-Unis. Même pendant la crise de la Covid, des Américains se sont vu couper l'eau dans certaines villes !

D'emblée, Maude déclare qu'elle souhaite voir le thème de l'eau prendre plus de place dans le débat sur le climat : il ne faut plus la considérer comme une sous-catégorie, mais au contraire comprendre qu'en abuser contribue largement au changement climatique.

« Je suis même d'avis que si demain on pouvait stopper toutes les émissions de gaz à effet de serre sur le globe, on aurait quand même une crise de l'eau. Pourquoi ? Parce qu'on a pollué les rivières, détourné les cours d'eau et construit des barrages jusqu'à ce que mort s'ensuive. On pompe les nappes phréatiques avec une frénésie telle que la nature n'arrive plus à suivre. Cette crise, l'homme l'a provoquée en déplaçant l'eau là où il la veut, au lieu de la laisser là où la nature l'a mise. Et il est très important de comprendre non seulement que c'est une cause majeure du dérèglement climatique, mais que protéger nos réserves en eau et veiller à leur équilibre est l'une des grandes solutions à l'urgence climatique. La crise de l'eau figure aussi la plus grande atteinte actuelle aux droits de l'homme, il suffit de regarder les chiffres. Dans le monde, les enfants meurent davantage de maladies transmises par l'eau que de toutes les formes de violence réunies, y compris la guerre. Donc, c'est à la fois un problème d'écologie et de justice sociale. »

Je repense à tous les intervenants des Vendredis Alerte Incendie qui ont fait le parallèle entre climat et justice.

« Parce que notre planète est à court d'eau, certains individus sans scrupules essaient de la contrôler, de la privatiser, de la transformer en marchandise. En d'autres termes, de se faire de l'argent sur son dos. Ils ont compris bien avant nous que celui qui contrôle l'eau sera à la fois puissant et riche.

« Aujourd'hui, en ce moment même, des décisions cruciales sont prises par nos dirigeants pour décréter qui a accès à l'eau. En général, ce n'est pas aux villages qui en ont besoin qu'on en fournit. Non, c'est aux compagnies minières, aux sites de *fracking*, aux usines de mise en bouteilles. L'ONU a déclaré que l'accès à l'eau potable est un droit humain fondamental. Il s'agit d'un bien public relevant de l'intérêt général, et il faut conserver un contrôle démocratique dessus. Donc, on n'attend pas le gouvernement fédéral pour agir : on relaie déjà l'idée de ce droit fondamental au niveau local, grâce aux municipalités, aux institutions religieuses, aux établissements scolaires. Il faut absolument le faire au niveau local parce que c'est une course contre la montre, Jane. La crise de l'eau a lieu ici et maintenant. Ce n'est pas seulement dans les pays du Sud. C'est aussi dans les pays du Nord. »

De nouveau, une crise des « communs ».

Mary Grant est la deuxième invitée de notre conférence. Directrice de la campagne « Une eau publique pour tous » au sein de l'ONG Food & Water Watch, elle défend l'idée d'un accès à l'eau pour chaque Américain grâce à un réseau d'assainissement fiable et abordable. Selon elle, ce n'est pas seulement l'accès qui est problématique, ce sont aussi les canalisations vieillissantes, et le fait que nos infrastructures n'ont pas été conçues pour supporter les phénomènes météorologiques extrêmes qui vont se succéder au XXIe siècle à cause du changement climatique.

« D'un côté, on constate une sécheresse intense, en particulier dans le sud-ouest des États-Unis et au sud des Grandes Plaines, qui entraîne des pénuries d'eau ailleurs dans le pays, donc des abus et une baisse du niveau des nappes phréatiques. De l'autre, on a de violents épisodes pluvieux dans le nord-est et le Midwest. Ces pluies surchargent les canalisations, font déborder les égouts, et les eaux usées polluent nos cours d'eau. »

Mary évoque une autre menace pour nos abondantes réserves d'eau douce : les algues toxiques qui prolifèrent dans les Grands Lacs et les lacs de Floride. Au départ, rien de plus naturel que ces algues, mais lorsqu'un lac voit son taux d'azote monter en flèche à cause d'intrants chimiques rejetés par la ferme industrielle voisine ou d'une fuite de fosse septique, elles se mettent à pousser n'importe comment et à rejeter des toxines. Laissées sans surveillance, elles pourraient littéralement empoisonner ces précieux lacs et d'autres cours d'eau.

« Et la crise climatique crée les conditions parfaites pour ça, ajoute Mary. On a des températures mondiales qui grimpent, des eaux de plus en plus chaudes, et dans le même temps davantage de polluants dans l'eau à cause des ruissellements d'eaux pluviales. Les conditions sont idéales pour la prolifération d'algues toxiques. Si on n'agit pas maintenant, toujours plus d'habitants verront une eau dangereuse couler de leur robinet. »

Avant, la protection de l'eau était considérée comme une priorité nationale, mais le gouvernement américain a réduit le budget de 74 % depuis 1977. Mary fait partie d'une coalition qui défend le projet de loi WATER (pour une eau « abordable, potable, équitable et fiable ») auprès du Congrès. Si elle était votée, cette loi soulagerait les quatorze millions de foyers ayant du mal à payer leurs factures pour consommer une eau qui n'est même pas potable. On ne pourra pas se passer de fonds fédéraux si on veut régler ce problème, et comme pour la plupart des besoins en infrastructures cités dans le Green New Deal, cela créerait beaucoup d'emplois, souligne Mary.

« Nina McCoy milite pour l'association des Citoyens inquiets du comté de Martin, dans l'est du Kentucky, l'un des secteurs les plus sinistrés du pays, où la crise de l'eau est bien réelle. Elle m'a posé cette question : "Comment faire pour que tous ces anciens mineurs retrouvent un travail en réparant des canalisations ?" L'idée serait de réorienter des ouvriers de l'industrie fossile qui pollue nos rivières vers le secteur de l'eau, pour moderniser ce qui est vétuste et amener le tout-à-l'égout là où il n'y en a pas. »

Ma dernière invitée à la conférence, Jessica Loya, de Green Latinos, un réseau national d'écologistes latinos, rebondit sur ces propos. « On connaît la contamination de l'eau à cause du *fracking*, la contamination de l'eau à cause de l'agriculture intensive, la contamination de l'eau à cause des marées noires. L'investissement dans le réseau de distribution de l'eau est passé de 63 % des dépenses fédérales en 1977 à moins de 9 % aujourd'hui. Dans le sud du Texas, certains habitants n'ont jamais eu l'eau courante ni le tout-à-l'égout. Les infrastructures n'existent tout simplement pas. Et le problème de l'eau est international. Le Salvador, le Guatemala, le Honduras (trois pays surnommés le "triangle du Nord") subissent une sécheresse depuis des années, ce qui influe sur la capacité des paysans à produire une agriculture de subsistance, force certains à migrer en ville, puis à entreprendre un périple dangereux jusqu'aux États-Unis, pour au bout du compte être refoulés. L'eau ne connaît pas de frontières. Des gens risquent leur vie pour y avoir accès, et ça va empirer. »

Je leur demande ce qu'elles pensent de la désalinisation de l'eau de mer. Est-ce une solution pour pallier la pénurie ?

Mary rétorque : « Non ! C'est un procédé énergivore et destructeur parce qu'il consiste à prélever de l'eau salée avec tous les animaux aquatiques par la même occasion, et c'est aussi polluant car il faut extraire l'eau et rejeter dans l'océan le sel, les produits chimiques utilisés et les animaux morts. Ce n'est pas une solution à long terme, elle tue les océans. »

Maude ajoute : « Prenons l'exemple édifiant de deux villes australiennes. Il y a deux ans, pendant une pénurie d'eau, la première a tout misé sur la désalinisation et la seconde a créé des centaines de zones humides qu'elle a aménagées pour y faire pousser des plantes capables d'absorber la pollution. Cette ville-ci a accompli un miracle, créé une oasis dans le désert simplement en collaborant avec la nature, par opposition à toute cette technologie qu'on utilise pour se prouver qu'on est *supérieurs* à la nature. »

Refaisons de l'eau un bien public, devenons tous bleus
par Maude Barlow

« On les appelle les Communautés bleues, et on les a initiées il y a dix ans dans mon pays, le Canada, car le gouvernement refusait de reconnaître que l'accès à l'eau est un droit fondamental et encourageait la privatisation. Au lieu d'être simplement contre cela, on a décidé d'être *pour* quelque chose, et c'est comme ça qu'on a eu l'idée du projet Communautés bleues. En résumé, c'était une manière de tenir au niveau local notre engagement envers le droit d'accès à l'eau. Au départ on a pensé ce projet pour les municipalités seulement, et en toute franchise juste pour le Canada. Une municipalité qui souhaite devenir une Communauté bleue doit s'engager à protéger et à promouvoir le droit fondamental d'accès à l'eau. Le protéger et le promouvoir comme un service d'intérêt général, le maintenir public coûte que coûte face aux entreprises privées qui décideraient qui y a droit ou pas, avec pour seul critère le profit. Et troisièmement, s'attaquer au problème du plastique, dont on n'a pas encore parlé. Dans le monde, un million de bouteilles d'eau en plastique sont vendues par minute. Mises bout à bout, chaque année elles arriveraient à mi-chemin du soleil. Je n'ai pas besoin de vous faire un dessin, on détruit nos écosystèmes avec ces montagnes de plastique. Donc, le troisième engagement que doit prendre la municipalité est de cesser d'utiliser des bouteilles d'eau à la mairie et lors de tous les événements qu'elle organise, et de faciliter l'accès à une eau potable partout. Ça a tout de suite marché, et aujourd'hui on a quelque trente-cinq municipalités au Canada qui sont devenues Communautés bleues, de plusieurs villages autochtones jusqu'à la ville de Montréal, qui est notre dernière Communauté bleue en date. Ensuite cela s'est étendu en Europe, et des métropoles comme Berlin et Munich nous ont rejoints. Paris est devenue une Communauté bleue le jour où ils ont flanqué leur régie privée à la porte. Ils ont créé une société publique qu'ils ont nommée “Eau de Paris”, ça sonne comme un parfum et je trouve que c'est absolument parfait. »

Le mouvement monte en puissance, de plus en plus de villes reprennent la main sur la distribution de l'eau et d'autres biens publics. Et quand les villes font ça, les bénéfices sont immédiats. Dans le cas de Paris, la mairie a économisé 33 millions d'euros dès la première année, baissé le prix de 8 % pour les habitants, et réinvesti l'argent économisé dans l'entretien des canalisations. Tout cela plutôt que d'enrichir des actionnaires. Elle a même fait installer des fontaines à eau gratuites dans toute la ville.

En réalité, Paris fait partie d'un mouvement de remunicipalisation qui balaie tout sur son passage depuis dix ans. Une étude de 2019 intitulée « L'avenir sera public » montre qu'entre 2000 et 2019, 1 408 villes dans le monde ont repris le contrôle de services publics privatisés, tels que l'eau, les télécommunications, l'énergie et la santé. Dans ce chiffre on compte 311 fournisseurs d'eau, dont 71 rien qu'aux États-Unis.

L'étude décrit comment la privatisation des services publics et les partenariats public-privé avaient perdu toute crédibilité aux yeux des citoyens, qui subissaient des hausses de prix pour une qualité de service moindre. Par définition, une société publique se consacre au bien public au lieu de viser le profit maximum. À mesure que les régies municipales baissent les prix et étendent leur réseau vers des zones jusque-là mal desservies – une manière de soutenir le commerce local –, elles donnent une nouvelle définition à l'expression de bien public, ce qui, à son tour, favorise l'implication des habitants dans les prises de décision. Et avec des bienfaits concrets comme une eau potable gratuite pour tous, elles engendrent un sentiment accru de fierté, ce que Maude a constaté avec ses Communautés bleues.

« Du coup, aujourd'hui, on a des universités qui deviennent des Communautés bleues et se débarrassent de toutes leurs bouteilles en plastique. Le Conseil œcuménique des Églises, qui représente 500 millions de chrétiens, est désormais une Communauté bleue et fait passer le mot. Et pas plus tard que la semaine dernière, on s'est rendus dans une école publique de ma ville où vont deux de mes petits-enfants, on a rencontré les enseignants et ils ont décidé que cette école primaire serait la première à devenir une Communauté bleue. On essaie à tout prix d'impliquer les enfants, parce qu'ils sont à la base de tout. Ils rentrent chez eux le soir et disent à leurs parents : "Pourquoi tu achètes de l'eau en bouteille ? Tu sais qu'il y a des tas de microplastiques dedans, beaucoup plus que dans l'eau du robinet ? Tu le sais, ça, maman, papa ?" Si on éduque les jeunes dans ce sens, on pourra littéralement déplacer des montagnes. »

Mary a un message d'espoir elle aussi. À Baltimore, d'où elle vient, des pauvres gens perdaient leur maison parce qu'ils n'avaient pas les moyens de régler leurs factures d'eau. Alors la population a pris le problème à bras-le-corps. « On a demandé des comptes à nos élus. On a fait augmenter la pression de la rue, donc notre pouvoir. Et la ville a fini par voter l'interdiction de privatiser l'eau. On a affirmé haut et fort que l'eau et les égouts étaient notre patrimoine inaliénable. À partir de là, le conseil municipal a voté un plan d'accessibilité basé sur les revenus. C'est une solution globale, qui permet à chaque habitant de Baltimore de payer ses factures d'eau selon ses moyens. »

L'histoire de Mary me remonte le moral, comme toutes les histoires où le peuple reprend le pouvoir.

LE RASSEMBLEMENT

Plusieurs stars nous ont rejoints pour ce Vendredi Alerte Incendie : ma copine Diane Lane et Manny Jacinto, qui joue un faux moine bouddhiste dans la série *The Good Place*. Il est venu, inspiré par un autre acteur de sa série, Ted Danson, qui quelques semaines plus tôt nous avait rejoints. L'actrice Piper Perabo et la top model Amber Valletta sont là aussi, tous prêts à braver la pluie battante.

Pour moi, il était impensable d'aborder le sujet de l'eau sans inviter une jeune autochtone de Standing Rock.

Je présente donc au public une jeune fille de seize ans, Alice Brown Otter, la seconde de nos intervenantes à avoir couru près de 2 500 kilomètres entre Standing Rock et Washington pour y remettre une pétition réclamant l'arrêt de la construction du pipeline.

« Quand j'avais douze ans, je ne connaissais rien aux pipelines, commence Alice. Je me répétais en boucle : Pourquoi les gens sont si égoïstes ? Pourquoi ma vie serait moins importante que la leur ? La seule chose que je me pensais capable de faire, c'était courir. Alors, j'ai couru depuis le Dakota du Nord jusqu'ici. Et aujourd'hui, quatre ans après, je suis de retour.

« Ce que je suis venue vous dire, c'est : Qu'est-ce qu'on attend ? Combien de temps va-il falloir pour qu'on prenne conscience de l'importance de l'eau, de son importance vitale pour nous tous ? Comment se fait-il que sur les réseaux sociaux je voie passer des vidéos idiotes, qui ne devraient intéresser personne, et rien sur le changement climatique ? Il faut se réveiller ! »

Piper Perabo exhorte le public à contacter ses élus pour leur demander de soutenir les lois sur la protection de l'eau.

« Et tant que vous les avez au bout du fil, persuadez-les de réinjecter de l'argent fédéral dans le réseau de distribution de l'eau, car plus de deux millions d'Américains n'ont toujours pas d'eau courante ni de sanitaires décents. La loi WATER aidera entre autres à financer les infrastructures dont on a cruellement besoin. Alors si vous n'avez pas encore sorti votre portable, faites-le et ajoutez ce numéro à vos contacts – je vais vous donner le numéro du standard du Congrès, comme ça vous pourrez appeler votre député dès cet après-midi. Prêts ? C'est le 202-224-3121. Mettez-le en favori. Téléphonez-lui et demandez-lui de soutenir les lois sur la protection de l'eau. » Je suis impressionnée de voir que Piper est venue avec ce numéro en poche pour le donner aux gens. Tous les

Américains devraient l'avoir dans leur portable, et appeler chaque jour leurs élus pour les inciter à agir sur les sujets qui leur tiennent à cœur.

Ensuite, Mark Magaña nous raconte comment son mouvement Green Latinos se bat contre un énorme projet de gazoduc entre les États-Unis et le Mexique, censé transporter du gaz naturel depuis le Bassin permien. Ce bassin est le plus grand gisement d'hydrocarbures du pays, situé dans une région de la taille de l'Oklahoma. Imaginez une région grande comme l'Oklahoma, pleine d'habitants qui souffrent de problèmes respiratoires à cause des sites de *fracking* fonctionnant vingt-quatre heures sur vingt-quatre et sept jours sur sept sur une zone allant du nord du Texas au Nouveau-Mexique.

« La plupart ne le savent pas, poursuit Mark, mais ils vivent au-dessus du plus grand aquifère des États-Unis, l'aquifère Ogallala, qui s'étend du Texas au Nebraska. Du coup, Green Latinos se bat aussi pour cette gigantesque réserve d'eau douce. Les gens ne se rendent pas compte que les communautés le long de la côte du Golfe et de la frontière mexicaine doivent se débrouiller toutes seules avec leur eau contaminée par la fracturation hydraulique. »

Manny Jacinto, qui est né aux Philippines et a grandi au Canada, vient se poster sous le parapluie que je tiens pour lui.

Des gouttes coulent encore de ce menton adoré par ses fans lorsqu'il prend la parole. « Selon le Global Peace Index (le classement des pays selon leur degré de pacifisme), en 2019 les Philippines sont le pays le plus exposé aux risques liés au changement climatique, et au moins dix millions de Philippins n'ont pas un accès fiable à l'eau potable.

« La crise climatique aggrave encore ce problème, à cause des sécheresses, des tsunamis, des inondations. Au moment où je vous parle, une tempête tropicale déverse une quantité impressionnante de pluie dans le nord des Philippines.

« Mais si les Philippins sont en première ligne face à l'urgence, ils mènent aussi le combat pour la justice climatique, et pour trouver des solutions, comme vous tous ici. » Quelques semaines plus tard seulement, le 9 décembre 2019, la commission des droits de l'homme des Philippines a jugé, après une enquête de trois ans, que les compagnies pétrolières – les « géants du CO_2 » comme Exxon et BP – ont joué un rôle manifeste dans le réchauffement climatique, et à ce titre sont passibles de poursuites judiciaires. Même si cette décision n'a pas de valeur légale, elle peut servir à appuyer des lois qui rendront ces compagnies responsables des dégâts causés dans le pays.

Puis je me décale pour abriter de la pluie Garett Reppenhagen, qui a fait la guerre en Irak, est fils d'un vétéran du Vietnam et petit-fils de deux anciens combattants de la Seconde Guerre mondiale. Il était tireur d'élite dans la première division d'infanterie. À son retour à la vie civile en 2005, il a trouvé sa vocation en tant que défenseur des vétérans. Il a été président de l'association Iraq Veterans Against the War, vice-président des relations publiques de Veterans for America et responsable des programmes chez Veterans Green Jobs. Il vit actuellement dans le Colorado où, en tant que directeur exécutif de l'ONG Veterans for Peace, il mobilise d'anciens soldats pour réclamer des réponses au problème climatique.

« Vous savez que dans le Colorado, on a un proverbe selon lequel « pour boire il y a le whisky, et pour se battre il y a l'eau ». Quand je me suis engagé dans l'armée un mois après le 11-Septembre, j'ai bu pas mal de whisky. J'ai pas mal combattu aussi. Et la plupart du temps c'était pour exploiter d'autres pays, ou plutôt leurs ressources naturelles, et, une fois celles-ci extraites, pour sécuriser leur transport. Des villages du monde entier ont été rayés de la carte comme ça. Mais si moi je me suis battu pour le pétrole irakien, les guerres du futur se déclencheront à cause de l'eau. C'est la pénurie qui va constituer la prochaine génération de membres de Veterans for Peace, et on les appellera les vétérans des Grandes Guerres de l'eau. Il faut savoir que les conflits sont souvent une très mauvaise nouvelle pour l'eau. En

Irak, j'ai été témoin de la démolition d'un accès à l'eau potable, de la destruction d'un réseau d'assainissement qui a contaminé les canalisations, du déversement de produits chimiques dans les eaux souterraines et les rivières qui a ravagé des villages. J'ai combattu dans ce qu'on appelle le Croissant fertile, une région arrosée par les fleuves Tigre et Euphrate, dans lesquels on ne peut même plus nager tellement ils sont pollués. Aujourd'hui, ils sont bien peu là-bas à pouvoir compter sur une chose aussi simple qu'un verre d'eau sans risquer leur santé. Mon ONG a monté un projet en Irak avec l'aide de super-associations comme Life for Relief and Development, projet qui consiste à fournir des systèmes de purification d'eau, des pompes solaires, des filtres à osmose inverse, le plus souvent aux hôpitaux et aux écoles. Je tenais aussi à dire qu'il y avait beaucoup de vétérans parmi les protecteurs de l'eau à Standing Rock. »

Ma date d'audience m'interdit une fois de plus de faire acte de désobéissance civile cette semaine. Le temps que les premiers détenus soient libérés, la pluie a quasiment cessé, ce qui facilite notre tâche de soutien aux prisonniers. Vu leur nombre en augmentation, on nous a demandé d'attendre sur un talus de l'autre côté de la rue. Ainsi postés, on les voit dès qu'ils mettent un pied dehors et on peut les acclamer jusqu'à ce qu'ils nous rejoignent, à cent mètres de là. Cette semaine, il y a des militants de l'État de Washington, de l'Oregon, du Colorado, du Wisconsin, et je suis épatée. Ils ont lu des articles sur notre action et ont décidé de venir. C'est une première pour la plupart d'entre eux.

QUE FAIRE ?

Ainsi que nos invités à la conférence et au rassemblement l'ont dit, l'eau, c'est la vie : un élément nécessaire et irremplaçable qui mérite des programmes ambitieux visant à le protéger en notre nom à tous. Il y a des tas de choses à faire pour préserver notre eau – et dans la foulée la santé, le climat et la justice.

La première étape consiste à vous informer et à en parler avec vos amis, voisins, collègues. Beaucoup de gens ne se rendent pas compte à quel point l'eau est menacée. Pour ce qui est de la documentation, je recommande tous les livres de Maude Barlow – à commencer par le dernier – et un petit film d'animation très bien fait qu'on trouve sur YouTube, *The Story of Bottled Water* (*L'Histoire de l'eau en bouteille*, sous-titrée en français). Votre régie municipale a l'obligation de tester régulièrement l'eau du robinet et de publier les résultats ; demandez le dernier rapport annuel sur la qualité de l'eau dans votre ville. Si vous repérez des anomalies, exigez des changements.

Les autres choses à faire au niveau individuel et dans votre foyer sont : vous engager à ne pas acheter d'eau en bouteille, avoir toujours une gourde sur vous, renoncer aux produits ménagers dangereux et aux pesticides qui contaminent les cours d'eau. Si vous avez un jardin, remplacez le gazon par des plantes locales qui n'ont pas besoin d'arrosage, et si vous vivez près d'une zone humide, défendez-la bec et ongles parce que c'est une alliée très précieuse. Tout cela est l'occasion d'agir en accord avec vos valeurs, mais ce n'est hélas qu'une goutte d'eau dans l'océan. Pour obtenir de vrais changements, il faut voir grand et travailler collectivement.

L'eau ne peut pas être protégée par les seuls citoyens, et encore moins laissée au bon vouloir du marché. Lancez une campagne pour que votre ville – votre université, votre église, etc. – devienne une Communauté bleue. Ce projet est le point de départ idéal quand on veut défendre l'eau en tant que droit humain, parce qu'il implique les municipalités, les militants et les régies afin de garantir un accès équitable pour tous. Ainsi que Maude l'a expliqué, les grandes lignes du projet Communautés bleues sont :

– Reconnaître que l'eau est un droit humain
– Promouvoir des systèmes de distribution d'eau et de traitement des eaux usées financés par l'argent public
– Interdire la vente d'eau en bouteille dans les lieux publics et lors des événements organisés par la municipalité

Vous trouverez d'autres informations sur le site de l'ONG Blue Planet Project.

En attendant de faire de votre ville la prochaine Communauté bleue, vous pouvez convaincre autour de vous de déclarer votre bureau (église, salle de sport, lycée…) « zone interdite aux bouteilles en plastique ». À San Francisco par exemple, des citoyens engagés ont persuadé leur maire d'interdire la vente d'eau en bouteille dans tous les bâtiments municipaux et à l'aéroport. On y vendait plus de dix mille bouteilles par jour, presque quatre millions par an ! La direction de l'aéroport a fait installer cent fontaines à eau où les passagers peuvent remplir leur bouteille, et l'investissement a vite été rentabilisé vu les tonnes de déchets qu'il n'y a plus à gérer.

Par ailleurs, le projet de loi WATER évoqué par Mary Grant est très important. Ces mesures complètes visent à s'assurer que chaque Américain ait accès à l'eau potable. Pour atteindre cet objectif qui contribuera à préserver la santé des individus tout en combattant le réchauffement climatique, il va falloir un investissement fédéral important, qui permettra de rénover nos vieilles canalisations en plomb et d'aider les villes touchées par une contamination aux PFAS, perturbateurs endocriniens dangereux pour la santé et l'environnement. La loi WATER rendra justice à des millions de gens en mettant un terme aux débordements d'égouts et à la menace d'une crise du prix de l'eau, tout en créant près d'un million d'emplois. Vous trouverez toutes les informations sur le site de Food & Water Watch, y compris des conseils pour téléphoner à votre député et réclamer son soutien.

Enfin, nous pouvons agir pour que nos villes cessent de couper l'eau aux gens dans l'impossibilité de payer leurs factures. Priver quelqu'un d'eau est une atteinte aux droits de l'homme et au droit à la santé : on devrait toujours aider une personne dans le besoin, non la faire souffrir davantage.

En France, pour vous engager sur ces questions, vous pouvez vous tourner par exemple vers Agir pour l'environnement : https://www.agirpourlenvironnement.org/, ou France Nature Environnement : https://www.fne.asso.fr/.

9

LE PLASTIQUE

SI J'AVAIS PU PASSER UNE SEMAINE de plus à Washington, j'aurais consacré un Vendredi Alerte Incendie au plastique. Mais même sans cela il s'est glissé dans une grande partie des conférences, comme il s'est infiltré dans tous les cours d'eau de la planète, dans la vie marine, et pour finir dans nos corps. Et bien entendu, c'est entièrement dû à l'industrie fossile. C'est pourquoi je tenais à inclure un chapitre sur ce gigantesque problème écologique.

Je suis née en 1937, vingt ans avant que le plastique ne devienne omniprésent dans les foyers américains. Quand j'allais à l'école, mon déjeuner était emballé dans du papier paraffiné. Le lait nous était livré dans des bouteilles en verre, qu'on rendait une fois vides. Même chose pour le Coca-Cola. Dans un numéro du magazine *Life* de 1955, un article intitulé « La vie en jetable » décrit le bonheur d'une famille devant tous ces objets du quotidien en plastique, si pratiques.

En 1963 – je m'en souviens comme si c'était hier –, j'étais à l'aéroport, en route pour Genève avec mon futur mari Roger Vadim, quand un banquier suisse a tenté de me convaincre d'investir dans le pétrole. « On fabrique des vêtements avec maintenant ! Des manteaux, des chaussures, c'est fou tout ce qu'on peut faire avec le pétrole. » À l'époque j'avais trouvé son argument douteux, et pour moi il était impensable qu'un jour prochain la plupart des gens aient du mal à imaginer leur vie sans plastique et toutes ces choses prodigieuses qu'on nous concocte à partir d'hydrocarbures.

Sauf qu'en route le plastique est passé d'une commodité encensée partout à une menace environnementale et sanitaire gravissime. Ce pilier de l'industrie fossile est l'un des grands moteurs du changement climatique. La production de plastique et les déchets qu'elle génère ont augmenté de façon exponentielle de mon vivant, asphyxiant des millions d'êtres humains et d'animaux.

Von Hernandez, un écologiste basé aux Philippines, est intervenu lors d'un Vendredi Alerte Incendie pour évoquer les liens intrinsèques entre crise climatique et plastique dans son pays. Bien que petites en superficie, les Philippines figurent au troisième rang mondial en termes de pollution plastique, avec des montagnes de déchets qui bouchent les canalisations et s'entassent sur les plages. Et Von s'attend à voir la situation encore empirer, car à mesure que les énergies renouvelables supplantent les énergies fossiles, les compagnies pétrolières considèrent le plastique à usage unique comme le prochain filon.

« Laissez-moi vous donner un exemple de la façon dont l'industrie fossile a escroqué la planète, dit Von ce jour-là. Non seulement elle nous a imposé la crise climatique, mais en plus celle de la pollution par le plastique. Les compagnies pétrolières tiennent à conserver leur marge bénéficiaire, et pour protéger leurs arrières elles misent tout sur la production de plastique. L'expansion actuelle de l'industrie pétrochimique américaine est un piège qui va encore faire grimper les émissions de CO_2. Si cette tendance se confirme, on estime que dans quelques décennies 20 % du pétrole produit sera affecté au plastique. »

BP, Exxon et Chevron considèrent qu'à l'avenir elles pourraient tirer jusqu'à 70 % de leurs revenus du plastique, ce qui signifie qu'à elle seule la production de plastique représentera 15 % du budget carbone qui nous est alloué entre maintenant et 2050.

À travers son mouvement Break Free From Plastic, Von coordonne un réseau mondial d'associations luttant contre la pollution par le plastique, depuis la source (l'industrie fossile) jusqu'au tout dernier stade, soit l'incinération et l'enfouissement, avec pour objectif le zéro déchet et un recyclage digne de ce nom. Ainsi que sa collègue Denise Patel le fait remarquer, le plastique génère des toxines dès qu'on l'extrait du sol sous forme brute, et il continue jusque dans nos cuisines et nos salles de bain.

« Les plastiques à usage unique, bouteilles, films alimentaires, pailles, débutent tous leur cycle de vie dans un puits de pétrole ou sur un site de fracturation hydraulique », explique Denise. Les produits dérivés de la fabrication du plastique sont toxiques, et selon une étude publiée en 2019, jusqu'à 77 % de nos objets du quotidien en plastique dégagent des toxines. Le transport du pétrole vers l'usine est toxique, et l'usine aussi puisqu'elle déverse des produits chimiques dans l'air et dans l'eau qui provoquent asthme, maladies cardiovasculaires et cancers, ajoutant encore à la pollution bien avant que le plastique n'atteigne le stade de déchet. Denise insiste sur le fait qu'on ne peut pas résoudre les deux problèmes séparément : il faut se battre du point de départ, l'extraction, jusqu'à la toute fin, l'élimination.

Denise précise que de nombreuses villes américaines ont mis en place un système de recyclage afin de récupérer les emballages à usage unique. Le problème, c'est qu'il n'y a pas réellement de marché aux États-Unis car cela coûte plus cher de récupérer et de transformer le plastique que d'en fabriquer directement à partir de combustibles fossiles, ce qu'on appelle le plastique vierge. C'est encore plus vrai depuis une dizaine d'années avec le boom du *fracking*, qui a rendu le gaz de schiste si abondant – une matière première de choix pour le plastique.

« Du coup, au lieu de réduire les emballages et de développer un système de recyclage viable, les villes se sont mises à vendre leurs déchets plastique à la Chine et à d'autres pays d'Asie du Sud-Est, où ils étaient recyclés dans des conditions qu'on n'aurait jamais admises ici. Mais l'an dernier, la Chine, la Malaisie, la Thaïlande et tous ces pays où on avait pris l'habitude d'expédier nos déchets ont dit stop. Ils n'arrivaient plus à gérer, et les populations directement concernées ont commencé à se rebeller, inquiètes de voir tout ce plastique engorger leurs fleuves et polluer leurs mers.

« La crise actuelle vient en partie du fait que nos villes ne peuvent plus vendre le plastique qu'elles récupèrent pour recyclage, et qu'une quantité toujours plus grande termine à la décharge. Ou pire, à l'incinérateur. Brûler du plastique émet des gaz à effet de serre et de dangereuses toxines cancérogènes, comme la dioxine.

« Break Free From Plastic a effectué des contrôles de déchets ramassés sur des plages du monde entier afin d'identifier quels emballages se retrouvent le plus dans les océans. On a découvert que le responsable numéro un est Coca-Cola, suivi de Nestlé, Pepsi et Unilever. Une des choses qu'on peut faire en tant que citoyen, c'est de pousser ces entreprises à adopter des contenants réutilisables plutôt qu'à usage unique. On peut aussi se mobiliser pour que nos quartiers et nos villes se fixent un objectif « zéro déchet », ce qui est une démarche d'ensemble permettant de régler le problème à la source, en sortant carrément le déchet plastique du système plutôt qu'en s'évertuant à le contenir une fois fabriqué et lâché dans l'environnement. Certes, nous devons être responsables dans nos choix personnels, mais les États et les entreprises ont aussi un énorme rôle à jouer dans la résolution de cette crise, ce qui aiderait à protéger nos océans, notre santé et le climat. On a vu des citoyens bien organisés obliger leur gouvernement à interdire les sacs, pailles et contenants en plastique, et c'est un bon départ vu la fréquence à laquelle ces trois types d'objets finissent dans les océans. »

C'est vrai : partout dans le monde, des gens se mobilisent pour réclamer des restrictions sur le plastique jetable, et ça marche ! Aux États-Unis, plus de quatre cents villes et une poignée d'États ont déjà interdit ou taxé les sacs plastique à usage unique.

Annie m'a parlé des efforts ambitieux faits dans sa ville natale de Berkeley, en Californie. Non seulement la mairie a interdit l'immense majorité des sacs plastique mais, en collaboration avec les militants et les restaurateurs, elle a mis au point un programme ambitieux visant à éliminer une grande partie de la vaisselle jetable utilisée pour la vente à emporter : les récipients, gobelets et autres couverts qui deviennent des détritus jetés aux quatre coins de la ville et terminent leur course dans l'océan Pacifique. Est même testé un système de gobelets réutilisables : les clients peuvent « emprunter » un gobelet en inox pour leur café et le rapporter plus tard, comme on le faisait à l'époque des VHS et DVD.

Denise ajoute : « Cinquante pour cent de tous les déchets plastique produits l'ont été ces quinze dernières années. Aux États-Unis, c'est en grande partie dû au boom de la fracturation hydraulique. Et seulement 9 % du plastique produit depuis son origine a été recyclé. » Ce qui veut dire que plus de 90 % de tout le plastique fabriqué par l'homme a été jeté dans la nature ou à la décharge, brûlé ou enfoui. On nous dit que le recyclage est la solution, mais la plupart des déchets plastique ne sont pas recyclés, parce que ce n'est pas faisable techniquement, que ce n'est pas rentable, ou que les infrastructures n'existent pas.

« C'est un changement systémique qu'il faut, et ça commence par tenir les industriels du plastique pour responsables des conséquences de leurs produits dangereux. Il est impératif de voter pour des hommes et des femmes déterminés à leur demander des comptes. C'est bien de changer son mode de vie pour réduire son empreinte carbone, c'est très important de mettre ses valeurs en pratique. Mais il faut aussi passer à l'étape suivante et se jeter dans l'arène politique, car l'industrie fossile ne capitulera pas sans se battre. Et le combat a déjà commencé. »

QUE FAIRE ?

Il y a des tas de choses à faire pour réduire ses déchets plastique. Privilégiez les gourdes en inox ou en verre. Lors de vos achats, évitez les emballages inutiles et allez faire les courses avec vos sacs réutilisables, voire vos contenants. Achetez en vrac et prenez les produits frais peu ou pas emballés. Quand une alternative au plastique existe, optez pour du papier, du verre ou du métal. Tout cela est important et fait du bien au moral, mais pour avoir un véritable impact, il faut viser beaucoup plus haut : les entreprises et nos gouvernants.

Seul, on n'a pas d'influence sur les grandes entreprises, mais ensemble nous pouvons réclamer des comptes sur leur façon d'emballer les produits qu'elles nous vendent. Break Free From Plastic met des outils à disposition pour que, la prochaine fois que vous irez nettoyer une plage, vous puissiez repérer les marques sur les déchets ramassés, afin de déterminer qui contribue le plus à la pollution plastique et contraindre les responsables à changer. Greenpeace USA mène des campagnes pour inciter certains acteurs de la grande distribution (Trader Joe's, Target, Safeway) à réduire leurs emballages plastique, et au niveau individuel aussi on peut aider. Comme John Hocevar (directeur de la campagne pour les océans de Greenpeace) l'a expliqué à la troisième conférence, chaque fois qu'on va au supermarché on peut signaler, que ce soit par un commentaire écrit ou en demandant à parler au directeur, qu'il doit faire mieux : se débarrasser des sacs plastique si ce n'est déjà fait et repenser tous ses emballages.

Le moyen le plus efficace pour réduire le plastique dans la vie quotidienne, c'est l'action gouvernementale. Les restrictions, taxes et interdictions entraînent un changement considérable et rapide, plus en tout cas que de s'évertuer à convaincre le consommateur de changer d'habitudes ; ou plus que de mener de longues campagnes contre des entreprises qui, financièrement, seraient plutôt enclines à généraliser le plastique. Les villes interdisant ou imposant une taxe sur les sacs plastique constatent un bienfait immédiat pour l'environnement et font des économies puisqu'elles n'ont plus à se soucier d'éliminer des produits impossibles à recycler. Sur les sites de la Surfrider Foundation et de Greenpeace, vous trouverez des outils pour faire interdire les sacs plastique là où vous habitez. Commencez par là, puis visez des restrictions au niveau national, qui sont plus simples à obtenir dès lors qu'on bénéficie d'un large soutien de la population. Dans la foulée, fixez-vous pour objectif l'interdiction de l'eau en bouteille et autres objets en plastique inutiles dans votre faculté, sur votre lieu de travail, à votre église. Ce sera plus facile, et c'est un excellent moyen d'affûter vos arguments et vos talents de mobilisateur !

Enfin, parce que 99 % du plastique est issu des hydrocarbures, le meilleur moyen de le réduire est encore de réduire la matière première. Actuellement, l'industrie pétrochimique projette de construire des centaines de centres de production de plastique, encouragée par le boom du *fracking* aux États-Unis. Alors que le climat frôle l'overdose et que nous sommes déjà submergés par la pollution provenant du plastique. Soutenir les campagnes visant à stopper toute nouvelle extraction de combustibles fossiles aide à ralentir la production de plastique.

Pour s'engager en France, allez voir par exemple du côté des associations Zero Waste France : https://www.zerowastefrance.org/ et Surfrider France : https://surfrider.eu/.

« C'est un changement systémique qu'il faut, et ça commence par tenir les industriels du plastique pour responsables des conséquences de leurs produits dangereux. Il est impératif de voter pour des hommes et des femmes déterminés à leur demander des comptes. C'est bien de changer son mode de vie pour réduire son empreinte carbone, c'est très important de mettre ses valeurs en pratique. Mais il faut aussi passer à l'étape suivante et se jeter dans l'arène politique, car l'industrie fossile ne capitulera pas sans se battre. Et le combat a déjà commencé. »

10

L'ALIMENTATION, L'AGRICULTURE ET LE CHANGEMENT CLIMATIQUE

NOUS SOMMES LE 28 NOVEMBRE, jour de Thanksgiving, il est donc tout naturel d'aborder le sujet de l'alimentation et de l'agriculture cette semaine. Dans ma famille on fait un grand repas ce jour-là, souvent chez moi, mais cette année mon « chez-moi » est une chambre d'hôtel. Notre clan éclectique, composé de mes enfants (adoptés, biologiques et par alliance), petits-enfants, amis, ex-maris et leurs femmes, leurs enfants et ex-conjoints, manque en grande partie à l'appel. Mais trois enfants sur les quatre sont quand même là : Mary « Lulu » Williams, qui reste le temps de mon séjour à Washington pour m'aider sur les Vendredis Alerte Incendie ; Nathalie Vadim, l'aînée de mon premier mari, qui fait partie de la famille depuis des années et est venue du Nouveau-Mexique ; et ma fille Vanessa Vadim, qui a déjà manifesté et a été arrêtée deux fois, et qui est de retour avec mes petits-enfants. Viva, dix-sept ans, et Malcolm, vingt ans, souhaitent participer au prochain rassemblement.

À cause du jeudi férié, la salle de Greenpeace n'est pas disponible pour la conférence, mais Ira Arlook et Karen Nussbaum ont la gentillesse d'inviter ma famille et l'équipe du documentaire à fêter Thanksgiving chez eux, et nous installons le plateau de tournage dans leur salon.

A posteriori, je me rends compte à quel point cela a été important d'avoir Ira et Karen à mes côtés. Ira s'occupant de la presse pour les Vendredis Alerte Incendie, c'est avec lui que j'ai passé le plus de temps, toujours là lorsqu'il fallait faire un saut à New York en train et quand j'ai enchaîné les interviews les deux premiers mois. Sa femme Karen a été un visage familier et rassurant dans le public le vendredi. Elle a fait trois fois acte de désobéissance civile, passé une nuit en détention et aidé à tisser des liens entre le mouvement syndical et celui pour le climat. Je les connais depuis 1972 et nous avons eu souvent gain de cause ensemble : en militant contre la guerre du Vietnam ; pour 9to5, l'association de femmes actives qui m'a inspiré le film du même nom ; et plus récemment pour Working America, une association qui aide la Fédération américaine du travail sur le terrain, et que je considère comme le plus sûr moyen ou presque de faire élire un président démocrate et progressiste. Je suis novice dans le monde de l'activisme à Washington, je suis aussi une femme d'un certain âge et qui vient d'un milieu très différent des jeunes chevronnés avec qui j'ai dû travailler, cela a donc été salutaire pour moi d'avoir des camarades avec qui passer du temps, évoquer des souvenirs, aller dîner ou voir un film au cinéma.

C'est généreux de leur part de nous accueillir pour Thanksgiving, surtout que cela fait onze couverts de plus à table et que Karen s'est chargée de préparer l'intégralité du repas. Quand je vous dis qu'elle est remarquable !

Nos invités ce soir-là sont Jim Goodman qui, avec sa femme Rebecca, possède depuis quarante ans une ferme bio de quarante-cinq vaches, produit du lait et fait de la vente directe de bœuf dans le Wisconsin, ainsi que Ricardo Salvador, un scientifique qui dirige le programme alimentation et environnement de l'ONG Union of Concerned Scientists.

LA CONFÉRENCE

Je n'en reviens toujours pas que Jim et Rebecca aient fait un si long voyage, surtout un week-end férié, pour participer à un Vendredi Alerte Incendie. Jim a grandi dans une ferme que sa famille possédait depuis 1848, et il affirme que ce sont cent cinquante ans de politique agricole ratée qui l'ont motivé à défendre l'idée d'une politique alimentaire contrôlée par l'agriculteur et orientée vers le consommateur.

Je commence par lui demander comment c'était de grandir dans une Amérique rurale, et en quoi ça a changé, aujourd'hui.

« Quand j'étais gamin, il y avait beaucoup de petites villes avec des petits commerces, des vendeurs de machines agricoles et de voitures, des épiceries, des cinémas. Ça fonctionnait. Mais tout a disparu quand les habitants qui étaient imposables sont partis. Il n'y a plus de gosses dans ces patelins. Les écoles ferment les unes après les autres. Donc, en gros, on a décidé que l'Amérique rurale n'avait plus à exister. Dans ma jeunesse, je voyais des petites fermes laitières, il devait y en avoir une bonne dizaine entre chez nous et la ville. Aujourd'hui, il n'en reste qu'une. Les autres sont toujours là, mais elles sont devenues des «*feed-lots*», des parcs d'engraissement, ou bien elles vendent leurs bêtes à des exploitations industrielles qui possèdent des milliers de vaches. On a une sorte de mandat pour nourrir le monde entier. Je ne sais pas bien qui nous l'a donné, car selon moi le monde serait tout à fait capable de se nourrir lui-même s'il en avait l'occasion. Les petites fermes, en particulier dans les pays en développement, produisent la plus grande partie de la nourriture dans le monde. On doit revenir à des pratiques agricoles régénératrices, comme le font les petits paysans depuis des siècles.

– J'ai lu quelque part que les faillites d'agriculteurs américains ont augmenté de 24 %. C'est vrai ?

– Oui, le secteur est en crise. On subit des pertes ahurissantes à cause des canicules, des inondations, des sécheresses, des invasions de nuisibles. Vous comprenez, depuis les années 1980, les fermes s'agrandissent et font de la monoculture de maïs et de soja OGM, de la nourriture pour le bétail, pas pour les hommes, et c'est très mauvais pour l'environnement.

« Le genre d'agriculture que moi je pratique, une agriculture bio, régénératrice, comme les paysans du monde entier, demande très peu d'intrants. Il suffit de gérer ses cultures et son cheptel de façon à créer un cycle vertueux qui s'auto-alimente. OK, vous n'aurez jamais un rendement monstre, mais la qualité de la nourriture, ses propriétés nutritionnelles sont bien meilleures, c'est produit localement et adapté culturellement. La seule chose que ça ne fait pas, c'est remplir les poches de l'agriculture intensive.

« Par contre, avec le maïs et le soja OGM, vous devez sans cesse alterner entre les deux, ce qui fait que le sol retient juste les racines mais qu'il faut lui fournir tout le reste : l'engrais à base de pétrole, l'eau, les pesticides. L'agriculture intensive donne peut-être l'impression d'être productive, mais en réalité c'est un désert biologique, au sens où la terre manque de vie, de diversité, de biodiversité. Traditionnellement, on arrivait à contrôler les insectes nuisibles en hiver grâce au froid. Aujourd'hui, comme les températures ne baissent plus assez pour les tuer, ils prolifèrent toujours plus d'année en année. La conséquence pour l'agriculteur industriel, c'est que ça augmente ses besoins en intrants chimiques, en le forçant soit à se tourner vers des cultures résistantes aux nuisibles, soit à traiter avec encore plus d'insecticides, de pesticides. Et les pesticides, en général, ce sont les produits les plus dangereux en agriculture.

« Le changement climatique rend la production plus compliquée, plus chère et plus risquée, et par ricochet le coût augmente pour le consommateur. En outre, il est prouvé scientifiquement que la valeur nutritionnelle des cultures diminue. Ça s'explique en partie, du moins on pense que ça joue un rôle, par la hausse des températures, ce qui fait pousser les plantes plus vite et leur laissent moins de temps pour absorber les nutriments. On appelle ça l'effet de dilution. »

Ricardo intervient.

« Au lieu de se baser sur le cycle de la nature comme le prône l'agriculture régénératrice, où le sol retient l'eau et les nutriments nécessaires aux cultures, l'agriculture intensive fait le contraire. Comme elle a besoin de rendements énormes pour faire du profit, il lui faut des apports énormes en engrais, en eau, en pesticides. Cette façon de cultiver est intéressante à un seul niveau. Elle produit beaucoup, et c'est comme ça que notre économie la juge : à l'aune de son rendement.

« À l'époque où l'Amérique était encore une colonie et où il y avait un petit milliard d'hommes sur terre, on considérait la planète comme une source infinie de ressources, un puits sans fond pour nos déchets. Et c'est ce postulat qui a servi de base à notre pensée économique. Aujourd'hui, on est quasiment huit milliards, et on prend conscience que la planète est en réalité finie en termes de ressources, que ce n'est pas un puits sans fond pour absorber nos déchets. Pourtant, notre pensée économique n'a pas évolué d'un iota. Ça signifie que vous pouvez dégrader les sols. Vous pouvez extraire des ressources qui ne seront jamais remplacées. Vous pouvez polluer l'eau. Vous pouvez polluer l'air. Et si vous produisez beaucoup de blé, de coton, de riz, de maïs ou de soja, on criera au succès. Toutes ces choses – la pollution, la dégradation des sols – ne sont pas mesurées. On fonctionne grâce à une technologie du XXIe siècle très puissante, mais on n'a pas mis à jour notre pensée économique datant du XVIIIe. Et le changement climatique exacerbe tout ça.

« Pour autant, les agriculteurs peuvent faire partie de la solution. Ils pourraient capter le CO_2 au lieu d'en relâcher dans l'atmosphère. Ils pourraient même stocker le plus de CO_2 possible dans le système racinaire, afin de réintégrer un maximum de matières organiques et ainsi boucler la boucle, clore le cycle des nutriments pour lequel animaux et plantes travaillent ensemble. Le bétail mange l'herbe. Il produit du fumier, dont l'agriculteur va se resservir. C'est une véritable science, et même un art, de savoir faire ça. Actuellement, on a brisé le cycle et créé un système linéaire dans lequel les nutriments ne sont pas réintégrés. On se contente de les acheter ailleurs. Par exemple, le phosphate vient en grande partie d'Afrique du Nord. Le potassium, du sud du Canada et de la Floride.

« Ça signifie que quand on rencontre des problèmes, ce qui est inévitable puisque le sol est appauvri vu le peu de matière organique qu'on lui donne, il ne tient pas longtemps. Il est vite inondé. On ne peut plus y passer le tracteur. On ne peut pas planter. Résultat, on prend du retard. Si on ne peut pas planter du tout, on n'aura pas de revenus cette année-là, à moins de bénéficier de subventions. C'est un problème de déconnexion : on fait semblant de gérer une usine dont le hasard veut qu'elle soit dans la nature, sauf qu'au contraire des mécanismes d'une usine, on ne contrôle pas la plupart des phénomènes naturels. On n'accorde aucune valeur aux connaissances nécessaires pour pouvoir travailler avec cette nature. Notre modèle d'agriculture s'avère destructeur, dangereux pour le devenir à long terme de l'humanité. Et il existe des alternatives. De bien meilleures façons de procéder. Seulement, on n'investit pas dans ces bonnes pratiques. On n'en parle pas aux agriculteurs, parce qu'il n'y a aucun profit à faire. Résultat, le secteur privé, le secteur de l'industrie, n'est pas motivé pour transformer l'agriculture.

– Ricardo, on a plutôt tendance à croire que le CO_2 est mauvais, et vous, vous proposez de l'enfouir dans le sol. Expliquez-nous.

– Aujourd'hui, quand on parle de concentration de CO_2 trop forte dans l'atmosphère, ça veut dire qu'on a atteint un niveau élevé de dioxyde de carbone là où il n'y en avait pas avant. Mais en soi, le CO_2

fait partie intégrante du cycle de la nature. Nous-mêmes sommes des organismes dérivés du CO_2. Le CO_2 parcourt tout le manteau de la planète Terre, toute l'étendue des océans. Le problème, c'est qu'à force de brûler des combustibles fossiles stockés dans le sol, on libère des quantités hallucinantes de CO_2, qui n'a pas été conçu pour ça. Dans ce cas, on parle de CO_2 anthropogène. » *Tiens, tiens, le fameux CO_2 provenant du cimetière d'animaux marins préhistoriques renommé combustibles fossiles, comme l'a formulé la biologiste poétesse, Sandra Steingraber, à notre tout premier Vendredi Alerte Incendie.* « C'est ça le problème. Et on justifie cette dépendance à l'énergie fossile en disant qu'à cause de la pauvreté il faut produire beaucoup plus pour nourrir la planète. Alors qu'il faudrait produire beaucoup moins. Et produire bien. Si on revenait à une agriculture régénératrice, ce serait mieux pour la planète en termes de cycles du CO_2 *et* de notre bien-être. On parle d'un phénomène – le changement climatique – que l'humanité n'a jamais connu jusqu'ici. Du coup, la plupart des gens ne sont pas prêts à y croire. Car si la science dit vrai sur ce qu'on va subir à très court terme à cause du changement climatique, notre mode de vie actuel ne sera plus viable. Et c'en est trop pour nous, on ne peut pas l'accepter. C'est beaucoup plus facile de le nier. »

Je cherche les visages de mes petits-enfants pour voir comment ils prennent la nouvelle, mais ils écoutent depuis la cuisine. Je suis contente que ma fille Vanessa soit là, car elle a vingt ans d'expérience dans la production alimentaire, rurale comme urbaine, et cultive actuellement dix hectares de terre dans le sud du Vermont. « Vanessa, est-ce que c'est pour capter le CO_2 dans le sol que tu t'es tournée vers les cultures pérennes ? C'est ça qui t'a motivée à faire ce choix pour ta ferme ?

– Mon travail est axé sur les cultures pérennes, mais aussi les écosystèmes. Avec les cultures annuelles, comme leur nom l'indique, il faut replanter chaque année, ce qui signifie toucher à la couche arable et au final ne jamais permettre aux racines de se développer assez pour puiser loin dans le sol et le maintenir en place, ni d'accéder à l'eau en profondeur, ni de résister aux mauvaises herbes. Ça signifie donc plus d'apports – en eau, en engrais, en herbicides –, moins de couche arable et moins de résilience. À l'origine, la Prairie du Midwest était couverte d'herbe pérenne aux systèmes racinaires très profonds. Les ongulés indigènes de l'Amérique du Nord, les bisons, y couraient en toute liberté en vastes troupeaux, aérant le sol avec leurs sabots et contribuant ainsi à la bonne santé de la prairie. Ils la sillonnaient de long en large, tandis que les vaches restent au même endroit et mangent l'herbe jusqu'à la racine. En passant à la pâture, on est aussi passé au labour intensif et on a remplacé les cultures pérennes par des annuelles. C'est la principale cause du "Dust Bowl", le phénomène de sécheresse et de tempêtes de poussière qui, dans les années 1930, a poussé des milliers de paysans américains à abandonner leurs terres. On pense que c'est la déforestation qui cause la désertification, mais c'est tout autant le manque d'herbe et de plantes pérennes. La catastrophe écologique du Dust Bowl a été le catalyseur du New Deal. Débrouillons-nous pour que de nos crises alimentaires sorte quelque chose de bien, comme le Green New Deal.

« Si on a renoncé aux cultures pérennes, c'est en partie dû à un changement dans la loi sur les brevets. Avant, il était interdit de privatiser le vivant. Mais maintenant que les entreprises en ont le droit, c'est devenu très rentable pour Monsanto et consorts de vendre leurs semences tous les ans aux agriculteurs. Et non seulement de plantes annuelles, mais qui ne peuvent pas se reproduire – rompant ainsi avec la tradition séculaire qui consistait pour le paysan à conserver des graines de sa récolte d'une année sur l'autre. Si un agriculteur tente de passer outre par un moyen ou un autre, il se fait attaquer en justice. Aujourd'hui, au moins 75 % de nos calories proviennent de céréales annuelles, alors qu'elles nécessitent énormément d'apports et entraînent une dégradation des sols exploités en monoculture et labourés à l'excès.

« Les solutions sont là, mais elles demandent de revenir à une relation à la terre et à la nourriture qui soit plus en harmonie avec les écosystèmes, et aussi de créer beaucoup plus d'emplois dans le secteur agricole. »

Je suis fière de ma fille. J'aurais aimé que mon père, un pur produit des Grandes Plaines du Nebraska, soit encore en vie pour l'entendre. Il avait une âme de paysan, et n'était jamais plus heureux que les mains dans la terre. Pratiquement jusqu'à sa mort, il a eu des ruches, des poules et des composteurs dans sa propriété de Bel Air, alors que tout cela était interdit par la loi, mais ses voisins avaient la gentillesse de garder le secret malgré le chant du coq qui les réveillait à l'aube.

Jim reprend la parole : « Vous savez, Jane, les agriculteurs peuvent vraiment faire partie de la solution. On peut changer nos pratiques. On peut réduire nos émissions de gaz à effet de serre, stocker le CO_2 dans le sol au lieu de l'envoyer dans l'atmosphère, et ce sera mieux pour le climat, pour les ouvriers, pour la planète et pour notre santé à tous.

– J'ai lu que trois cinquièmes des terres agricoles sont utilisés pour le bétail, et le bétail produit du méthane. Dois-je bannir la viande rouge de mon alimentation, ou existe-t-il un moyen de faire de l'élevage qui ne soit pas mauvais pour l'environnement ? Est-ce juste un problème de quantité de viande que l'on mange ?

– C'est la façon d'élever le bétail qui pose problème, répond Jim. Et on n'a pas besoin de manger de la viande trois fois par jour – on n'a même pas besoin d'en manger trois fois par semaine. Je pense que tout le monde devrait en manger moins, mais ça reste un choix personnel. Les petites fermes peuvent avoir un cochon ou une vache, quelques poules, et c'est très important parce que c'est une bonne source de protéines. C'est aussi une bonne source d'engrais, pour un impact très limité. Par contre, quand on enferme des bovins dans des exploitations au beau milieu du Kansas, du Texas ou du Nebraska et qu'on les nourrit uniquement au maïs et au soja avant de les expédier à l'abattoir, ça implique beaucoup de transport, de monoculture et de déboisement. De plus les ruminants comme les vaches produisent du CO_2 et du méthane lorsqu'elles digèrent. Tout ça pour de la viande qui n'est même pas bonne à manger parce que les bêtes n'ont jamais été nourries à l'herbe. Il faut cesser ce type d'élevage et revenir à un cheptel beaucoup plus petit, qui fait partie intégrante de la vie de la ferme. »

L'agriculture régénératrice
par Ricardo Salvador

« L'agriculture régénératrice consiste à prendre modèle sur la nature. La nature a accumulé d'épaisses couches de sol très fertile en une période de temps relativement courte au sens géologique, soit des dizaines de milliers d'années. Et ça s'est fait par cycles, lors desquels la végétation poussait pendant la saison chaude, puis mourait à la saison froide. Cette végétation était décomposée par les champignons et les bactéries, puis réassimilée dans le sol, et formait ce qu'on appelle la matière organique. La matière organique a plusieurs fonctions très importantes. Mais rien qu'à un premier niveau, elle agit comme une colle entre les fines particules du sol qui, sans cela, se disperseraient, ne pourraient pas s'agglomérer. Et c'est parce que le sol s'agglomère ainsi – ce que les scientifiques nomment la structure – qu'il est capable d'opérer un tour de magie. Il peut faire deux choses en même temps et qui semblent opposées. D'abord, il peut capter de l'eau : les plantes puisent dedans et sécrètent de l'humidité. C'est ainsi qu'elles gardent leur fraîcheur et absorbent les nutriments. L'autre chose que le sol est capable de faire, c'est de drainer l'eau : ainsi les plantes n'ont pas les pieds dans l'eau. Car les racines doivent respirer, si elles sont inondées, elles étouffent et meurent en quelques jours. Le sol réussit cet exploit grâce à la matière organique, qui fonctionne donc comme une colle. Plus important encore, la matière organique augmente la fertilité du sol, car ses propriétés chimiques sont telles que les minéraux voués à se décomposer sont retenus, ils sont liés chimiquement à la matière organique, et le système entier se régénère ainsi. Il se bâtit seul. Depuis plus de cent cinquante ans qu'on est passé à l'agriculture industrielle on a cassé ce cycle, ce qui fait qu'il n'y a plus de renouvellement de sol fertile, mais en plus on a tout dégradé. Dans beaucoup d'endroits – le Midwest en est l'exemple parfait –, on a carrément réduit la profondeur du sol de moitié.

« En clair, ce que la nature a fait par elle-même en dix mille à quatorze mille ans, on l'a défait en cent cinquante ans. Et le pire, c'est qu'on le cache. La plupart des gens n'en ont pas conscience, et contestent le système que Jim et moi défendons en disant : "Vous n'avez qu'à acheter l'engrais et les nutriments. Pas besoin que le sol travaille pour vous." Ce genre d'argument nie la valeur du travail fait par la nature et transforme l'agriculture en une simple transaction industrielle. Et comme je l'ai dit, puisque ce qui importe à ce type de système est la productivité – qu'il mesure grâce à l'investissement et au retour sur investissement –, au premier abord ça semble être efficace, sauf qu'on ne tient absolument pas compte de la dégradation des sols, de la perte de la biodiversité, des effets négatifs sur le climat et la santé.

« Conclusion : on produit des trucs mauvais qu'on met dans des aliments transformés qui rendent malade, tout cela pollue l'environnement, contamine l'eau et génère du CO_2. Mais comme je l'ai dit aussi, ce n'est pas une fatalité. On a de bien meilleurs modèles, qui ont non seulement servi par le passé mais se basent sur le meilleur de tous, à savoir la nature. Voilà à quoi se résume l'agriculture régénératrice. »

Ce qu'explique Jim me fait penser aux plaines du Colorado que j'ai traversées il y a quelques années pour le tournage de *Nos âmes la nuit*, avec Robert Redford. On sentait la puanteur des parcs d'engraissement bien avant de les voir. Et une fois devant, il n'y avait pas mieux pour vous faire devenir végétarien : à perte de vue, des bêtes pataugeant jusqu'aux genoux dans leurs excréments, si serrées qu'elles pouvaient à peine bouger. L'agro-industrie n'est pas juste mauvaise pour le consommateur : elle est aussi cruelle pour les animaux. Je chasse cette vision de mon esprit pour évoquer son contraire, plutôt commun lorsqu'on voyage en train en Europe ou en voiture en Argentine, et même dans le Vermont : des vaches qui paissent tranquillement dans des fermes à taille humaine.

« C'est vrai, renchérit Jim. En tant que producteur laitier bio, j'ai un cahier des charges et une des conditions est que mon bétail soit mis au pâturage. Or, il est juste logique de l'emmener paître. Les vaches aiment être dans les prés ; c'est leur nature. Et aujourd'hui on les entasse dans des entrepôts pour les traire avec des pompes. »

À la fin de la conférence, je remercie Ira, Karen et mes invités, et je rentre à l'hôtel me reposer. Le rassemblement de demain tombe le jour du Black Friday.

LE RASSEMBLEMENT

La première intervenante est Kallan Benson, une jeune fille de quinze ans très douée, éduquée par ses parents à la maison, membre du Sunrise Movement, et avec qui j'ai lié connaissance. Elle arrive habillée comme pour un enterrement, un voile noir dans les cheveux.

« Je fais du bénévolat au Centre de recherches environnementales du Smithsonian. Je travaille pour une étude sur l'impact du changement climatique sur la nutrition. D'où vient la nutrition dans notre nourriture ? Par ses racines la plante puise de l'eau, qui contient des nutriments. Sur les feuilles de la plante, il y a ce qui s'appelle des stomates. Ces cellules assurent le rôle de système respiratoire pour la plante. Elles aspirent du CO_2 et rejettent de l'eau. Dans une atmosphère surchargée en CO_2, le processus se déclenche moins souvent. Du coup, la plante rejette moins d'eau, donc elle a moins besoin de puiser d'eau par ses racines. Ce qui signifie que notre nourriture devient moins nutritive, qu'on perd des nutriments essentiels à notre alimentation. L'autre problème est que ça a un impact dramatique sur les insectes, et c'est d'autant plus grave que les insectes pollinisent les plantes qui produisent notre nourriture. Il faut en finir avec ce cercle vicieux. Il y a plus de trois cents manifestations à travers le pays chaque semaine, auxquelles des jeunes comme moi participent. Mais on a besoin de vous, parce que vous avez le pouvoir de faire plus. En tant que mineurs, on ne peut pas s'engager en politique puisqu'on n'a pas le droit de vote, donc on a besoin que vous votiez et que vous alliez voir vos élus, tous vos élus. Aujourd'hui, je suis habillée en noir parce que je suis en deuil. Je porte le deuil de notre avenir, et de ce qu'on a déjà perdu. On a décidé d'organiser les obsèques de l'avenir parce que c'est le Black Friday, une journée à la gloire du consumérisme. »

Sarah Schumann monte ensuite sur l'estrade. Elle est pêcheuse de profession et partage son temps entre Rhode Island et l'Alaska. « Le changement climatique augmente les incertitudes et les risques liés à la pêche commerciale. Aujourd'hui, dans le Maine, à cause de l'augmentation de la température de l'eau, les six dernières saisons de pêche à la crevette ont été annulées. En Californie, cette eau trop chaude a fait proliférer des algues toxiques, qui ont abrégé la saison de pêche au crabe et poussé des pêcheurs à intenter un procès aux compagnies pétrolières pour compenser la perte de revenus. Et en Alaska, une vague de chaleur océanique a fait baisser les populations de cabillauds et de saumons, provoquant une crise des pêcheries locales.

« Les parcs éoliens marins, dont certains appartiennent à des compagnies pétrolières, mettent les bouchées doubles pour obtenir des permis. Dans moins d'une décennie, des centaines de turbines auront poussé comme des champignons dans nos zones de pêche, et des centaines de kilomètres de câbles électriques quadrilleront les fonds marins. Ces turbines fourniront une énergie propre à des millions de logements et d'entreprises. Mais a-t-on pensé aux conséquences que cette industrialisation sans précédent de l'océan va avoir sur les animaux marins, donc sur l'économie de la pêche ? Nous devrions être à la pointe des solutions climatiques, et pas des victimes. L'humanité n'a d'autre choix que d'affronter la crise climatique, en revanche nous avons le choix de la façon de procéder. Voulons-nous des politiques énergétiques menées par des costards-cravates ? Ne vaudrait-il pas mieux qu'elles soient aussi imaginées par ceux qui sont sur le pont chaque jour ? Veut-on un programme climatique élaboré dans la peur, qui nous pousse à accepter n'importe quelle solution technologique, et tant pis si elle s'avère destructrice ? Ou est-ce qu'on veut un programme climatique basé sur la foi ? La foi en l'idée que l'être humain peut se montrer à la hauteur de la situation en relevant ce défi monumental. Il ne s'agit plus seulement de réduire le CO_2 dans l'atmosphère. Il s'agit de nous redéfinir à l'aune de ce qui compte vraiment. De ce qui nourrit notre corps, notre âme et notre avenir. Celui qui pêche des crevettes sauvages sur un bateau familial ou cultive des céréales dans une ferme familiale fait les trois. Trois choses qui ne doivent pas être des victimes collatérales de la crise climatique ou des mauvais choix retenus pour répondre à cette crise. »

Je vois certains militants dans le public tiquer en entendant Sarah critiquer les parcs éoliens, mais à ce stade de mes lectures je sais que le compromis est possible lorsque chaque partie concernée est invitée autour de la table pour imaginer l'avenir. Tout le monde n'obtient peut-être pas exactement ce qu'il veut, mais tout le monde a son mot à dire et comprend comment et pourquoi les décisions sont prises. C'est ce que prévoit le Green New Deal. Dans un tel cadre de travail, les parcs éoliens appartenant aux compagnies pétrolières ne pourraient plus piétiner les intérêts des pêcheurs locaux.

Je viens d'une région qu'on ne fait que survoler
par Jim Goodman

« Il est temps de passer à l'agriculture régénératrice et de cesser d'investir dans l'agriculture industrielle, qui est synonyme d'expansion continue, d'élevage intensif et de malbouffe. Il est temps d'avoir une agriculture qui protège et sauve la biodiversité de nos terres et des océans ; une agriculture qui se tourne résolument vers le bio pour générer des sols sains, des aliments sains et des corps sains ; une agriculture qui respecte les droits des paysans, des ouvriers agricoles et de la nature, dans un système alimentaire contrôlé par l'agriculteur et le consommateur, et non plus par les grandes entreprises qui ne pensent qu'à leurs marges bénéficiaires, ou par l'économie mondiale ; une agriculture qui respecte les droits, les traités, les territoires, la culture et le savoir des peuples autochtones du monde entier, aux États-Unis mais aussi au Brésil, en Bolivie, en Afrique. Pendant des générations ces peuples ont protégé leurs semences, leurs connaissances, et ils nous les ont transmises.

« Il est temps de voter le Green New Deal. Le GND n'est pas, n'en déplaise à certains, un rêve de "bobo écolo". Nous savons exactement de quoi nous parlons, bon sang. Et nous en avons besoin *maintenant.* Seul un plan de cette envergure, un plan de réforme sociétale totale, peut fonctionner. Et le coup de génie du Green New Deal, c'est qu'il encourage l'action citoyenne pour évincer une bonne fois pour toutes ces compagnies insatiables, et en cela il nous rassemble tous, du moins ceux qui font partie des 99 %. Il s'adresse à tous ceux qui veulent une économie et des revenus équitables, une éducation juste, la justice raciale, l'égalité hommes-femmes, un bon système de santé, un air pur, une eau propre. Mais peut-être qu'il s'adresse avant tout aux agriculteurs comme moi, qui viens d'une région qu'on ne fait que survoler et demande juste des prix équitables, un marché équitable, et l'occasion de prouver que le temps "de s'agrandir ou de mettre la clé sous la porte" est révolu.

« La résistance est un acte nécessaire. On ne pourra pas combattre l'inaction du gouvernement, des climatosceptiques, de tous ceux qui courent à la catastrophe en faisant l'autruche, sans prendre ce risque. Il est temps. Certains d'entre vous ont peut-être connu le mouvement pour la liberté d'expression des années 1960. Je paraphrase ici Mario Savio, qui a dit un jour : "Vient un temps où la machine devient si odieuse qu'on est obligé de mettre les mains dans l'engrenage pour l'arrêter." Il est temps. Il est temps de l'arrêter et de prendre un nouveau départ, pour notre bien à tous. »

Une fois le rassemblement terminé, la foule se dirige vers les marches du Capitole pour faire acte de désobéissance civile tandis que je l'observe de loin avec Vanessa et le petit Iain Armitage, onze ans, star de la sitcom *Young Sheldon*, qui est venu du Delaware avec sa mère pour dire un mot au rassemblement. Je suis émue de voir mes deux petits-enfants scander sur les marches :

Qu'est-ce qu'on veut ?
La justice climatique.
Quand la veut-on ?
Maintenant !

Il y a quelques années, Malcolm m'a accompagnée à une grande manifestation pour le travail et le climat à Toronto, et ils sont tous deux venus manifester contre le Dakota Access Pipeline, mais ils semblent plus impliqués à présent, davantage conscients que c'est au nom de leur avenir qu'ils protestent. Je mets la main sur un mégaphone, de sorte que lorsqu'ils sont menottés et emmenés par la police, je peux jouer à la grand-mère fière de crier leurs prénoms pour les encourager.

Quelque temps plus tard, Vanessa ressort avec Viva du centre de détention pour mineurs. Ma petite-fille est fatiguée et rayonnante, heureuse d'avoir eu le cran d'aller jusqu'au bout malgré les doutes de l'équipe, qui la trouvait trop jeune. Elle nous annonce que la prison est déshumanisante et qu'elle a pris conscience de ses privilèges.

« J'étais avec une fille de dix-sept ans en cellule, me raconte-t-elle. Elle était là pour braquage de voiture, avait déjà fait deux fois de la prison, et elle m'a dit qu'elle ne s'attendait pas à voir quelqu'un comme moi là-dedans. Elle se fichait pas mal qu'on m'ait arrêtée pour désobéissance civile face à l'urgence climatique. Ça m'a ouvert les yeux, j'ai trouvé ça pénible mais libérateur. Même si je comprends l'intérêt de la désobéissance civile, je me suis sentie un peu idiote d'aller en prison exprès alors que tant de jeunes femmes autour de moi auraient tout fait pour en sortir. »

Vanessa, Viva et moi attendons Malcolm de pied ferme. Contrairement à sa sœur, c'est un garçon réservé et calme, mais lorsque je vois son visage radieux je comprends que cette expérience a été positive et restera gravée dans sa mémoire.

QUE FAIRE ?

L'alimentation est l'un des moyens les plus simples et directs de lutter contre la crise climatique, en commençant par ce que vous mettez dans votre assiette, jusqu'aux politiques alimentaires et agricoles que vous soutenez.

Réduire la quantité de viande et de produits laitiers que vous consommez est bénéfique pour vous et pour la planète. Manger plus de fruits, de légumes et de céréales complètes diminue le risque de maladies cardiaques, de diabète, d'AVC et de certains types de cancers. Des études ont montré que passer à une alimentation bio abaissait rapidement le taux de résidus de pesticides dans notre corps. De manière générale, opter pour un régime majoritairement végétarien, bio et sans produits pétrochimiques est meilleur pour votre santé, pour celle des ouvriers agricoles, des autres mammifères, des oiseaux, des insectes, du sol, de l'eau, de l'air – en bref, pour la santé de la Terre !

Parallèlement à l'action individuelle, nous pouvons aussi nous mobiliser pour exiger des cantines d'entreprise et d'école, par exemple, ou des magasins d'alimentation qu'ils délaissent le modèle de l'agriculture industrielle et ses tonnes d'émissions de CO_2. Élevages intensifs et leurs lacs d'excréments, forêts rasées pour faire place au soja destiné à nourrir toujours plus de bovins, intrants chimiques balancés sur les cultures, camions transportant des marchandises (dont soja et maïs) dans le monde entier, saumon pêché en Alaska transporté par avion jusqu'en Chine pour traitement et conditionnement avant renvoi aux États-Unis : il ne fait aucun doute que plus nous mangerons local, moins chimique, moins transformé et moins emballé, mieux nous nous porterons et la planète aussi. Outre modifier votre façon de faire les courses, vous pouvez demander aux supermarchés et aux restaurants d'acheter moins de viande et de produits laitiers industriels pour se concentrer sur des produits éthiques et écologiques, de proposer davantage d'options végétales et de se fournir le plus localement possible.

Une autre mesure essentielle pour l'environnement est de réduire le gaspillage alimentaire et la surproduction. Il nous est arrivé à tous au moins une fois de jeter un sachet de pousses d'épinards qu'on avait laissé se gâter dans le frigo, faute de temps pour les cuisiner. Le gaspillage alimentaire ne revient pas juste à gâcher de précieux nutriments : quand mon sachet d'épinards pourrit dans une décharge, il rejette du méthane, un autre moteur du changement climatique.

Personne ne vous jugera si vous avez oublié vos épinards dans le frigo ; assurez-vous simplement de les composter au lieu de les mettre bêtement à la poubelle, afin que la matière organique retourne dans le sol. Il n'y a rien de plus simple que de composter dans son jardin. Si vous êtes en appartement, tentez le lombricompostage – du compost avec des vers de terre. Je sais, ça paraît bizarre, mais c'est fou comme ça marche bien et à quelle vitesse ces petites bêtes font disparaître les déchets alimentaires. Aux États-Unis, de nombreuses villes et des États – de la Californie à New York – s'y sont mis. Quand on vient chercher le compost devant chez vous comme les poubelles vertes et les ordures ménagères, il n'y a vraiment plus aucune raison de ne pas sauter le pas.

Votre alimentation peut également être politique. Insistez pour que vos élus cessent de financer l'agriculture intensive et soutiennent plutôt les petits producteurs bio. Écrivez à vos représentants, et demandez aux candidats en campagne électorale de ne plus subventionner la viande et les produits laitiers industriels. Conseillez-leur de promouvoir des fruits et légumes sains issus de fermes locales, ainsi qu'une viande produite de manière propre et durable par des éleveurs responsables.

Il existe de formidables ONG aux États-Unis qui défendent un système alimentaire soucieux de l'environnement. Food & Water Watch a lancé une campagne contre l'agriculture industrielle. Greenpeace et Friends of the Earth (Les Amis de la Terre) mènent aussi des campagnes en faveur d'une alimentation écologique.

Vous pouvez également soutenir les associations citoyennes et les syndicats qui se battent pour plus de justice économique et sanitaire, c'est important ! Entre autres, j'aime beaucoup le Fair Food Program et la campagne Milk with Dignity, qui mettent la pression sur les gros producteurs et détaillants ne versant pas un salaire minimum à leurs employés et détruisant l'environnement.

Cibler les entreprises est une idée efficace pour au moins deux raisons. Premièrement, le comportement vertueux du consommateur n'est pas suffisant à lui seul, et mieux vaut placer le fardeau sur de riches sociétés qui ont assurément les moyens de payer correctement leurs salariés. Deuxièmement, ces entreprises réagissent bien plus vite à la pression publique lorsque celle-ci prend la forme d'une lame de fond plutôt que d'efforts individuels éparpillés ici et là.

Au niveau international, vous pouvez adhérer à des mouvements tels que Food First et La Via Campesina, et en France, vous tourner vers des associations comme Greenpeace France : https://www.greenpeace.fr/, le RAC : https://reseauactionclimat.org/, la Confédération paysanne : https://www.confederationpaysanne.fr/, ou encore Pour une autre PAC : https://pouruneautrepac.eu/, France Nature Environnement : https://www.fne.asso.fr/, Fondation Nicolas Hulot : https://www.fondation-nicolas-hulot.org/, Greenpeace France : https://www.greenpeace.fr/ et enfin WWF : https://www.wwf.fr/ ou Générations futures : https://www.generations-futures.fr/.

11

LE CLIMAT, LES MIGRATIONS ET LES DROITS DE L'HOMME

Nous sommes déjà à la première semaine de décembre, et Annie et moi savons qu'il est temps d'évoquer la poursuite du mouvement au-delà de janvier. Manifestement, notre action a répondu à un besoin : l'envie de s'engager pour le climat au point de se mettre physiquement en danger. Des citoyens de tous les États-Unis et d'autres pays nous demandent comment organiser un Vendredi Alerte Incendie dans leur ville. À nous de tout faire pour que cela devienne concret.

Du coup, lorsque Annie et Madeline veulent savoir si j'aimerais que les Vendredis Alerte Incendie évoluent en projet Greenpeace, je réponds par un « Oui ! » enthousiaste. Cette ONG possède une longue histoire d'actions courageuses et audacieuses qui attirent l'attention du monde entier sur des problèmes environnementaux cruciaux – que ce soit empêcher une plateforme pétrolière Shell de quitter le port de Seattle pour aller forer en Arctique, forcer Burberry à ne plus utiliser de produits chimiques dangereux dans ses vêtements ou dénoncer des essais nucléaires au large de l'Alaska. Par leur nature même, ces actions séduisent des militants de terrain téméraires tout en générant une vague de soutien populaire qui se traduit par des millions de dons.

Avec les Vendredis Alerte Incendie, nous avons développé une campagne citoyenne composée de novices en désobéissance civile, exactement le public que nous visions. Comme Annie, je sens que la désobéissance civile doit devenir la « nouvelle norme » en matière de lutte climatique, et Greenpeace, avec l'aide de quelques recrues supplémentaires, a la capacité de nous faire passer à la vitesse supérieure.

Une réunion est organisée dans les bureaux de l'organisation – plus précisément dans la salle où notre conférence hebdomadaire est filmée, mais sous sa forme habituelle, avec une grande table ovale au milieu. Annie a suggéré d'y convier Janet Redman, qui dirige la campagne pour le climat de Greenpeace, et Jose Martinez-Diaz, directeur du programme Engagement de Greenpeace, pilotant des millions de membres américains dans les campagnes pour le changement. Ensemble, nous passons tout un après-midi à réfléchir à la meilleure stratégie pour amplifier la dynamique des Vendredis Alerte Incendie jusqu'à l'élection présidentielle, où il sera tellement crucial de voter en faveur du climat, puis pour s'assurer que le président élu agisse avec l'audace que réclament à la fois la science et une partie grandissante de l'opinion publique.

C'est formidable que cette idée, qui m'est venue il y a à peine trois mois, se transforme déjà en mouvement national.

Notre premier Vendredi Alerte Incendie du mois de décembre est le neuvième et a pour sujet les migrations climatiques et les droits de l'homme. Mais ce vendredi est aussi la Journée mondiale du climat, et partout sur la planète des manifestations sont organisées pour interpeller les gouvernements à ce sujet. Washington se prépare donc à accueillir beaucoup de monde, et un nombre impressionnant d'intervenants s'inscrivent au rassemblement, bien plus que nous ne pouvons en accueillir. Plusieurs associations ont aussi demandé à manifester avec nous ensuite, à tel point que nous devons délaisser le Capitole pour Franklin Square. Cette vaste place se trouve à une distance raisonnable des bureaux de BlackRock, la plus grande société d'investissement au monde, où nous avons prévu de faire acte de désobéissance civile.

LA CONFÉRENCE

Ce jeudi-là, mes invités à la conférence sont le révérend Fletcher Harper, prêtre épiscopalien et directeur exécutif de GreenFaith, une association multiconfessionnelle mondiale qui depuis plus de vingt ans est un modèle parmi les communautés religieuses engagées dans la lutte climatique, et Saket Soni, un syndicaliste spécialisé dans les droits de l'homme.

Saket est le fondateur et directeur de Resilience Force, qui vise à améliorer la réponse aux catastrophes climatiques en rendant la main-d'œuvre américaine plus forte et plus résiliente. Ces deux hommes, à la fois intellectuels et militants, travaillent au quotidien avec des réfugiés chassés de chez eux par le dérèglement du climat, et je suis persuadée qu'ils vont éclairer nos spectateurs sur ce qu'est un réfugié climatique.

Partout dans le monde, à mesure que l'eau se tarit, que les terres cultivées se désertifient, que les zones côtières sont gagnées par la mer et que le permafrost fond, les écosystèmes subviennent de moins en moins aux besoins de l'homme. Et d'après les experts, cela n'est pas près de s'améliorer. Cette crise climatique est aussi une crise des droits de l'homme, car les familles qui fuient leur pays devenu inhabitable ne sont pas accueillies à bras ouverts ailleurs. Au contraire : les migrants se retrouvent couramment en danger de mort, discriminés et réprimés, lorsqu'ils cherchent à mettre leur famille en sécurité.

Dès 1990, le GIEC observait que l'impact le plus tangible de l'évolution du climat se traduirait peut-être par des migrations humaines. Clairement, cette prévision est en train de se réaliser. Les dernières estimations de l'OMS prévoient jusqu'à 200 millions de réfugiés climatiques sur les routes d'ici à 2050 ! Le Haut-Commissariat des Nations unies pour les réfugiés signale que le chiffre se monte déjà à 71 millions, dont plus de la moitié ont moins de dix-huit ans. C'est le plus grand nombre de déplacés comptabilisés par l'agence depuis sa création. Comme les incendies, les inondations et l'élévation du niveau de la mer, le nombre croissant de réfugiés climatiques nous oblige à reconnaître que la crise n'est plus une lointaine réalité.

Face à cette catastrophe humaine, les sociétés doivent faire des choix. Chose tragique, le dérèglement climatique est une crise collective qui requiert des solutions collectives, à une époque où les notions de collectif, de bien commun et de sphère publique sont ébranlées. De toute évidence, la lutte pour le climat implique en partie de renouer les liens entre communautés.

La crise climatique nous met à l'épreuve en tant que pays, ainsi que les valeurs que nous chérissons et ce que nous défendons. Qui n'a pas été choqué et attristé par la photo d'un garçonnet de trois ans noyé en Méditerranée parce que ses parents fuyaient la guerre et la sécheresse en Syrie ; et par celle, en 2019, d'un père et sa fille morts échoués sur la berge du Rio Grande ? Ces images attestent les conséquences des dangereux parcours que les familles sont réduites à entreprendre lorsque la vie devient intenable chez elles. Doit-on ériger des murs toujours plus hauts et appliquer des règles toujours plus strictes pour les empêcher d'entrer et pour protéger ce que l'on considère comme nôtre ? Ou bien ouvrir grands les bras pour accueillir la force de ces personnes venues refaire leur vie sur le sol américain, comme la vaste majorité de nos ancêtres avant nous ?

En tant que société globalisée, les États-Unis doivent faire mieux.

Deux gouvernements républicains précédents – celui de Ronald Reagan puis celui de George W. Bush – avaient appréhendé la question des réfugiés de façon radicalement différente de celle de la présidence

Trump. Les centres de rétention pour migrants avaient été supprimés et les projets pilotes destinés à soutenir les nouveaux arrivants avaient invariablement été un succès.

Je suis frappée du nombre de fois où le révérend Fletcher et les autres évoquent la nécessité d'un changement culturel et, je dois bien l'avouer, cette allusion finit par me rendre nerveuse. Le changement culturel, ça demande du temps. Mais la crise que nous vivons exige des lois et des politiques innovantes de toute urgence. Pourtant, à la fin de la conférence et après avoir écouté les intervenants au rassemblement, je prends conscience que, si l'urgence est en effet à une politique migratoire plus humaine, nous devons en même temps faire évoluer nos sentiments vis-à-vis des migrants. Et cela, c'est culturel. Si on obtient de meilleures lois mais que la haine et le ressentiment continuent à couver chez un grand nombre d'Américains, rien n'empêchera la réélection d'un président autocrate, démagogue et tyrannique et ce sera l'apartheid climatique.

Le révérend Fletcher aborde le problème sous l'angle biblique. Il nous fait remarquer que la Bible est tissée d'histoires de réfugiés : Moïse, Abraham, Jésus.

« Je trouve frappant que la Bible parle autant de protéger les droits et la dignité des réfugiés. Aujourd'hui, la crise climatique qui s'accélère fait sans cesse grossir le nombre de migrants. Et tandis que les riches de ce monde se payent des pompiers privés pour protéger leurs maisons des incendies, le commun des mortels doit s'exiler.

« Les puissantes sociétés d'investissement comme BlackRock continuent à financer allègrement l'industrie fossile ; et puis, quand les déplacés subissent la répression militaire et judiciaire dans le pays où ils tentent de s'installer, ces mêmes sociétés financent aussi des prisons et des centres de rétention privés. Elles font du profit en causant le problème au départ, et font du profit à l'arrivée en maltraitant des malheureux contraints de fuir contre leur volonté.

« Nous avons une décision fondamentale, morale et spirituelle à prendre en tant que famille humaine : va-t-on accueillir ces réfugiés ? Va-t-on les aimer ? Va-t-on créer des communautés où célébrer les richesses qu'ils ont à nous offrir ? Va-t-on veiller à ce qu'ils aient droit à une bonne éducation, un bon emploi et de bonnes conditions de vie ? Va-t-on faire cela tous ensemble, en tant que famille humaine ? »

Je demande à mon autre invité, Saket, de nous faire part de son expérience au contact des réfugiés, y compris aux États-Unis à la suite de catastrophes telles que l'ouragan Katrina.

« Je commencerai en disant que l'expression "réfugié climatique" vous évoque sans doute un habitant d'un pays lointain. Mais le problème est tout sauf lointain. Je passe la plupart de mes journées avec des personnes déplacées à cause du changement climatique ici, aux États-Unis. Certaines refusent peut-être d'être qualifiées de réfugiés. Mais toutes ont le sentiment d'être devenues des étrangers dans leur propre pays. Elles ont perdu leur maison. Beaucoup ont dû quitter le quartier où elles vivaient depuis toujours. La plupart n'y reviendront jamais. Dans le même temps, ce sont des Américains de naissance. Ils croyaient que la situation était stable. Que ça allait bien pour eux. Jamais au grand jamais ils n'auraient imaginé devoir partir un jour. Et si ce réfugié climatique c'était vous ? Et s'il n'habitait pas un pays lointain ? Et s'il n'avait pas de frontière à traverser ? »

Saket nous décrit son travail, juste après Katrina, de coordinateur dans le jardin public de City Park. Ce splendide parc de La Nouvelle-Orléans, « l'un des plus beaux au monde » selon lui, s'est transformé du jour au lendemain en camp de fortune.

« Là, j'ai rencontré une femme qui avait survécu à un ouragan en Arkansas. Elle vivait dans un mobile home de la FEMA, l'agence de protection civile. Après que Katrina a frappé La Nouvelle-Orléans, les agents de la FEMA sont venus jusqu'en Arkansas lui dire : Vous devez partir, on récupère les mobile homes. Elle a suivi le sien en

Louisiane parce qu'elle n'avait nulle part où aller. Cette femme est née et a grandi aux États-Unis d'Amérique. Deux ouragans plus tard, elle vivotait d'un petit boulot dans la plomberie et dormait sous une tente au City Park. »

Ces dix dernières années, à mesure que tempêtes, inondations et incendies sont devenus plus fréquents et destructeurs, des villes et des régions entières ont été détruites. « La reconstruction est réalisée en majeure partie par des immigrés clandestins récemment arrivés aux États-Unis, explique Saket. Beaucoup de ces ouvriers reconstruisent les maisons d'habitants qui, par le passé, ont peut-être bien voté pour qu'ils soient expulsés. Là où le paradoxe touche à son comble, c'est dans l'ouest de la Floride, plus précisément dans Bay County, un secteur où Trump a demandé à ses partisans lors d'un meeting : "Qu'est-ce qu'on fait aux migrants ?" et a reçu en réponse : "On les tue !" Eh bien dans ce comté-là, où sept électeurs sur dix ont voté pour Trump et sa politique d'immigration, tout le monde sans exception fait reconstruire sa maison par des sans-papiers. »

Contre toute attente, Saket y voit une chance à saisir. « On va là-bas, et on en profite pour faire en sorte que les gens se rencontrent. Quelqu'un qui vous aide dans une période dramatique fait partie de votre cheminement à un moment où vous revoyez vos priorités pour le reste de votre vie. Et si une personne vient vous aider à créer du lien, vous pouvez décider qu'une de vos priorités est d'aimer cette personne. Donc, nous, on essaie de créer ce lien entre migrants et non-migrants là où c'est le plus difficile, où ça fait le plus mal, pour que les gens abandonnent leurs préjugés après avoir traversé une épreuve.

– Et ça marche vraiment ? je demande, étonnée.

– Oui. On a reconstruit la maison d'un couple âgé dont le fils avait planté une pancarte dans l'herbe disant : "Les pillards seront abattus." L'ultime protection quand tu n'as plus rien à défendre, c'est une pancarte écrite au marqueur noir que tu mets devant ta porte. Même si tu n'as pas d'arme, tu affirmes que les pillards seront abattus. Eh bien, figurez-vous qu'on a reconstruit cette maison. Et après que nous avons dîné chez eux, ils ont jeté la pancarte à la poubelle. Donc oui, il y a beaucoup d'espoir. Mais je crois que ça tient à notre façon de faire : on ne se lance pas dans de grands débats avec eux sur la politique migratoire ou l'urgence climatique. Notre façon de faire, c'est d'aider. D'être là. De créer du lien. De travailler sur un problème plus important que notre haine mutuelle. Sur un problème qu'on peut régler tous ensemble. La solution, c'est de s'attaquer aux causes profondes du changement climatique et en même temps de vivre dans un monde qui soit davantage capable de s'adapter, un monde où je ne suis pas un étranger pour toi et où tu n'es pas un étranger pour moi, un monde qu'on reconstruit ensemble. »

Saket marque une pause, puis reprend. « Ça va peut-être paraître bizarre, mais je crois que c'est la clé de tout. Si on n'instaure pas ces liens, on n'a pas la capacité de créer du changement. Évidemment, voter est très important. Mais sur le long terme, quand on construit ce genre de relation basée sur de bonnes valeurs à l'échelle locale, puis régionale et nationale, on peut changer le monde. Ça prend du temps, mais commencez par connaître vos voisins. »

Le révérend Fletcher parle à son tour de ressusciter le sens de la communauté, une chose nécessaire et rendue possible par la crise que nous traversons. (C'est ce que je ressens aussi.)

« J'ai le sentiment profond que le Green New Deal est extrêmement important, qu'il est à la base de tout. Parce qu'il dit qu'on doit bâtir notre réponse à la crise climatique sur des *valeurs*, des valeurs d'obligation envers les communautés en première ligne, d'investissements importants dans leur bien-être et leur leadership, d'engagement à bien traiter les ouvriers qui vont s'occuper du travail de construction de ce nouveau pays et de ce nouveau monde qu'on appelle de nos vœux, parce que leurs droits doivent être protégés, qu'il y a urgence, qu'il faut des actes d'ampleur et que le gouvernement a un immense rôle à jouer pour amorcer la pompe et entraîner le reste du système. Le Green New Deal a commencé à remuer l'imagination du public, et je crois qu'il n'y a pas mieux comme point de départ.

– Il vise aussi à développer la résilience des communautés, dis-je. Et Dieu sait qu'on va en avoir besoin. »

Saket intervient : « Pour moi, il ne s'agit pas juste d'accueillir des immigrés en Amérique. Il s'agit de prendre conscience qu'on a *besoin* d'une nouvelle Amérique. Qu'on doit reconstruire ce pays. Repartir de zéro pour bâtir une Amérique meilleure, plus résiliente, plus aimante. Et qu'on va le faire tous ensemble, les migrants comme moi installés depuis longtemps et les nouveaux arrivants.

– On ne peut pas dire qu'on est à la pointe là-dessus, rebondit le révérend Fletcher, donc il faut commencer par faire de la prévention pour s'éviter d'autres problèmes. Et plus généralement, les chefs religieux doivent parler d'un monde qui facilite la vie aux migrants, qui leur permette de quitter leur pays sans encombre, dignement et avec le soutien qu'ils méritent. On n'a pas d'autre choix que d'accomplir ce travail de préparation culturelle, car ça va arriver, de toute façon. »

Nous commençons à prendre les questions des spectateurs, et une Californienne ayant perdu sa maison dans un incendie demande ce qu'on peut faire pour prévenir ce type de désastre.

« Monter un mouvement, dit Saket sans hésiter. Un mouvement qui exigerait que la compagnie d'électricité PG&E devienne une société publique. C'est quand même hallucinant que le plan de prévention des risques conseille de couper l'électricité à intervalles réguliers pour éviter les incendies. Les Californiens devraient plutôt avoir le droit d'être maîtres de leur électricité. C'est ce qu'il faut faire là-bas.

– Le pire, ajoute le révérend, serait qu'à force, fuir un incendie devienne normal. Ce ne sera jamais normal. Et une compagnie privée qui se fait de l'argent en négligeant un problème qu'elle aurait dû régler il y a des années, ça ne devrait pas être normal. Comme ce n'est pas normal que les digues aient cédé et inondé La Nouvelle-Orléans pendant Katrina. Tout ça, c'est parce qu'on a cessé d'investir dans la population et fait passer le profit en premier. C'est ce qu'il faut réparer d'urgence. »

Puis Maria, du Texas, demande : « Quels sont les liens qu'on peut établir entre le changement climatique et les centres de rétention pour migrants à la frontière mexicaine ?

– Je vais vous raconter une histoire, lui répond Saket. Il y a deux ou trois ans, les médecins ont remarqué une forte augmentation des maladies rénales dans certaines zones d'Amérique centrale. Ils en ont conclu qu'avec les températures en hausse, les ouvriers agricoles exposés à la chaleur se déshydrataient et leurs reins en prenaient un coup. Des conditions de travail pareilles, c'est le changement climatique qui en est responsable. Et les gens là-bas font ce que tout être normal ferait, c'est-à-dire qu'ils s'efforcent comme ils peuvent d'aller chercher ailleurs une vie meilleure pour eux-mêmes et leur famille. C'est parfaitement compréhensible, et c'est cet acte digne, humain, qui se heurte à la réaction impitoyable du gouvernement américain actuel, à savoir les centres de rétention. Les investisseurs les plus riches du monde, toujours les mêmes, en profitent. La valeur de l'action des sociétés auxquelles on a confié la gestion de ces centres est montée en flèche ces trois dernières années. À ce stade ce n'est même plus une affaire de biens mal acquis, c'est le salaire du péché. Je trouve ça affligeant.

– Dans ce cas, citons des noms, dis-je, histoire d'attirer l'attention sur l'objet de notre désobéissance civile du lendemain. La société BlackRock finance des entreprises qui détruisent la forêt amazonienne. Elle finance des entreprises qui accélèrent la déforestation en Indonésie pour satisfaire la demande en huile de palme. Elle finance des entreprises qui veulent forer en Arctique. Et elle finance aussi les centres de rétention pour migrants, là où on met les enfants en cage. BlackRock, retenez bien ce nom. Si par hasard vous avez de l'argent chez eux, retirez-le. »

En janvier 2020, un mois après cette conférence, la pression publique (conjuguée à la perte de rentabilité des combustibles fossiles) forcera Larry Fink, P-DG de BlackRock, à annoncer qu'il compte désinvestir du secteur de l'énergie, principalement du charbon. Dans un article du *New Yorker*, Bill McKibben, le fondateur de l'ONG 350. org, comparera cette annonce à celle du « gourmand qui promet de ne plus manger de gâteaux mais garde une part de tarte et des doughnuts en réserve ».

LE RASSEMBLEMENT

Un public nourri est présent à Franklin Square le lendemain. Il y a des représentants de presque toutes les religions, plus un contingent débarqué de Hollywood. Mes amies Kyra Sedgwick, Maura Tierney et Taylor Schilling sont là pour me soutenir et m'aider à présenter les intervenants. Oh, et Annie Leibovitz, la photographe mondialement célèbre, reconnaissable à son bonnet lâche en tricot bleu, est venue prendre des photos pour *Vogue*, qui souhaite publier un article sur moi et les Vendredis Alerte Incendie. Je sais, drôle de mélange, mais ça m'a plu qu'un magazine comme ça me le propose et insiste pour qu'Annie fournisse les images. Tant qu'à aller sur le terrain culturel…

Quatre jours plus tôt, l'Organisation météorologique mondiale a publié son rapport sur l'état du climat, conjointement avec l'ouverture de la COP25 à Madrid, où les dirigeants mondiaux se sont retrouvés pour débattre de la crise climatique et de l'accord de Paris. Je lance le rassemblement en citant le secrétaire général de l'ONU, qui a déclaré à cette occasion : « Le changement climatique n'est plus un problème du futur. Nous sommes aujourd'hui confrontés à une crise climatique mondiale. Le point de non-retour n'est plus un point minuscule à l'horizon. Il est bien visible et il fonce droit sur nous. »

« Je voulais vous répéter ses paroles parce que, même si on aborde chaque vendredi un aspect différent de la crise climatique, il est capital de garder à l'esprit la vision d'ensemble. Il faut bien comprendre que cent pour cent des climatologues sont d'accord avec lui. Dans cette histoire, il n'y a pas deux points de vue à considérer. Il n'y en a qu'un, celui de la science. »

Un nombre incroyable de chefs religieux ont fait le déplacement : le révérend Malik Saafir, pasteur méthodiste, intellectuel et pilier de sa communauté ; Liz Butler, vice-présidente de Friends of the Earth ; le révérend Kaji S. Douša, pasteur de l'église chrétienne de Park Avenue (New York) et coprésident de la New Sanctuary Coalition, un groupement de religieux tentant de stopper les expulsions ; et le révérend Noel Anderson, coordinateur sur le terrain de l'association Church World Service.

C'est inspirant de les voir tomber d'accord sur le fait que la crise climatique est collective et qu'il faut coopérer tous ensemble, en particulier s'agissant des réfugiés climatiques. Beaucoup partagent le sentiment d'urgence du révérend Anderson, qui appelle les décideurs et les banques à cesser de financer les centres de rétention et les compagnies pétrolières, et leur suggère d'investir dans « des politiques qui reflètent nos valeurs de justice, d'égalité, de compassion et de vérité ».

Un autre intervenant est l'imam Saffet Catovic, conseiller islamique de Green Faith et membre fondateur du mouvement Global Muslim Climate Network.

« Et immigré, ajoute-t-il. Je suis fils d'immigré et petit-fils d'immigrés. Petit-fils d'immigrés du côté de ma mère, passés par Ellis Island, et ils n'avaient pas tous leurs papiers en ordre. Pourtant, l'Amérique a accueilli sur son rivage les citoyens d'autres nations, en ouvrant grands les bras et le cœur parce qu'on sait que, lorsque les immigrés sont là, l'Amérique réussit mieux.

« Du côté de mon père, je suis le fils de feu le Dr Saffet, qui est venu ici en tant que réfugié politique. Eh oui, vous pouvez fuir un pays malgré votre désir d'y rester, parce que vous n'avez pas le choix. Ceux qui passent la frontière mexicaine en ce moment n'ont pas le choix. Ils ne veulent pas partir de chez eux, mais ils n'ont pas le choix, et l'Amérique se doit d'honorer l'héritage de l'immigration, parce que nous sommes un pays de migrants. »

Ensuite, Susan Gunn, directrice de l'association Maryknoll Office for Global Concerns, prend la parole au nom des chefs catholiques qui manifestent au même moment pour le climat dans tout le pays.

« J'aimerais vous raconter l'histoire d'une mère du Honduras et de ses enfants qui faisaient partie de la gigantesque caravane de migrants en route pour les États-Unis en avril 2018. Quand la caravane est passée par une petite ville du Guatemala où la sœur de Maryknoll Dee Smith habite, sœur Dee était là pour leur proposer à boire et à manger. En la voyant, la mère a fondu en larmes tant elle était épuisée. Vous comprenez, un de ses enfants est en fauteuil roulant. Cette mère poussait le fauteuil roulant de son fils depuis le Honduras, à travers le Guatemala, puis tout le Mexique, dans l'unique but d'atteindre la frontière américaine. Il n'y a pas à chercher bien loin pour comprendre. La pauvreté et l'un des pires taux d'homicides au monde rendent la vie infernale aux Honduriens depuis longtemps. Sans oublier qu'ils ont eu quatre sécheresses en cinq ans, là-bas. Comme tant d'autres, cette mère a dû se résigner à quitter sa maison et à entreprendre la longue marche vers le nord.

« Oui, la hausse des températures compte, mais qu'en est-il des gens ? Les banques et les organismes financiers doivent cesser de tirer profit de l'industrie fossile et de repousser la transition vers une économie verte efficace. Ensemble, mes amis, nous pouvons élever la voix et remplir les rues pour qu'ils nous entendent. Pour qu'ils entendent le cri de la terre et le cri des pauvres, et par notre présence ici aujourd'hui, nous faisons un premier pas vers une civilisation plus durable. Merci. »

Le micro est ensuite tendu à de jeunes réfugiés dont les histoires sont terribles. Comme celle de Claudia Quinonez, coordinatrice du réseau United We Dream et migrante, « sans papiers, sans peur et sans regrets, et avec la ferme intention de rester » : « Quand j'avais six ou sept ans, ma famille ne pouvait pas acheter à manger parce qu'il n'y avait rien à manger. Il n'y avait pas d'eau non plus, et on s'entretuait pour un paquet de pâtes. » Joshua Álvarez – un membre du Sunrise Movement –, dont les parents sont arrivés du Mexique il y a trente ans, s'est engagé dans les Peace Corps à la fin de ses études. Il voulait comprendre les raisons qui poussaient aujourd'hui encore les gens à choisir de fuir aux États-Unis, comme ses parents à l'époque. Il a été envoyé à l'ouest du Costa Rica, dans la région de Matambú.

« Là-bas, j'ai constaté personnellement l'aspect global de la crise climatique. Mon ami Marvin ne voulait plus vivre à Matambú parce qu'il n'y avait aucune possibilité de travail hormis les emplois traditionnels comme la récolte du riz et du maïs, qui étaient mal payés.

« Et la crise n'avait pas seulement un impact sur Marvin. Pendant les deux ans que j'ai passés là-bas, le rendement des cultures a baissé à cause du temps imprévisible. Ça a poussé beaucoup d'habitants à s'installer dans la capitale, et certains m'ont fait part de leur envie d'aller aux États-Unis, comme tant de migrants d'Amérique centrale actuellement détenus dans des camps de concentration à la frontière.

« Reconnaissons que l'urgence climatique est un problème intersectionnel où racisme, immigration et justice sociale sont imbriqués. Comme l'a dit la féministe Audre Lorde, “le concept de combat unique n'existe pas car nous vivons des vies complexes”. »

Maura Tierney accueille ensuite sur scène le rabbin David Shneyer, qui commence par lire la nouvelle déclaration rabbinique sur le changement climatique, « L'alliance d'Élie entre générations pour panser les blessures de notre Terre en danger » :

« Je t'enverrai le prophète Élie pour tourner le cœur des parents vers les enfants et le cœur des enfants vers les parents. Nos enfants et nos petits-enfants risquent de connaître de grandes souffrances et la mort si nous n'agissons pas. Ils ont tourné leur cœur vers nous. Mais notre cœur, notre esprit, nos bras, nos jambes ne sont pas encore tournés vers eux. Sommes-nous capables de tourner entièrement nos cœurs vers nos enfants ? Soutenez la jeunesse qui réclame à nos gouvernants d'adopter massivement et rapidement des lois prônant le bon sens écologique et la justice sociale, comme dans le Lévitique 25 on prône la pratique de la *shmita*, l'année sabbatique que l'agriculteur doit observer tous les sept ans. Voyez ces efforts comme l'expression d'un joyeux sens de la communauté, et non une affreuse corvée. »

Puis le rabbin David prend le chofar, afin de souligner l'urgence de la cause.

« Depuis les temps anciens et à travers l'Histoire, nous nous sommes servis de la corne de bélier, le chofar, pour attirer l'attention, avertir. C'est aussi le son de la libération. Mais voici d'abord l'avertissement. Nous adressons cet avertissement à vous tous qui êtes ici, aux dirigeants de cette nation et à tous les peuples du monde, et il sera suivi du son de l'espoir et de la libération. »

Le rabbin souffle alors dans le chofar, et ce son millénaire résonne à travers la place tandis que le public se met en rang pour la manifestation. Elle n'a jamais été aussi grande que ce jour-là.

Nous sommes peut-être deux mille en tout, et il y a une ambiance d'enfer. Le Sunrise Movement et Fridays for Future ont apporté des globes gonflables du plus bel effet. Je repère le bonnet bleu d'Annie Leibovitz, qui fait une tête de plus que les autres photographes.

Le mouvement pour le climat est très mixte culturellement, ce qui est logique puisque les Noirs et les Latinos sont les premiers touchés par la pollution, les puits de pétrole et les catastrophes climatiques. Une bonne partie de l'opinion publique associe l'écologie aux mouvements traditionnels, un peu vieux et surtout composés d'hommes blancs. Pour dissiper ce malentendu, je veille comme toujours à ce que nos intervenants afros et latinos marchent devant, avec moi.

À l'approche des bureaux de BlackRock, notre cible, nous apprenons que le bâtiment a été barricadé. Six militants se sont menottés aux portes et les uns aux autres, et la police n'arrive pas à couper leurs liens, même à la scie. Nos organisateurs décident alors de bifurquer pour manifester devant une agence Wells Fargo. Après tout, cette banque aussi est sérieusement impliquée dans la crise climatique.

À notre arrivée, quelqu'un me prend par le bras et nous fendons la foule jusqu'à l'endroit où de jeunes militants occupent bruyamment l'espace. Je me sens bien, prise en sandwich entre eux, mes mèches argentées parmi leurs crinières blondes. Je vois le révérend Fletcher dans son habit rouge et, sans surprise, un bonnet bleu qui s'agite dans le fond. Annie cherche le meilleur angle pour sa photo.

Les jeunes scandent des slogans et prononcent des discours dans un mégaphone qu'ils se passent à tour de rôle. Un Asiatique, manifestement un meneur, entonne l'hymne « *We are a gentle, angry people / And we are singing, singing for our lives* », et les larmes me montent aux yeux. Ma merveilleuse amie, la militante Holly Near, l'a composé et souvent chanté pendant la première tournée de la campagne pour la paix en Indochine, en 1972. Dans mon cœur, cet hymne est associé à un moment où j'étais certaine qu'on pouvait gagner : stopper le financement de la guerre du Vietnam et chasser Nixon de la Maison-Blanche après le scandale du Watergate. Et voilà que la chanson de Holly refait surface, reprise en chœur par une jeune génération de militants. Mais je suis moins confiante maintenant, alors que les enjeux sont encore plus importants.

Quand la foule devant Wells Fargo commence à se disperser, nous formons un grand groupe et marchons jusqu'aux bureaux de BlackRock pour apporter notre soutien aux six militants. Une bonne dizaine d'agents de police sont là, se creusant la tête pour savoir quoi faire de ces personnes menottées à la porte d'entrée. Nous scandons toujours plus de slogans. Je crie ma gratitude à ces militants et à leur courage. Puis, devinant que la police attend simplement qu'ils se lassent, j'emmène Kyra, Maura, Taylor et mon amie Emily Bickford au Founding Farmers, un restaurant proche de mon hôtel qui sert des produits du terroir et un délicieux cocktail tropical.

Je viens d'en commander un deuxième quand le propriétaire du restaurant nous rejoint à notre table.

« Je ne fais jamais ça, dit-il. Des juges de la Cour suprême sont venus ici, Anthony Kennedy, Ruth Bader Ginsburg, les Clinton, aussi. Je ne sors jamais de mes cuisines. Mais je devais vous remercier pour ce que vous faites. Et le dîner est offert par la maison. » Sur ce, il repart.

J'avoue, ça me fait drôlement plaisir. Cette nuit-là, je dors douze heures d'affilée.

QUE FAIRE ?

Beaucoup de gens ne font pas le lien entre crise climatique et hausse de l'immigration, alors parlez de ce que vous avez appris à vos parents, vos voisins et vos collègues. Encouragez-les à raconter leur histoire familiale : n'oublions pas que, hormis les autochtones, tous les résidents américains sont des immigrants. Il faut aussi prendre conscience, comme Saket Suni l'a rappelé, que « ce problème est tout sauf lointain ». On compte des milliers de réfugiés climatiques à l'intérieur des États-Unis, tous ceux qui ont dû déménager à cause de l'ouragan Katrina en Louisiane, de Sandy sur la côte Est, de Harvey au Texas, des tragiques incendies en Californie. Et ce ne sont que des exemples parmi d'autres de phénomènes météorologiques amplifiés par la crise climatique.

Une politique migratoire plus humaine est nécessaire à notre société, mais un changement culturel aussi. Nous devons développer notre empathie et surmonter notre peur des étrangers, afin d'apporter soutien et sécurité aux migrants.

Saket l'a bien résumé : « Et si ce réfugié climatique c'était vous ? Et s'il n'habitait pas un pays lointain ? Et s'il n'avait pas de frontière à traverser ? » Qu'il vienne de Syrie ou du Texas, les États-Unis doivent être dignes de leur passé de terre d'accueil.

Côtoyer des migrants, s'intéresser à leur vie et à leur parcours, être curieux de leur culture, de leur religion, de leurs traditions favorisera toujours la compréhension et l'empathie plutôt que le rejet. On peut aussi en tant que bénévole dans une association leur venir en aide. Notre existence est réellement plus riche, notre horizon élargi et notre communauté renforcée dès lors que l'on s'ouvre à d'autres cultures et à d'autres vies que la nôtre.

Parallèlement au changement culturel, il faut améliorer l'accueil des migrants.

On peut commencer par s'opposer au traitement inhumain qui leur est infligé dans les centres de rétention. En 2019, la Haut-Commissaire aux droits de l'homme des Nations unies, Michelle Bachelet, a été choquée par ce qu'elle a vu à la frontière mexicaine. « Dans la plupart des cas, a-t-elle dit, ces réfugiés ont entrepris un voyage risqué avec leurs enfants pour fuir la violence et la faim, dans l'espoir de trouver une protection et un peu de dignité. Lorsqu'ils se croient enfin en sécurité, ils risquent d'être séparés de leurs proches et enfermés dans des conditions abjectes. Cela ne devrait arriver nulle part. » Elle a conclu en disant que la détention d'enfants migrants constitue potentiellement un traitement cruel, inhumain ou dégradant interdit par la loi internationale. Donc, s'il vous plaît, insistez auprès de vos élus pour que les familles ne soient pas séparées et que les migrants soient traités correctement – tout comme vous aimeriez être traité si les circonstances vous forçaient à fuir votre pays.

Dans ce livre, je conseille de ne plus mettre votre argent dans les entreprises et les banques qui financent l'industrie fossile : cela vaut tout autant pour les centres de rétention. Assurez-vous que votre banque, votre plan d'épargne retraite, votre caisse de retraite et tout autre investissement sur lequel vous pouvez influer ne financent aucune société impliquée de près ou de loin dans ces centres pour migrants.

De nombreuses campagnes visent à améliorer la politique migratoire américaine. La meilleure pour commencer est celle du mouvement de jeunes United We Dream, qui propose des outils aux éducateurs et à ceux qui veulent faire de leur ville une ville sanctuaire et accompagner les nouveaux arrivants. L'ONG Raices fournit une aide judiciaire gratuite et des services sociaux aux migrants, ainsi qu'un programme dédié aux mineurs en détention. Si mon enfant était derrière les barreaux, je serais heureuse que des gens lui viennent en aide ; dans ce cas, les gens, c'est nous. Le collectif Migrant Justice/Justicia Migrante mène des campagnes pour soutenir les travailleurs migrants, stopper les expulsions et libérer les prisonniers en centre de rétention. Enfin, les groupes présents à ce Vendredi Alerte Incendie mènent aussi des campagnes et ont besoin de dons ainsi que de bénévoles : GreenFaith, Resilience Force, New Sanctuary Coalition, Church World Service et Presente.org.

En France, les associations présentes sur ce front sont par exemple Amnesty International : https://www.amnesty.fr/, La Cimade : https://www.lacimade.org/, ou encore Médecins du monde : https://www.medecinsdumonde.org/fr et Oxfam France : https://www.oxfamfrance.org/.

12

LES EMPLOIS ET UNE TRANSITION JUSTE

J'AI DÉJÀ ÉVOQUÉ CE SUJET dans le chapitre sur le Green New Deal, mais comme il est essentiel, nous décidons de lui consacrer la conférence et le rassemblement des 12 et 13 décembre.

Lorsque les écologistes qui soutiennent le GND parlent de sortir de l'énergie fossile pour aller vers un avenir durable, ils insistent toujours sur l'idée d'une transition juste pour la main-d'œuvre et les populations dont la vie va être directement impactée. Mais une bonne partie du public ne comprend pas ce qu'on veut dire par là, ni pourquoi c'est essentiel, alors je vais être très concrète.

Aux États-Unis, un employé de l'industrie fossile peut toucher un salaire allant de 48 000 dollars à 125 000 dollars par an – s'il est syndiqué –, avec des avantages, une bonne retraite et une convention collective. En comparaison, la plupart des postes dans le secteur de l'énergie renouvelable ne sont pas syndiqués, et ils rapportent beaucoup moins. Peut-on vraiment attendre de quelqu'un rémunéré 125 000 dollars par an qu'il se contente d'installer des panneaux solaires et des fenêtres triple vitrage pour vingt-cinq dollars de l'heure sans avantages et sans convention collective ? Non. Nous devons faire en sorte que, le jour où il quitte l'industrie qui lui a permis de subvenir aux besoins de sa famille et d'acheter une maison dans un bon quartier, il puisse continuer à toucher un salaire, bénéficier d'avantages et d'une retraite comparables. La sortie de l'industrie fossile est inévitable ; ce qui n'est pas gagné, c'est d'effectuer une transition juste. À nous de jouer. Si ensemble nous nous retroussons les manches, la sortie de l'énergie fossile n'oubliera personne et tout le monde en ressortira en meilleure santé, plus résilient et plus heureux.

Pour avoir une idée d'une mauvaise transition, il suffit de prendre le cas des mines de charbon aux États-Unis. Celles-ci ferment les unes après les autres, leurs propriétaires se déclarant souvent en faillite et refusant de payer les arriérés ; sans parler d'une couverture santé, alors qu'un grand nombre de mineurs souffrent de maladies professionnelles telles que la silicose. Ce mépris terrible pour les salariés se solde par le genre de désespoir qui a conduit à la récente crise des opioïdes.

Quant aux transitions chaotiques qui nous ont été imposées par la mondialisation, les traités commerciaux ou le progrès technologique, les travailleurs concernés n'y ont gagné ni meilleurs salaires ni retraites, mais insécurité et colère. Pas étonnant qu'ils soient autant à s'inquiéter de ce qu'une sortie de l'industrie fossile va signifier pour eux.

Ce qu'on doit obtenir, ce que le GND appelle de ses vœux, c'est un engagement solennel de l'État fédéral à impliquer les syndicats, aux travailleurs et aux communautés dans les décisions concernant la transition vers le renouvelable ; à payer les travailleurs le temps qu'ils soient formés aux nouveaux postes, qui seront assortis de salaires fixés par convention collective et d'avantages corrects ; enfin, à autoriser ceux qui sont trop âgés pour changer de carrière à prendre leur retraite dignement.

Il ne faut pas croire qu'un emploi « vert » est forcément vertueux pour celui ou celle qui le décroche. Sans réglementation, l'industrie du renouvelable est parfaitement capable d'emprunter la même voie raciste, antidémocratique, destructrice envers les communautés et les travailleurs que l'industrie fossile. Une entreprise de panneaux solaires,

Bright Power, a licencié des employés le jour où ils ont voulu créer un syndicat. Tesla, compagnie star de la voiture électrique, a enfreint le code du travail à de multiples reprises. Au Mexique, dans la région de l'isthme de Tehuantepec, deux mille éoliennes ont été construites et trois mille de plus sont prévues. D'un strict point de vue environnemental, cela ressemble à un succès, mais c'est loin d'en être un pour les habitants. En violation des droits internationaux, ils n'ont pas été consultés. Les compagnies à l'origine du projet ont ignoré les élus du territoire, signé des contrats avec les petits propriétaires terriens et graissé la patte aux chefs locaux. Le pire étant que pratiquement toute l'électricité produite profite à des sociétés privées étrangères, comme le géant américain Walmart. Les citoyens subissent les inconvénients de ces implantations et n'en retirent aucun avantage. Manifestement, l'industrie verte est tout à fait capable de reproduire les pratiques pour le moins contestables de l'industrie fossile.

Pour éviter ce piège et garantir une transition juste, le secteur du renouvelable ne doit pas demeurer entre les mains d'une poignée d'entreprises, comme on commence à le voir. D'ores et déjà, cinq fabricants d'éoliennes possèdent à eux seuls plus de la moitié des parts de marché mondiales. Actuellement, la majorité des abus ont lieu en Amérique du Sud et centrale, en Asie du Sud-Est, en Afrique de l'Est et en République démocratique du Congo, d'où vient 60 % du cobalt servant à fabriquer les batteries électriques et extrait dans des conditions moralement inacceptables, notamment par des enfants.

Le renouvelable se situe même au troisième rang des secteurs les plus dangereux pour les peuples défendant leurs terres. Seules l'extraction minière et l'agro-industrie font pire.

Et puis il y a l'Europe, où certaines entreprises ont commencé à délocaliser vers les pays où la main-d'œuvre est moins chère, mettant au chômage de plus en plus d'ouvriers de l'industrie renouvelable. Gonzalo Díez, secrétaire du plus grand syndicat espagnol, le CCOO, a déclaré : « L'Europe doit mettre des mesures en place et exiger de la part de ces entreprises un engagement qui aille au-delà du simple argument environnemental. » Sans ça, avertissent les syndicats, l'objectif d'une transition juste contenu dans l'accord de Paris est compromis.

Les Américains doivent en faire autant. Il ne faut pas hésiter à demander des comptes aux fournisseurs d'énergie sur leurs activités et leur impact sur les communautés locales, chez nous et dans le monde. Pour l'Organisation internationale du travail, le développement durable intègre trois principes : l'économique, le social et l'environnemental. Une entreprise qui se vante d'être « durable » doit respecter les trois.

À mesure que nous nous dirigeons vers une économie verte, des millions d'offres d'emploi vont venir s'ajouter à celles de l'industrie renouvelable. Il faudra des ouvriers pour développer les transports en commun, rénover les canalisations, moderniser le réseau électrique, construire des infrastructures mieux adaptées au climat, reconstruire après des phénomènes climatiques extrêmes – tout un vivier d'emplois dignes de ce nom, à même de subvenir aux besoins des familles et de la planète.

Si les États-Unis instaurent une norme en ratifiant le Green New Deal et son mandat fédéral, imposant une transition juste aux gouvernants, il y a des chances pour que d'autres pays leur emboîtent le pas. La mobilisation serait d'une ampleur comparable au New Deal des années 1930, pour cette fois combattre les inégalités économiques et le dérèglement climatique dans le même temps.

Il est encourageant de voir que d'ores et déjà des responsables politiques de villes et d'États tendent la main aux écologistes et aux syndicats pour élaborer un plan concret de transition juste en zone rurale et urbaine. Par exemple, la Clean Jobs Coalition de l'Illinois a invité les partenaires sociaux à rédiger conjointement un projet de loi (le Clean Energy Jobs Act de 2020), lequel repose sur la création de postes ainsi que sur le principe d'égalité, et prévoit d'accompagner les communautés qui vont subir les conséquences de la sortie de l'énergie fossile et du nucléaire. À l'heure où j'écrivais, le texte était peaufiné en attendant d'être soumis au vote courant 2021.

Au Colorado, une coalition de syndicats et d'écologistes s'est si bien mobilisée qu'elle a réussi à faire voter une loi créant le « Bureau de la transition juste » au sein du ministère du Travail de l'État, chargé de concevoir un plan équitable pour les ouvriers perdant leur emploi dans l'exploitation minière et l'industrie fossile.

Enfin, le gouverneur du Maine, avec la participation active des syndicats, a ratifié une version locale du Green New Deal qui va permettre de développer massivement l'industrie renouvelable dans cet État.

LA CONFÉRENCE

À la conférénce du jeudi, la salle de conférences est pleine de jeunes membres de Fridays for Future, le mouvement inspiré par Greta Thunberg. Certains viennent de New York, d'autres de Washington. J'ai pu les rencontrer dans l'après-midi et j'ai été impressionnée par leur courage et leur jugeote. Parmi eux, certains font grève pour le climat tous les vendredis depuis un an. Ils ont tous dessiné des yeux grands ouverts sur les paumes de leurs mains, comme les étudiants qui ont fait le voyage à Madrid pour la COP25. Greta vient d'y prononcer un discours. Les yeux sont un signal envoyé par la jeunesse mondiale : « Messieurs les dirigeants, on vous regarde. Vous avez intérêt à conclure cette conférence par des actes audacieux, pas juste du bla-bla. » Malheureusement, la COP25 s'est soldée par l'absence de résolutions fortes.

Mes trois invités ont chacun un point de vue unique sur le sujet de cette semaine-là. Samantha Smith débarque de Norvège, où elle dirige le Centre de la transition juste, au sein de la Confédération syndicale internationale. Elle représente un mouvement mondial qui aide les syndicats et leurs alliés à promouvoir concrètement une transition juste.

Michael Leon Guerrero est directeur exécutif de l'association Labor Network for Sustainability ; ex-coordinateur national du collectif Climate Justice Alliance, il est très impliqué dans les mouvements syndicaliste et écologiste américains.

Enfin, mon amie Winona LaDuke est la cofondatrice de Honor the Earth ; économiste en développement rural, elle cultive du chanvre industriel sur des terres tribales ojibwe, dans le nord du Minnesota. Elle insiste tout au long de la conversation sur l'importance d'un développement adapté aux régions et aux écosystèmes, y compris en faisant revivre cette industrie textile américaine qui prospérait avant d'être délocalisée.

Je commence en demandant à Samantha de nous donner sa vision d'une transition juste.

« Dans une transition juste, répond-elle, tous les emplois, en particulier verts, sont de bons emplois. Pas seulement les nouveaux, qui pourraient attirer les ex-ouvriers du fossile, mais tous les emplois. Chaque travailleur devrait avoir des droits, comme celui de créer un syndicat. Chacun devrait gagner correctement sa vie. Chacun devrait avoir une couverture santé. Chacun devrait pouvoir bénéficier d'une retraite digne. Et ça vaut aussi pour les jobs dans le solaire, si vous travaillez dans une usine Tesla ou si vous construisez des éoliennes en mer.

« L'autre facette d'une transition juste, c'est que parmi les secteurs émetteurs de CO_2 – l'énergie fossile, l'exploitation minière, l'électricité, l'acier, l'automobile, le transport –, certains vont devoir évoluer massivement mais d'autres sont condamnés à plus ou moins long terme. L'emploi dans ces secteurs va changer, beaucoup changer. Pour ceux qui y travaillent actuellement, une transition juste apporte une solution adaptée à chacun. Les plus âgés pourraient préparer leur départ à la retraite. Les plus jeunes pourraient se reconvertir, grâce à une formation qui les mènera à un bon emploi, comparable en termes de salaire. Tout le monde aurait accès à ce qu'on appelle en Europe la protection sociale, c'est-à-dire une couverture santé et une allocation en cas de perte de revenus. Personne ne devrait rester sur le carreau.

« Dernier point, le travailleur fait partie d'une communauté. Et une part importante de la transition juste est la reconversion locale, pour qu'un salarié d'un secteur voué à disparaître puisse retrouver un poste là où il habite. Les gens n'ont pas à être mobiles ; ils devraient rester là où ils ont leur vie. C'est comme ça qu'ils aideront à bâtir la nouvelle économie bas carbone dont on a tant besoin. »

Michael prend la parole. « Je tiens d'abord à vous remercier d'aborder ce sujet très important. En toute franchise, je pense que c'est sans doute le plus grand défi à relever. Je m'explique. Il existe une prétendue dichotomie entre emplois et environnement, qui est fausse en réalité. Ce qui est bien réel, ce sont les tensions entre le mouvement syndical et celui pour le climat. Si on ne surmonte pas nos divisions, sincèrement je crois qu'on n'arrivera pas à faire voter toutes ces lois nécessaires comme le Green New Deal. Et je crois qu'on n'obtiendra pas le Green New Deal sans le mouvement syndical. Il y a douze millions de syndiqués aux États-Unis, plus leurs familles. C'est une force sociale gigantesque. Et elle va être cruciale. Franklin Roosevelt l'avait compris avec son New Deal. Ce n'était pas tant un programme d'aides sociales qu'une promesse d'émancipation. En plus de créer huit millions d'emplois, Roosevelt et le Congrès ont passé des lois donnant des droits aux travailleurs, comme le National Labor Relations Act. Pourquoi ? Parce que Roosevelt avait compris que pour remporter l'adhésion, pour défendre son projet et le faire appliquer, il devait le déléguer, le remettre entre les mains du peuple. Pour cela, le peuple devait s'organiser, donc se syndiquer. Et c'est ce qu'il a fait, et le mouvement syndical a explosé à cette période-là. Cerise sur le gateau : les inégalités salariales étaient au plus bas après le New Deal.

> « Tout le monde devrait avoir accès à ce qu'on appelle en Europe la protection sociale, c'est-à-dire une couverture santé et une allocation en cas de perte de revenus. Personne ne devrait rester sur le carreau. »

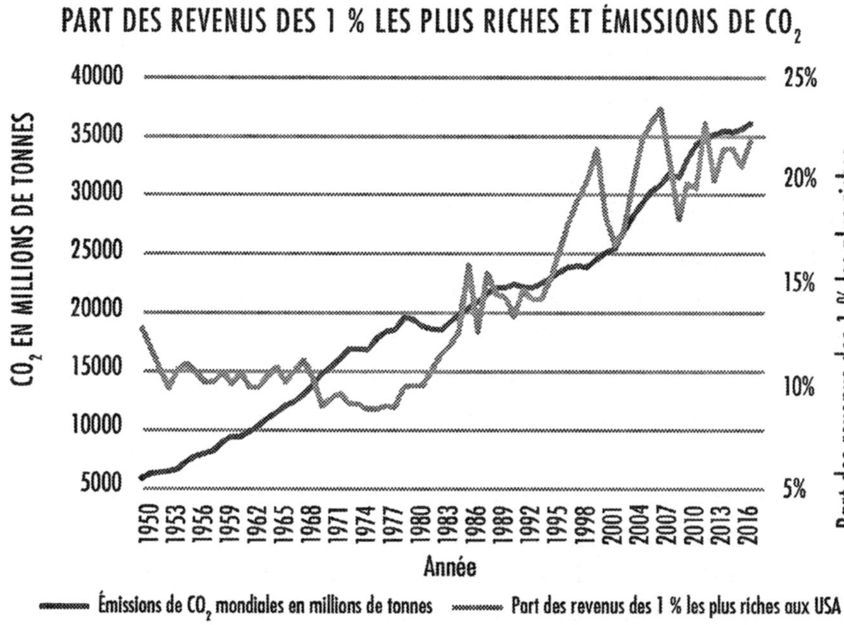

Source : graphique réalisé par Todd E. Vachon, de l'école de management et des relations de travail à l'université Rutgers. Source des statistiques : Statistiques historiques des États-Unis, unionstats.com, Saez (2020) ; Global Carbon Project : centre d'analyse et d'information sur le dioxyde de carbone.

« Depuis, on va dans la direction opposée. Le fossé actuel entre les plus riches et nous n'a peut-être jamais été aussi grand. Et le capital a fait tout ce qu'il pouvait pour revenir sur les acquis sociaux et redistribuer les richesses au sommet. Un rapport récent, publié par l'Institut des politiques économiques, montre que 340 millions de dollars sont dépensés chaque année par les employeurs pour combattre les campagnes de syndicalisation aux États-Unis. Plus de 40 % de ces actions ont été déclarées contraires à la loi. Voilà le genre d'adversaires qu'on a. Et ce n'est pas un hasard non plus si dans les cinquante dernières années – depuis que Lyndon Johnson a reconnu dans un discours au Congrès que le climat allait être affecté par les émissions de CO_2 – les inégalités salariales ont augmenté au même rythme que le CO_2. Le graphique de la page précédente compare les deux. Le Green New Deal doit donner les moyens aux travailleurs de le soutenir, de le défendre, de le faire appliquer et de le bâtir.

« Il n'y a pas d'autre voie, si on veut une économie protectrice du climat, une transition juste. Malheureusement, aux États-Unis, on a davantage d'exemples de mauvaises transitions que de bonnes.

« On est allé voir les mineurs de charbon en Pennsylvanie. Ils nous ont dit : "Écoutez, on a déjà vécu ça trois fois. Chaque fois, cinq cents ouvriers se sont fait virer. On a fait ce qu'il fallait, on est passés par la formation professionnelle, et au bout il n'y avait pas de nouveaux jobs, ou on ne nous en proposait que des nuls." Cette histoire, on l'entend tous les jours. Seule solution : que les travailleurs, les syndicats et les communautés soient présents à la table des négociations, non seulement pour imaginer les futures politiques, mais pour les mettre en œuvre. Ils ne doivent pas en être exclus, car chaque communauté est particulière. Il n'existe pas de solutions standard.

– C'est vrai, renchérit Winona. On ne peut pas avoir une seule approche du problème. Notre monde est fait d'écosystèmes, donc, une économie verte, ça veut dire une réponse différente selon les lieux et les besoins. J'ai la conviction que la réponse va devoir être beaucoup plus locale. Il faut générer moins de déplacements, être plus efficaces. Et je suis favorable au développement des économies régionales.

APPARTENANCE À UN SYNDICAT ET PART DES REVENUS DES 10 % LES PLUS RICHES (USA, 1918-2018)

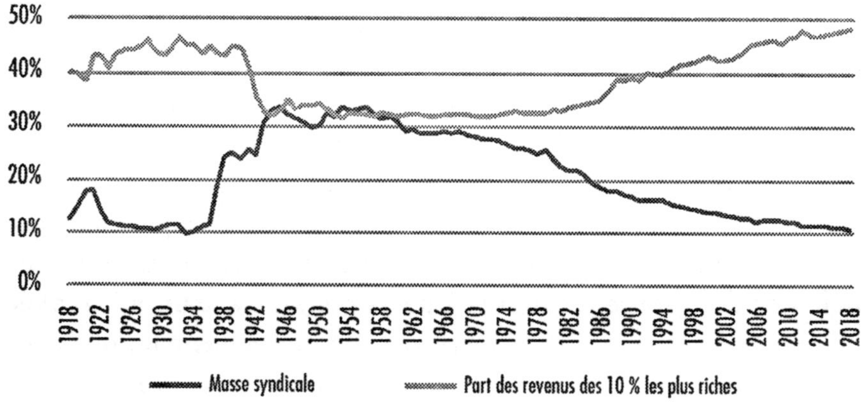

Source : Graphique réalisé par Todd E. Vachon, de l'école de management et des relations de travail à l'université Rutgers. Source des statistiques : Statistiques historiques des États-Unis, unionstats.com, Saez (2020) ; Global Carbon Project : centre d'analyse et d'information sur le dioxyde de carbone.

– On peut être créatifs, confirme Michael. Pas besoin d'avoir le même modèle partout. Beaucoup de solutions existent déjà au niveau local. Et si on donne aux gens et aux communautés les moyens d'agir, le potentiel est énorme, et ça vaut aussi pour le secteur industriel. Je discutais avec un mécanicien de bus à San Jose, en Californie. Il m'a dit : "On est passés des bus diesel aux hybrides, et maintenant aux bus électriques, tout ça en l'espace de dix ans. Pour les bus hybrides, on en a reçu cinq, et aucune pièce de rechange. Alors on a décidé d'en garder un pour nous, et on l'a démonté au fur et à mesure des besoins en pièces détachées. Ensuite, j'ai formé les collègues." Voilà un autre exemple qui prouve que si on n'implique pas les travailleurs, qui ont une connaissance concrète des problèmes et savent les régler, on va s'y prendre mal, et c'est pour ça que cette transition leur appartient.

« J'aimerais dire un mot sur la démocratie et la façon de convaincre l'opinion publique de l'intérêt de la transition, rebondit Samantha. Car la société doit accepter la transition dans les démocraties. Elle doit consentir au changement.

« Prenons l'exemple de l'Allemagne, qui a su mener à bien sa transition dans le secteur du charbon. L'Allemagne est un grand pays. On y brûle beaucoup de charbon. Mais les habitants veulent aussi agir pour le climat. Les syndicats l'ont bien compris, et ce sont eux qui ont poussé le gouvernement à créer une commission pour s'attaquer au problème politique de la sortie progressive du charbon, un secteur qui emploie beaucoup de monde. Des associations environnementales ont aussi mis la pression, résultat : le gouvernement a ouvert le dialogue entre employeurs et syndicats, élus locaux et fédéraux. Et en 2019, ils ont trouvé un accord pour sortir complètement du charbon d'ici à 2038 au plus tard et proposer une transition juste à chaque ouvrier du secteur.

« Serait-il impossible de convaincre des mineurs de soutenir une sortie progressive du charbon ? C'est pourtant ce qui s'est passé, non ? Entre vingt et trente mille hommes travaillent encore dans les mines et les centrales, et c'est pour eux que les syndicats ont négocié une transition juste.

« Le processus a été long. Mais ce qui a fait pencher la balance, pour les mineurs, c'est que personne ne sera oublié. Personne ne sera licencié. Les plus âgés seront pris en charge, ils auront droit à une période de transition avant de prendre leur retraite. Comme les autres, ils ont une couverture santé. Les jeunes bénéficieront d'une formation tout en travaillant, formation qu'ils n'auront pas à payer. Puis on leur proposera un poste. Si le salaire est moindre, on leur versera une prime pour compenser la perte de revenus.

« Grâce à cet accord, les mineurs allemands vont pouvoir changer de métier. Beaucoup resteront dans le secteur de l'énergie, mais ils feront du renouvelable. Et les régions où ils vivent – comme l'ex-RDA, désindustrialisée après la réunification – recevront 40 milliards d'euros de subventions fédérales sur vingt ans pour développer des infrastructures vertes telles que le train à grande vitesse et l'Internet à haut débit, des infrastructures douces, type écoles et hôpitaux, ainsi que d'autres projets créateurs d'emplois qui donneront envie d'y rester.

« C'est le type de processus qu'on voit le plus au Centre de la transition juste. On collabore essentiellement avec les syndicats des secteurs qui émettent le plus de CO_2, charbon, nucléaire, exploitation minière, automobile, acier, transport, bâtiment. Les travailleurs de ces secteurs sont comme tout le monde, ils comprennent que le climat se dérègle et que le changement est proche. Ce qui leur manque, ce sont des passerelles vers des emplois bas carbone intéressants. Ils accepteront la transition le jour où on leur proposera de nouveaux postes attractifs, voire meilleurs que leurs postes actuels.

« Une transition juste exige d'inviter tout le monde autour de la table, syndicats, employeurs et gouvernement. Dans ce genre de négociations, ce sont les travailleurs qui jouent leur avenir. Et cet avenir doit être concret pour qu'ils aient confiance. Si vous êtes ouvrier dans l'industrie, vous voulez sans doute continuer à l'être. Vous seriez ravi d'acquérir d'autres compétences, de décrocher un meilleur job, avec idéalement un meilleur salaire, d'avoir de nouvelles perspectives dans une économie verte, mais vous devez voir formulés noir sur blanc les étapes et les engagements.

« Un dernier point sur l'Allemagne, conclut Samantha. Le gouvernement fédéral est important. Il soutient les accords entre travailleurs et régions. Le parlement allemand a fait passer toutes les lois, réglementations et tous les budgets nécessaires pour les concrétiser. Mais le plus crucial, selon moi, c'est que les syndicats de mineurs et d'ouvriers étaient présents du début à la fin des négociations, alors même qu'on parlait de supprimer les postes de certains de leurs membres. Et dès qu'ils ont signé, ils ont quitté la salle de réunion pour aller retrouver les travailleurs et les familiariser avec cet accord. Donc oui, ils étaient impliqués, parce qu'ils savaient que c'était le meilleur accord possible pour leurs membres et les régions où ils vivent. Je dois dire que c'est un très, très bon accord, pour tout le monde. »

Je demande à Michael s'il souhaite ajouter quelque chose. « Je voudrais citer un exemple aux USA, dit-il. Le Colorado a créé un Bureau de la transition juste, le premier de son genre dans ce pays, et c'est déterminant. En ce moment il se concentre sur les régions minières, mais il est déterminant car une de ses premières initiatives a été d'anticiper, bien en amont, les problèmes qui se présenteront. Si les programmes de transition ne marchent pas aux États-Unis, c'est en grande partie parce qu'ils interviennent en bout de chaîne. Une usine ferme, ou un accord de libre-échange est voté, et des salariés se retrouvent au chômage. Quand on en arrive là, c'est qu'on a pris le problème à l'envers. Ce bureau de la transition juste, qui pour faire court repère les meilleurs moyens de gérer les transformations que l'économie américaine subit déjà, c'est une idée à développer, vraiment. L'anticipation sera primordiale à l'avenir. »

Nos spectateurs sont comme moi, pleins de questions ! Naomi, de Washington, aimerait savoir en quoi le GND sera plus équitable que le New Deal de Roosevelt.

Samantha lui répond : « Ce qui se passe en ce moment avec l'apprentissage dans le bâtiment peut en être une bonne illustration. Un certain nombre de places sont réservées aux femmes, aux minorités, à tous les exclus de l'économie, en gros. Par exemple au Canada, ces places sont plutôt réservées aux nouveaux citoyens, aux immigrés. Eh bien, ça peut être une piste si un jour on a un vaste programme de construction d'infrastructures. Vous formez des travailleurs alors qu'ils sont en poste. Et quand ils auront acquis ces nouvelles compétences, ils pourront décrocher un autre travail où elles sont recherchées. C'est très efficace. »

Eric, de Californie, demande si les syndicats soutiennent le GND.

Michael répond : « D'abord, il n'existe pas un mais des Green New Deal, en fait. Je crois que les syndicats se préoccupent surtout de la protection des droits des travailleurs dans toutes ces différentes versions du GND.

« Plusieurs résolutions ont déjà été votées par des comités centraux d'entreprises et des syndicats. La plus importante est sans doute celle votée par le syndicat international des employés du secteur des services, un des premiers à se lancer. Il y a aussi l'association des stewards et hôtesses de l'air, le syndicat des employés de la communication, l'union des travailleurs de l'électricité et quelques fédérations d'État. Par contre, le message qu'un certain nombre d'entre eux nous envoient, c'est qu'ils soutiennent l'idée d'un Green New Deal mais pas nécessairement la résolution portée par Alexandria Ocasio-Cortez et Edward Markey. »

Samantha ajoute : « Beaucoup de syndicats n'ont rien contre le GND, seulement, ils veulent participer à son élaboration. Pour l'instant, on en est au stade de la résolution, du principe. C'est facile de se comprendre de travers quand on n'en est qu'aux généralités. En revanche, quand vous proposez des idées concrètes pour l'emploi, la couverture santé et la retraite, ça marche. Si vous demandez aux travailleurs : "Que diriez-vous de construire des écoles, des routes, des éoliennes ou d'autres choses, avec le même salaire et dans les mêmes conditions qu'aujourd'hui, voire mieux ?", ils seront pour. »

Winona donne un autre exemple : « Un des grands dangers des raffineries est l'acide fluorhydrique, mais les ouvriers ne tiennent pas spécialement à travailler dans ces conditions. Admettons que vous alliez voir ceux de la raffinerie Husky à Superior, dans le Wisconsin – ils savent très bien qu'ils courent le risque de mourir dans une explosion –, et que vous leur disiez : "Et si on vous sortait de là et qu'on vous trouvait un job moins toxique?" Je parie que la plupart accepteraient sur-le-champ. Ils veulent la sécurité de l'emploi mais ils ne sont pas mariés pour autant à l'acide fluorhydrique. »

Wendy, du Nebraska, aimerait savoir si l'on connaît déjà des exemples de salariés qui ont réussi à quitter l'industrie fossile pour un métier dans l'économie verte.

« Oui, affirme Samantha. Il y en a aux États-Unis, et dans d'autres pays. Je viens de Norvège, où la production des entreprises publiques représente 60 % du PIB. Aujourd'hui, nos compagnies pétrolières et d'énergie investissent une bonne partie de leurs ressources dans l'éolien marin. Au Danemark, une entreprise de service public s'est débarrassée de tous ses actifs en charbon et en gaz et est devenue le premier constructeur de parcs éoliens marins au monde. Ils ont prévu d'installer des éoliennes au large de la côte Est, d'ailleurs. À l'échelle d'une ville, on a des exemples d'ouvriers qui passent d'une usine fabriquant un genre de tuyau à une autre fabriquant la version écologique du même tuyau ; ou de chauffeurs de bus diesel qui passent à l'électrique. Les exemples ne manquent pas. La seule chose, c'est que le mouvement doit s'accélérer, s'amplifier très vite, et surtout, il faut qu'il n'y ait aucun laissé-pour-compte. »

Franck, de l'Ohio, aimerait qu'on lui cite des exemples d'emplois bas carbone auxquels les ouvriers pourraient être formés.

« Eh bien, lui répond Michael, la corporation internationale des électriciens a une très bonne offre d'apprentissage en Californie et à New York. Le Massachusetts, aussi. En Californie, vous pouvez faire carrière dans l'installation de panneaux solaires pour 75 000 dollars par an, pas mal non ? C'est super, tous ces outils dont les syndicats disposent pour former aux métiers de la plomberie, de l'électricité, etc. Et il y a un vrai job à la clé. On aura besoin de bornes de recharge partout le jour où les véhicules électriques se généraliseront. En fait, on trouve une très bonne illustration de tout cela à Los Angeles, c'est la campagne Jobs to Move America. Ils font un travail formidable en vérifiant que la fabrication des trains et des bus électriques se fait bien ici, aux États-Unis. La section 675 du syndicat des Sidérurgistes unis représente des ouvriers de raffineries dans le sud de la Californie, et ils viennent de s'implanter dans une usine Proterra, qui construit des bus électriques. Ils sont lucides, ils savent qu'il n'y a pas d'avenir dans le fossile. Du coup ils s'intéressent à d'autres secteurs, encore peu syndiqués, pour inciter les travailleurs à s'impliquer. »

LE RASSEMBLEMENT

Le lendemain, le Vendredi Alerte Incendie se déroule par moins un degré et sous une pluie battante mais le public est là, et il est motivé. Quel plaisir de voir Sally Field, toute menue, arriver en compagnie de la sculpturale Winona, qui doit bien faire trente centimètres de plus. Elles sont tellement absorbées par leur conversation qu'elles restent cantonnées à l'arrière, et je dois les faire escorter vers l'avant, près des caméras et des appareils photo. Nous montons sur scène, abrités par des parapluies que nous tiennent gentiment des manifestants. Tout autour se tiennent des jeunes de Washington et de Baltimore.

La première intervenante, Kristin Taylor, enseigne depuis treize ans au collège public Hamilton de Baltimore. Elle est rejointe par ses élèves de cinquième.

Elle souhaite d'abord attirer l'attention sur eux : « C'est pour ces enfants debout derrière moi, et pour les autres assis dans d'innombrables classes du pays, que nous avons la responsabilité d'affronter la réalité de la crise climatique. Ils ne méritent pas d'avoir à résoudre un problème créé par la génération précédente, mais ils sont prêts à aider pour limiter la casse. Ce n'est pas seulement votre maison. C'est aussi la leur. Le temps presse, il faut cesser de prétendre que tout va bien. Nous réclamons des actes maintenant.

« La crise climatique exige une réponse urgente, ambitieuse et audacieuse. Les enseignants font leur part, comme toujours, mais les autres, comme les politiciens, doivent faire leur travail aussi. Le nôtre, c'est d'éduquer et de donner toutes les chances à nos élèves. Quand les États-Unis ont été confrontés à une grave crise économique il y a quatre-vingt-dix ans, la réponse a été d'investir massivement pour créer des emplois et sauver les gens de la misère. Je veux parler du New Deal. En tant que prof d'histoire, j'ai du mal à ignorer que l'histoire, justement, est en train de se répéter. Notre pays et la planète font face à la pire crise de toutes. C'est à la fois une crise du climat, et des inégalités toujours plus criantes. On ne peut pas traiter l'une sans traiter l'autre, et c'est exactement la philosophie du Green New Deal. Avec la transition vers le renouvelable, et plus généralement des pratiques de travail plus propres, non seulement la planète aura une chance de survivre mais notre économie aussi.

« Je suis ici en tant qu'enseignante du public, et en tant que femme active. Au collège, profs comme assistants, infirmiers et membres de l'administration, nous sommes tous des travailleurs, des Baltimoriens et des parents qui se préoccupent beaucoup du changement climatique, de l'avenir du monde du travail et de l'avenir tout court de nos enfants et petits-enfants. Notre tâche est plus essentielle que jamais car nous avons la responsabilité de développer l'esprit critique des élèves, de les aider à devenir des membres actifs de leur communauté, de jeunes adultes responsables et des citoyens productifs de la société. »

Tanaya, membre du club de justice sociale du collège Hamilton, ajoute : « Je fais partie de la nouvelle génération, et il est important que les profs et les parents nous écoutent et nous permettent de nous exprimer aussi. Quand on est enfant, on a envie de faire des choses extraordinaires plus tard. Mais ces rêves seront peut-être plus durs à réaliser à cause de la crise environnementale. Les hommes politiques doivent nous écouter, parce que notre avenir dépend de leur volonté à voter la transition vers le renouvelable. »

Ensuite c'est au tour de Sally Field de s'adresser au public, en tant que grand-mère mais aussi actrice oscarisée pour son rôle dans *Norma Rae*, un film de genre racontant l'histoire d'une ouvrière qui monte un syndicat dans son usine textile.

« J'ai eu la chance de jouer dans un film intitulé *Norma Rae*. Il est inspiré d'une héroïne qui a existé, Crystal Lee Sutton, une militante, une syndicaliste qui s'est battue pour ses collègues blancs, noirs et latinos, afin de changer les pratiques dans les usines textiles, dans toute l'industrie textile. Et elle les a changées, elle y est arrivée. Mais le jour où son usine a dû verser aux employés un meilleur salaire, légèrement plus que le minimum, et leur donner de meilleures conditions de travail, la direction a préféré mettre la clé sous la porte et partir s'implanter ailleurs, carrément dans un autre pays, où elle a pu payer ses nouveaux ouvriers une bouchée de pain et les traiter plus abominablement encore, tout ça pour empocher plus d'argent. Ils ont décimé de nombreuses communautés comme celles de Norma Rae ou de Crystal Lee Sutton, parce que le concept de transition juste n'avait pas encore été inventé.

« C'est la raison qui nous amène là aujourd'hui, pour parler de ça. D'acteurs de cette transition qui trouvent un meilleur travail, plus écologique, dans une entreprise qui les soutient en les payant plus que le salaire minimum. Cela existe déjà. Ce n'est pas utopique. Ce ne sont pas des plans sur la comète. Mais ce qu'il faut, maintenant, c'est que tout le monde sorte de sa zone de confort et se mette à crier ! » Sally montre le Capitole derrière nous.

« Si les responsables n'écoutent pas parce qu'ils sont trop occupés à se battre entre eux, si on ne peut pas les forcer à écouter et à se bouger, alors prenez les choses en main. Merci à tous d'être venus. Je suis trempée, je suis frigorifiée, mais je suis vachement fière d'être là ! Merci. »

C'est au tour de Clint Sobratti, chauffeur de bus du comté de Montgomery (Maryland), de prendre la parole. Il est délégué syndical, membre du comité local de négociation, cofondateur d'un comité écologique et membre du groupe pour le climat à la section 1994 de l'UFCW, le syndicat des Travailleurs unis de l'alimentation et du commerce.

« Merci de parler des travailleurs à votre rassemblement d'aujourd'hui. Les travailleurs américains veulent bien être des soldats dans le combat pour la transition vers le renouvelable, mais pas être cantonnés à l'arrière du champ de bataille, blessés et luttant pour survivre. Dans mon syndicat, nous sommes en train de formuler des revendications qui s'attaqueront au problème climatique et aideront directement nos membres. Nous négocions pour nous, pour nos familles, et dans l'intérêt commun. Mais ne nous voilons pas la face, cette crise est si énorme qu'on ne pourra pas la régler au cas par cas.

« J'aimerais vous parler de mon métier de chauffeur de bus et vous dire comment il m'a appris la justice sociale. Quand j'ai débuté, j'ai pris conscience que je ne conduisais plus pour moi. J'avais la responsabilité de mes passagers, mais aussi des piétons, des cyclistes et des autres véhicules. C'est une responsabilité que mes collègues et moi prenons très, très au sérieux. Des vies humaines sont entre nos mains chaque jour. Nos bus sont un lieu d'accueil pour les migrants, les Noirs et les Latinos, les jeunes et les vieux, les handicapés et les valides, les riches et les pauvres. Un chauffeur s'assure que tous ses passagers soient en sécurité et respectés. Voilà ce que c'est, la démocratie. Notre régie des transports améliore la vie de beaucoup de monde.

« Imaginez un peu ce que ça changerait si on avait un système de trains et de bus subventionné à cent pour cent dans tout le pays ! Je sais aussi qu'on joue un rôle dans la protection de la planète. La plupart des chauffeurs ne se voient sans doute pas comme des écolos, et pourtant on l'est. Quand on prend le bus, quand vous prenez le bus au lieu d'être seul en voiture, vous contribuez à réduire les émissions de CO_2. Plus vite on remplacera le parc diesel par des bus à zéro émission carbone, mieux ce sera. Je soutiens le passage au zéro carbone, mais je tiens aussi à dire que l'équité et la justice passent par la protection de tous les travailleurs. La technologie change sans arrêt. Ça signifie que les techniciens qui entretiennent les bus doivent être formés. La transition fait des gagnants, mais elle peut aussi faire des perdants. À l'heure où on travaille tous pour une société équitable et en meilleure santé, il ne faut oublier personne. »

Joe Uehlein est l'intervenant suivant. Président-fondateur de l'association Labor Network for Sustainability et du projet Voices for a Sustainable Future, il mobilise, négocie et trouve des stratégies pour le mouvement syndical depuis plus de trente ans.

« Tous autant que nous sommes, défenseurs de la nature, militants écolos et syndicaux, on fait ce qu'on peut pour résoudre le problème. Si on n'est pas à la table des négociations ensemble, on ne gagnera pas la bataille. C'est impératif, et il faut s'assurer que le Green New Deal soit juste et équitable pour tous, travailleurs, communautés, et ceux qui risquent d'être mis au chômage dans les régions les plus touchées. Pour mon association, ça signifie cinq ans d'équivalent de salaires et d'avantages pour les travailleurs touchés, et des subventions pour les communautés afin qu'elles réorganisent leur économie autour du concept de justice globale. C'est pour ça qu'on se bat. Qu'on doit tous se battre.

« Les hommes et les femmes dans le bâtiment, là derrière nous [Joe désigne le Capitole], et ceux qui étaient là avant eux, nous ont déçus. Ils ne prennent pas le taureau par les cornes, alors que c'est leur devoir. Comme l'a dit le regretté Robert Hunter : "Il paraît que si ton cheval refuse de bouger c'est à toi de porter sa charge. Je ne sais pas qui est assez fort pour cela. Mais il ne faudrait peut-être pas trop tarder à le découvrir.” Eh bien figurez-vous que le moment est venu, on est en train de découvrir qui est assez fort pour cela. Nous tous, on sait qu'on est assez forts pour le faire.

« C'est la crise climatique qui détruit les emplois, pas les solutions à la crise. Elle décime le budget fédéral, ce qui enlève du pouvoir aux syndicats qui négocient avec le secteur public. Il faut bien comprendre qu'on ne réussira qu'ensemble, militants écolos et syndicaux. OK, on a des divergences, mais il faut les mettre de côté et s'unir pour élaborer une stratégie qui fera de l'emploi vert une vraie force. La question qui se pose aujourd'hui – et je terminerai là-dessus –, c'est de savoir si le gouvernement, donc, bien sûr, le peuple, a assez le sens des responsabilités et assez d'empathie pour préserver l'environnement au profit des générations actuelles et futures.

« Merci d'être venus. Et continuez comme ça, c'est cool ! »

Sur ce, nous nous mettons en marche vers le Capitole, et je regarde tous ces travailleurs, enseignants, chauffeurs, écologistes et syndicalistes scander des slogans, brandir des banderoles et, un par un, se faire arrêter. Sally Field est parmi eux.

La camaraderie et la solidarité qui règnent chez ces citoyens faisant ensemble acte de désobéissance civile me donnent un aperçu du pouvoir que peut générer le mouvement pour le climat à mesure que les militants des deux bords apprendront à se connaître, à se comprendre et à prendre conscience que nos destins sont liés.

QUE FAIRE ?

On nous présente depuis trop longtemps la question de l'emploi et celle de la crise environnementale comme antagonistes, divisant les syndicats et les écologistes. La première chose à entreprendre est donc d'écouter, d'apprendre et d'être solidaires. Mieux nous nous connaîtrons, plus nous trouverons ensemble des solutions bénéficiant aux travailleurs *et* à la planète.

Si vous êtes syndiqué, créez un comité pour le climat afin d'informer et de rallier vos collègues à la cause. Exhortez votre syndicat à faire voter une résolution en faveur du climat, audacieuse et en conformité avec la science. L'association de Joe Uehlein, Labor Network for Sustainability, possède de très bons outils pour sensibiliser à l'écologie dans les syndicats, dont une ébauche de « Résolution pour inciter les travailleurs à soutenir l'élaboration du Green New Deal et à s'y impliquer ». C'est à télécharger sur son site. N'hésitez pas à répéter ce qu'a dit Joe au Vendredi Alerte Incendie : c'est la crise climatique qui détruit les emplois, et non les solutions à la crise.

Si vous n'êtes pas syndiqué, rien ne vous empêche de mobiliser autour de vous. Discutez avec vos collègues de l'urgence climatique et de la façon dont elle affecte les emplois et les communautés. Créez un comité qui proposera des idées ayant du sens pour votre entreprise. Sur tous les lieux de travail, bureau, hôpital, usine ou restaurant, il est possible de sensibiliser et de mettre des solutions en place.

Entrez en contact avec une personne syndiquée dans votre famille, votre quartier ou sur votre lieu de culte et demandez-lui ce qui manque à son syndicat pour s'engager en faveur du climat. Michael Leon Guerrero nous a prévenus : le GND ne s'imposera pas sans le mouvement syndical américain. Alors continuons à tisser des liens et devenons un seul et même mouvement, unis pour un avenir meilleur.

Si vous êtes employeur, assurez-vous que votre politique d'entreprise se soucie à la fois du climat, des travailleurs et des syndicats.

Les solutions à la crise climatique et aux inégalités socio-économiques sont étroitement liées. Plus nous aurons de travailleurs impliqués d'emblée dans les négociations, plus ces solutions seront couronnées de succès. Pour mieux comprendre l'impact des politiques climatiques sur les travailleurs, le site Labor Network for Sustainability met d'excellentes ressources à votre disposition. Le site de l'association Plus jamais ça en France est aussi une mine d'information : https://plus-jamais.org/.

Et puis utilisez votre voix politique ! Les salariés du charbon, du pétrole et du gaz vont perdre leur gagne-pain dans la transition, c'est indéniable. Exigez de vos députés que les colossales subventions accordées à l'industrie fossile soient réaffectées à la création d'emplois attractifs dans le secteur de l'adaptation au changement climatique et du renouvelable. Comment ce nouveau secteur pourrait-il rivaliser si des milliards de dollars sont donnés chaque année aux géants du fossile ? Cet argent public devrait au contraire servir une transition juste vers une économie verte. Demandez au Congrès qu'il se préoccupe de ces travailleurs, leur obtienne des postes plus sûrs et des conditions de travail équitables, en soutenant le Green New Deal. Vous pouvez aussi défendre une version du GND au niveau de votre État sur le modèle du Colorado, du Maine et de New York. Si vos interlocuteurs se plaignent du coût, parlez-leur du coût faramineux de l'inaction climatique ou du budget de l'armée.

Mais avant tout, rappelez-vous que les droits du travailleur font partie intégrante des droits de l'homme. C'est même capital si nous voulons construire une économie qui ne laissera personne sur le bord de la route. Ainsi que l'a dit la jeune et brillante Tanaya au rassemblement : « Quand on est enfant, on a envie de faire des choses extraordinaires plus tard. Mais ces rêves seront peut-être plus durs à réaliser à cause de l'environnement. Les hommes politiques doivent nous écouter, parce que notre avenir dépend de leur volonté à voter la transition vers le renouvelable. »

13

LA SANTÉ ET LE CHANGEMENT CLIMATIQUE

Je finissais d'écrire ce chapitre lorsque Trump a déclaré l'état d'urgence sanitaire à cause du coronavirus. Déjà les supermarchés avaient du mal à s'approvisionner et, dans tout le pays, des salariés, dont beaucoup de précaires, apprenaient qu'il ne fallait plus venir travailler. Les hôpitaux devaient gérer une alarmante pénurie de lits, de respirateurs et d'équipements de protection pour le personnel médical.

Malgré les mises en garde de l'Organisation mondiale de la santé sur l'imminence d'une pandémie, le gouvernement américain a tardé à réagir dans quasiment tous les domaines. Mais le plus grave a été le manque de moyens pour pratiquer des tests dès le départ, ce qui aurait aidé à savoir où et comment ralentir la propagation du virus. Vous vous demandez peut-être pourquoi un pays riche comme les États-Unis se retrouve démuni face à une menace infectieuse. En fait, une équipe avait été mise en place par une ministre d'Obama – le Conseil de sécurité sanitaire mondiale et de lutte contre les armes biologiques – afin que le pays soit mieux armé en cas de pandémie. Ce conseil a été dissous par l'administration Trump en 2018.

Que vient faire cette digression dans un livre sur l'écologie me direz-vous ? Je vous répondrai que ce chapitre parle des conséquences du réchauffement climatique sur la santé – là, maintenant, au moment où vous le lisez – et des efforts qu'il va falloir consentir pour s'y préparer et en atténuer les pires effets. Or ces derniers temps, les États-Unis ont fait à peu près tout le contraire de ce qu'il fallait, s'agissant de la pandémie comme du climat. Déni, impréparation, mépris de la science, conception du gouvernement fédéral comme simple « béquille ». Ce chapitre est l'occasion de tirer des leçons cruciales de ce que nous sommes en train de vivre.

Comme pour la Covid, les gouvernants ont choisi soit de nier la crise climatique, soit de repousser le moment d'y apporter une réponse adaptée. Il ne s'agit pas seulement de savoir dire la vérité. Il s'agit aussi de faire face à ce qui est déjà là (pollution de l'air, cancers en augmentation, phénomènes climatiques extrêmes, réfugiés climatiques, diminution des réserves en eau potable, difficulté d'accès à une nourriture saine, peut-être même diminution de l'oxygène) et à ce qui va nous tomber dessus année après année, jusqu'au point de bascule – dans dix ans, si on n'agit pas rapidement.

Comme pour la Covid, les scientifiques, toujours plus unanimes et plus alarmants, nous ont avertis de ce que le climat nous réserve si nous ne prenons pas immédiatement des mesures… Car nous avons déjà trop traîné.

Comme pour la Covid, si nous voulons avoir ne serait-ce qu'une petite chance d'atténuer les effets de la crise climatique, il va nous falloir un gouvernement central solide.

Peut-être pensez-vous qu'un gouvernement fort n'a pas d'intérêt. Mais imaginez ce qu'aurait été la lutte contre la Covid si les agences de santé avaient été opérationnelles (et financées) et les tests disponibles. En Corée du Sud, une campagne de dépistage exhaustive, conjuguée à des efforts considérables pour isoler les malades, trouver leurs contacts et les mettre en quarantaine, a fait chuter le nombre de cas. Il aurait pu en être de même aux États-Unis si le gouvernement fédéral n'avait pas tardé à agir.

Et pourquoi a-t-il tardé ainsi ? Parce que le but de l'administration Trump est de se faire le plus petite possible afin de ne pas contrarier les projets des grandes entreprises. Et tant pis pour les pauvres, les vieux, les malades, les travailleurs, le climat. On comprend mieux pourquoi le 13 mars 2020, lors d'une conférence de presse, Trump s'est entouré d'une poignée de grands P-DG qui ont énuméré tout ce qu'ils feraient pour aider dans cette crise sanitaire. Trump a délibérément affaibli le pouvoir fédéral en licenciant (sans les remplacer) des experts dans les ministères et en s'appuyant sur le secteur privé à la place. L'expérience nous a pourtant appris qu'en temps de crise cette tactique ne fonctionne pas.

À lui seul, le secteur privé ne peut pas répondre à la demande suffisamment vite, sauf si le gouvernement lui en donne l'ordre, débloque les fonds pour modifier les chaînes de fabrication et produire des respirateurs par exemple, contrôle la chaîne d'approvisionnement afin de fournir les pièces et les matières premières manquantes, et s'engage à payer le matériel fabriqué. Car le secteur privé a des ressources, mais le gouvernement doit pouvoir lui garantir un soutien financier pour prendre ce virage spectaculaire.

Au risque de me répéter, nous sommes confrontés à une crise collective qui requiert des solutions collectives. En novembre 2020, il nous revient d'élire des dirigeants qui seront mieux préparés pour affronter ce qui vient. Que cette pandémie nous serve de leçon !

La semaine du 20 décembre est intense. Je vais avoir quatre-vingt-deux ans le samedi 21, et beaucoup de mes amis ont prévu de venir manifester et fêter mon anniversaire par la même occasion. Nous avons bon espoir que quatre-vingt-deux personnes s'inscrivent pour faire acte de désobéissance civile ce vendredi, mais dès le mercredi nous devinons qu'il y en aura beaucoup plus. Je suis euphorique, stressée… et fatiguée. Je me tourne et me retourne dans mon lit, je grince des dents. Je me lance dans des discussions imaginaires furieuses avec des élus, car une fois de plus, avec ce que j'apprends des effets délétères de la crise climatique sur la santé des gens, le sommeil me fuit.

Et sur la santé des enfants ! Et sur celle des bébés dans le ventre de leur mère ! Pourquoi le mouvement anti-avortement ne proteste-t-il pas contre l'industrie fossile ?

À ce stade, j'ai été arrêtée quatre fois. Il me reste, au mieux, une arrestation avant de risquer une peine de plusieurs mois de prison. J'ai gardé précieusement cette possibilité pour ce vendredi-là en me disant qu'ils vont devoir m'embarquer, donc que je fêterai mes quatre-vingt-deux ans en détention. Je sais que ça va faire couler beaucoup d'encre. Outre éduquer, notre objectif est d'alerter sur l'urgence de la crise et la nécessité d'adopter un état d'esprit courageux et novateur. Faire acte de désobéissance civile est une manière de communiquer ce sentiment d'urgence. Et cette fois, je connais la marche à suivre : mettre plusieurs couches de vêtements pour compenser la dureté du lit en métal de la cellule.

LA CONFÉRENCE

Si j'ai souhaité consacrer un Vendredi Alerte Incendie à la santé, c'est entre autres parce que trop de gens encore ne font pas le lien entre la crise climatique et la crise sanitaire, l'apparition de nouvelles formes de maladies, l'augmentation des infections respiratoires, des cancers et d'autres pathologies qui mettent à rude épreuve les systèmes de santé, y compris aux États-Unis. Le réchauffement climatique étend l'aire géographique des animaux vecteurs de maladies (moustiques, tiques, rats, etc.) comme la dengue, l'encéphalite, la fièvre jaune, la maladie de Lyme ou le virus Zika dans des zones jusque-là épargnées. Les inondations causent une flambée des infections transmises par les rongeurs via la nourriture et l'eau, avec des effets sur la santé humaine qui perdurent bien après le retour à la normale.

La pollution de l'air, aggravée par le changement climatique, cause des millions de morts dans le monde : cancers du poumon, maladies cardiovasculaires, maladies respiratoires telles que l'asthme et les allergies. L'Organisation mondiale de la santé estime que chaque jour 93 % des enfants de moins de quinze ans respirent un air si pollué qu'il met leur santé et leur croissance en danger. Vous avez bien lu : quatre-vingt-treize pour cent ! Les systèmes de santé, aux USA comme ailleurs, ne sont pas équipés pour gérer l'existant, alors pour ce qui est de gérer ce qui va venir…

Sandra Steingraber, la scientifique à l'âme de poétesse avec qui j'ai partagé une cellule lors du premier Vendredi Alerte Incendie, est de nouveau mon invitée.

« Il est rare qu'on me présente à la fois comme poétesse et biologiste, débute-t-elle. Mais pour moi, ces deux disciplines parlent du mystère d'être en vie. Et alors que la biologie tente de percer ce mystère, la poésie le contemple. J'ai eu un cancer quand j'étais jeune. Je venais de fêter mes vingt ans quand on m'a diagnostiqué une tumeur à la vessie, typique du cancer lié à l'environnement. Donc, si la question que je me posais – *Pourquoi moi ?* – nécessitait une réponse biologique, j'ai aussi eu besoin de poésie. Plus précisément, de poésie féminine. Et quand je vois des jeunes faire grève pour le climat avec des pancartes disant “Vous mourrez de vieillesse et moi du changement climatique”, j'ai l'impression de les connaître. Je sais ce que c'est d'être à l'aube de sa vie et de voir déjà son avenir menacé ; d'être effrayé à l'idée de ne pas pouvoir se protéger, faire des projets, exercer le métier de ses rêves, parce qu'un gigantesque problème de santé bloque sa route.

« En tant que biologiste, je m'attache à observer l'interaction entre climat et santé avec toute l'objectivité du scientifique qui étudie les données. Pour moi, l'objectivité scientifique n'est pas synonyme de neutralité politique. À la fin de l'analyse, si la science me prouve qu'à cause du climat des gens vont mourir ou tomber malades, qu'il va y avoir une hausse des AVC, des crises cardiaques et des naissances prématurées, que les récoltes vont être mauvaises, entraîner une famine et une explosion des réfugiés, je prends ces données et je les intègre à un mouvement social qui peut sauver des vies.

« Nous sommes tous dans une sorte de communion parfaite avec notre environnement. Le corps humain est fait à 65 % d'eau, ce qui signifie que notre plasma, nos larmes, notre lait maternel sont des gouttes de pluie, de l'eau de source. Oui, on fait partie du cycle de l'eau. À chaque respiration, on inhale un demi-litre d'atmosphère. Et 20 % de l'air qu'on respire est de l'oxygène. Cet oxygène provient pour moitié des arbres et pour moitié du plancton dans les océans. Ce sont les deux seules sources d'oxygène qu'on a sur terre.

« La crise sanitaire commence à la seconde où la foreuse perce la roche. Une foreuse, c'est fait pour extraire des combustibles qui existent sous trois formes, charbon, pétrole et gaz, sorte de sainte trinité diabolique de l'industrie fossile. La pollution de l'air n'est que l'autre nom des produits dérivés de la combustion fossile. Et cette pollution de l'air tue cent mille Américains chaque année, ce qui équivaut à deux cent soixante-quatorze enterrements *par jour*. Près de deux mille études publiées ces dernières années concluent que la fracturation hydraulique, qui est la méthode d'extraction numéro un aux États-Unis, a des conséquences sur la santé. Ces études montrent toutes que les minorités et les pauvres en sont les premières victimes. Je veux parler de malformations à la naissance, de leucémies infantiles, de crises cardiaques, d'AVC, de naissances prématurées, ce qui fait du *fracking* la principale cause de handicap dans notre pays.

« Il y a une petite ville du Massachusetts que j'étudie de près en ce moment, Weymouth, avec un quartier d'immigrés à faibles revenus, déjà cerné par les sites industriels dangereux. Et voilà que débarque une compagnie pétrolière et gazière, Enbridge, qui veut transporter du gaz de schiste des Appalaches au Canada en construisant une vaste station de compression juste à côté de ce quartier, où trois mille enfants vont à l'école. Ce projet dégraderait tellement la qualité de l'air qu'il dégraderait très certainement leur santé aussi, et pourtant il va se faire.

« Les habitants de Weymouth se rebellent et multiplient les actes de désobéissance civile pour tenter de le stopper. Des petites villes comme ça, il y en a partout aux États-Unis, où les populations les plus démunies payent un prix terrible et mettent en danger leur santé pour servir les intérêts d'une entreprise. Comme je le disais, en tant que biologiste, ça m'intéresse de passer à l'action à partir des données compilées. Mon projet actuel est d'ouvrir un centre pour la justice climatique à l'Ithaca College, mon université, où on pourra vraiment combiner science et militantisme, car je pense que l'alliance des deux génère du pouvoir. »

Des effets considérables sur la santé
par Katharine Hayhoe

Katharine Hayhoe est chrétienne évangélique,
climatologue et professeure de sciences politiques à l'université Texas Tech,
où elle dirige le Centre pour le climat.
En tant que spécialiste de l'environnement, elle en étudie tous les aspects,
des régions reculées du Groenland à ce qui se passe en bas de chez vous.
En 2014, le magazine Time *l'a élue parmi les cent personnes*
les plus influentes de l'année.

« On pense souvent que le changement climatique est un problème environnemental, mais en réalité c'est bien plus que cela. Il y a des conséquences sur la santé humaine, en particulier celle des fœtus, des bébés, des enfants, mais on peut citer jusqu'à cinq répercussions supplémentaires. Premièrement, le changement climatique a une incidence sur notre santé en rendant les canicules plus marquées et intenses. Pendant l'été 2019, dans le monde, plus de quatre cents records absolus de chaleur ont été battus, et l'Australie vient de connaître sa journée la plus chaude jamais enregistrée. Cela nous affecte forcément, surtout les seniors, les enfants et les personnes souffrant déjà de maladies pulmonaires ou cardiaques.

« La canicule de 2003 en Europe, qui avait deux fois plus de chances de se produire en raison du changement climatique, a fait plus de soixante-dix mille morts. Aujourd'hui on voit des ouragans plus puissants, des inondations plus fréquentes, le niveau de la mer qui s'élève ; tout cela nous affecte directement quand on y est exposé et peut aussi conduire à des problèmes comme une contamination à long terme. Quand la ville de Houston a été ravagée par Harvey, des sites de déchets dangereux ont été inondés – et on estime que si le même ouragan avait eu lieu il y a cent ans, il serait tombé 40 % de pluie en moins. Où a fini cette eau, à votre avis ? Dans les quartiers pauvres.

« Le changement climatique a aussi un impact sur la santé mentale, sur l'anxiété, que je vois monter chez les gens pour tout ce qui concerne leur avenir, j'ai même constaté un syndrome de stress post-traumatique chez des victimes de catastrophes climatiques. Ensuite, il y a la prolifération des maladies infectieuses et de leurs vecteurs, les animaux qui les transmettent, les insectes, les moustiques, les tiques et bien d'autres, lesquels se rapprochent toujours plus des pôles à mesure que la Terre se réchauffe. Puis nous avons la hausse des inondations, causées par un air plus chaud qui contient plus de vapeur d'eau. Cette hausse augmente le risque de maladies transmises par l'eau, qui touchent en premier les enfants, surtout les moins de cinq ans, dans les pays en développement.

« Enfin et surtout – je pense que c'est la plus grande répercussion de toutes –, le changement climatique sera peut-être le coup de grâce pour certaines régions. Prenez un pays déjà plombé par la pauvreté galopante, la faim, l'instabilité politique, la corruption, les dissensions, la guerre civile, et ajoutez-y un phénomène météorologique rendu pire ou plus fréquent par le dérèglement climatique… Et quand un État échoue dans sa mission, quand une crise migratoire survient, qu'est-ce qui est menacé en premier ? La santé. Soudain, être enceinte peut vous mettre en danger de mort. Avoir de la fièvre peut vous être fatal. Alors pas besoin d'être un climatologue, un médecin ou un militant pour se soucier du changement climatique. Peu importe qui vous êtes, vous êtes de toute façon la personne idéale pour vous en soucier. Et la dernière chose que j'aimerais dire, la plus importante, c'est qu'il existe des solutions.

« Il s'agit d'un problème systémique. Si individuellement chacun faisait de son mieux dans sa vie personnelle, cela ne suffirait pas à le régler. C'est pourquoi, lorsqu'on me demande quelle est la première chose à faire pour le climat, je réponds : Premièrement, parlez-en. Quand vous demandez à tous les comtés du pays, comme on l'a fait : “Est-ce qu'il vous arrive d'en parler ?”, quasiment tous, hormis San Francisco, répondent non. Si vous n'en parlez pas, pourquoi vous en soucier ? Et si vous ne vous en souciez pas, pourquoi agir ? C'est pour ça que ce qu'on fait ici est si important.

« Deuxièmement, adhérez à des associations qui partagent vos valeurs et amplifient votre voix.

« Et enfin, votez, car si on veut changer le système, il faut voter. »

Ensuite, je présente mon amie Ai-jen Poo, l'une des grandes voix du mouvement féministe, qui est directrice exécutive de l'Alliance nationale des employées de maison et codirige la coalition Caring Across Generations.

Ai-jen commence par évoquer notre amitié. « La dernière fois que j'ai vu Jane, elle arpentait les couloirs du Congrès avec moi et deux cents employées de maison venues défendre un projet de loi fédérale renforçant leurs droits. Ce sont elles que je représente. Ici, aujourd'hui, je représente toutes les nounous qui gardent nos enfants, les femmes de ménage qui font régner l'ordre dans nos vies chaotiques, les auxiliaires de vie qui permettent à nos proches de garder leur indépendance en restant chez eux, celles qui s'occupent de la population grandissante des seniors.

« Ces femmes sont les premières sur place en cas de catastrophe climatique. Elles sont là pour les personnes âgées et les handicapés. Quand le courant ou l'eau sont coupés, elles restent, même si leur famille les attend dans le quartier le plus durement touché, ou le dernier à être évacué. Elles gèrent. Le revenu moyen d'une auxiliaire de vie est de 15 000 dollars par an. »

En entendant Ai-jen je repense au Green New Deal, qui propose d'augmenter la valeur, la dignité (et le salaire) des emplois bas carbone tels qu'auxiliaires de vie, infirmiers et enseignants.

Le révérend William Barber II est notre invité suivant. Je suis en admiration devant cet homme depuis que j'ai entendu parler en 2014 de ses « Moral Mondays », des manifestations pour les droits civiques qui étaient organisées tous les lundis dans la capitale de la Caroline du Nord. Comme beaucoup, je suis curieuse de savoir quel genre d'homme a pu rassembler autant de classes sociales, de couleurs de peau et d'âges différents pour combattre l'injustice au nom de valeurs morales. L'historien Timothy Tyson dit de lui qu'il a réussi à monter « une coalition interraciale d'ampleur nationale et de tous les bords politiques, ce qui n'avait pas été sérieusement tenté depuis 1900». Pour couronner le tout, en 2017, il a ressuscité la Poor People's Campaign, une exhortation à renouer avec les valeurs morales de la campagne contre la pauvreté de 1968 initiée par Martin Luther King.

«Je pensais justement au Dr King, nous dit le révérend Barber. Il a déclaré un jour : "Nous devons apprendre à vivre ensemble comme des frères et sœurs, sinon nous allons mourir tous ensemble comme des idiots." Et moi je suis d'avis que nous devons apprendre à nous battre ensemble contre la destruction du climat causée par la combustion des hydrocarbures, sinon nous pourrions bien griller tous ensemble comme des idiots. Et la menace est bien réelle. Je suis originaire d'une ville, dans l'est de la Caroline du Nord, qui a subi une inondation comme on en voit tous les cinq cents ans. J'arrive des terres apaches d'Oak Flat, en Arizona, où une compagnie veut forer pour extraire du cuivre tout en sachant que seulement 2 % de ce qu'elle va trouver aura de la valeur, et que les 98 % restants vont contaminer les aquifères. Et je reviens tout juste de cette région de Louisiane au sinistre surnom, Cancer Alley, où une dame nous a dit : "Vous qui voyagez dans tout le pays, dites aux gens que cinq membres [de ma famille] sont morts en quatre semaines à cause des poisons qui sortent des usines du secteur." »

Quand nous passons aux questions des spectateurs, Stacy, du Texas, prend la parole pour nous dire que tous ses enfants font de l'asthme et qu'elle y voit un lien avec l'impact écologique de l'industrie pétrolière. Elle demande si l'extraction des combustibles fossiles cause des maladies chez l'homme. Sandra Steingraber lui répond :

« L'asthme fait de toute évidence partie des problèmes de santé publique associés au forage et au *fracking*. Les complications à l'accouchement aussi. Je veux parler du problème des bébés prématurés. C'est le plus grand risque de handicap et de mortalité infantile. Une femme enceinte qui vit près d'une zone d'extraction met son futur enfant en danger. Si on prend les nouveau-nés en Pennsylvanie – 1,1 million –, on trouve des signes de mauvaise santé et des poids de naissance bien trop bas chez les bébés dont les mères vivent près d'un site de *fracking*. Une étude en cours a décelé des niveaux élevés de baryum et de strontium là-bas. On sait que la fracturation hydraulique fait ressortir ces métaux lourds naturellement présents dans la roche-mère. On le voit dans les échantillons d'urine et de cheveux de femmes autochtones qui vivent dans des zones d'intense activité de *fracking* dans le nord-est de la Colombie-Britannique. On sait aussi que ces métaux peuvent nuire aux fœtus. En d'autres termes, on expose les femmes à des substances dont on sait pertinemment qu'elles peuvent saboter la grossesse.

« Et au moment de mettre notre étude sous presse, on suivait vingt-sept cas d'un cancer infantile, le sarcome d'Ewing. C'est un cancer des os très rare, qui a bizarrement tendance à frapper des jeunes de quatre comtés du sud-ouest de la Pennsylvanie. On dénombre six cas dans le même secteur scolaire, alors qu'à l'échelle des États-Unis on n'en compte que deux cent cinquante. Et devinez quoi ? La région connaît un boom de la fracturation hydraulique. Avant cette méthode d'extraction, on ne voyait pas ce type de cancer. Aujourd'hui, si. On est littéralement en train de tuer nos enfants. »

Un spectateur de l'État de Washington nous demande ensuite quel est l'impact du changement climatique sur la santé mentale.

Katharine Hayhoe lui répond : « On commence à prendre conscience que ce n'est pas notre planète qui est en danger : la Terre continuera toujours à graviter autour du Soleil. Non, c'est nous qui sommes en danger. Comme c'est une pensée absolument effrayante, notre réaction est la peur, et cette angoisse est de plus en plus présente autour de nous. Les psychologues lui ont même trouvé un nom : l'éco-anxiété.

« Nous devons gérer notre sentiment de perte et de deuil quand nous voyons les lieux où nous avons grandi changer sous nos yeux. En Alaska, j'ai parlé à une femme qui vit à Juneau depuis des années, et elle m'a dit : “Il y a toujours eu de la neige sur ces montagnes, et depuis un an il n'y en a plus, c'est comme si on m'avait enlevé un bout de ma maison." Donc oui, ça nous affecte, et le problème c'est que la peur paralyse. On a besoin d'espérer. D'arriver à visualiser un avenir meilleur. D'échanger les uns avec les autres, parce que se parler, prendre nous-mêmes le problème en main, c'est ce qui va nous donner la force nécessaire pour le régler. »

J'en profite pour conclure : « J'ai plusieurs dizaines d'années de militantisme derrière moi et j'ai souvent remarqué que, quand j'étais désespérée, il suffisait que je passe à l'action pour aller mieux. J'étais très déprimée avant de venir à Washington pour travailler sur les Vendredis Alerte Incendie avec Greenpeace, mais dès que j'ai pris ma décision et que je me suis impliquée entièrement aux côtés de tous ces gens merveilleusement intelligents, ces experts, ces poètes, j'ai repris espoir. Militantisme et solidarité. La solidarité que nous apporte le militantisme peut être un antidote au désespoir. »

Apprendre à respecter notre écosystème souterrain
par Sandra Steingraber

« Il faut opérer un changement culturel radical dans notre façon d'envisager le charbon, le pétrole et le gaz. Et si on cessait de les voir comme des combustibles ? Si on les voyait autrement ? Le monde minéral de notre planète – symbole de tout ce qui est vide, mort et inerte – ne se résume pas à du feu et du soufre. Les roches réchauffées par le magma à une grande profondeur sous la surface de la Terre sont en réalité un écosystème. Il existe un écosystème souterrain, qui sert d'habitat à des organismes adaptés aux conditions extrêmes et dont la plupart appartiennent à un domaine du vivant très ancien, les archées, qui peuvent former des colonies complexes et modifier leur habitat à leur convenance – exactement comme les organismes vivant à la surface de la croûte terrestre.

« Les strates géologiques riches en carbone qui contiennent le pétrole et le gaz regorgent d'une multitude de formes de vie capables de se reproduire. Cela constitue un problème pour les opérations de forage, parce que ces organismes peuvent proliférer à l'intérieur des tuyaux et sur le revêtement des puits, donc gêner la libre circulation du pétrole et du gaz. C'est ce qui explique que la fracturation hydraulique – une méthode qui utilise la pression de l'eau pour disloquer la roche-mère et extraire les bulles de gaz et de pétrole piégées à l'intérieur – s'appuie sur des poisons cellulaires puissants, les biocides, pour exterminer ces organismes souterrains. En d'autres termes, le *fracking* nécessite de pulvériser des pesticides dans le sol pour faire remonter à la surface les précieux hydrocarbures. C'est une des raisons pour lesquelles les fluides de fracturation sont tellement toxiques et dangereux pour nos réserves d'eau potable.

« Et si on considérait la roche sous nos pieds comme faisant partie de la création et devant à ce titre être protégée ? Si on considérait l'extraction comme un processus de dé-création, de profanation de la planète ?

L'équivalent de lancer une boule de démolition sur notre climat et nos écosystèmes. En comprenant que la biosphère s'étend jusque dans le cœur de la Terre, on comprend aussi à quel point il est capital de laisser ce qu'on nomme les "combustibles" fossiles dans le sol. »

LE RASSEMBLEMENT

Le lendemain, dans le vaste sous-sol de l'église luthérienne où nous nous retrouvons avant le rassemblement, c'est une marée humaine rouge : on dirait que soudain toutes les femmes ont revêtu des manteaux rouges et que toutes sont remontées comme des coucous. Beaucoup d'amis sont là, ainsi que des hommes et des femmes qui sont devenus des amis, puisqu'ils assistent à leur troisième ou quatrième Vendredi Alerte Incendie. Annie Leibovitz est revenue, appareil photo en main. Sont également présentes la *roshi* Joan Halifax, abbesse du centre zen Upaya à Santa Fe où j'ai fait le Rohatsu Sesshin, une intense retraite de méditation bouddhiste dont on ressort transformé après huit jours de silence; Dolores Huerta et sa fille Camila qui, enfant, est venue à l'une des colonies de vacances que j'organisais dans mon ranch de Laurel Springs; Gloria Steinem, Eve Ensler, Pat Mitchell et Jodie Evans; Vasser Seydel, sa mère Laura Turner Seydel et sa sœur Laura Elizabeth.

Je suis stupéfaite de tomber sur Lois Gibbs. Dans les années 1970, je m'étais rendue avec Tom Hayden à Love Canal, une banlieue de Niagara Falls (État de New York) construite sur un site de produits chimiques dangereux enfouis là par une filiale d'Occidental Petroleum. Lois, une femme au foyer timide, a mobilisé son quartier et s'est battue contre ses élus locaux, puis son État et même le gouvernement fédéral, finissant par les obliger à reloger plus de huit cents familles et à nettoyer le site contaminé. Pour moi, Lois est la preuve vivante de la capacité des femmes à se transformer en guerrières quand il s'agit de la santé et de la sécurité de leurs enfants et de leurs proches. Je suis très émue de la voir.

Il y a aussi cinquante-cinq infirmières appartenant à l'Alliance des infirmières pour un environnement sain, toutes vêtues d'un manteau blanc et d'un béret rouge. L'ambiance vibre d'amour et de communion.

En marchant vers le lieu de rassemblement, je mesure l'évolution depuis notre premier Vendredi Alerte Incendie, le 11 octobre, où nous étions hésitants et en ordre dispersé. À présent, nous sommes nombreux. Nous connaissons les slogans et nous les scandons d'une voix forte. Nous savons l'effet que notre action produit. Des personnes sont venues de partout car c'est là qu'elles veulent être.

Je commence en disant que le solstice d'hiver, le 21 décembre, est un jour fêté dans le monde entier comme un renouveau, le retour du soleil. L'obscurité qui cède la place à la lumière.

« Le solstice nous rappelle que, même aux périodes les plus sombres, le soleil reste invaincu. De l'obscurité naît la lumière. Un courage nouveau et une espérance nouvelle jaillissent de la déception et du désespoir. Au solstice d'hiver, une graine métaphorique va être plantée en nous. Durant l'année à venir, cette graine plantée au cœur de l'hiver va germer et pousser, afin de se manifester dans nos vies au temps des moissons, en novembre prochain. La question est : à quoi voulons-nous donner vie pendant l'année qui vient ?

« Je vais vous dire à quoi je veux donner vie, avec votre aide, celle des jeunes grévistes pour le climat et des écologistes. Faisons naître une armée. Une armée de citoyens prêts à s'engager et à militer au nom de la planète. La planète a besoin d'une armée. Nos enfants et nos petits-enfants ont besoin d'une armée. Toutes ces précieuses espèces au bord de l'extinction ont besoin d'une armée de citoyens comme nous, prêts à passer à l'étape suivante, à sortir de leur zone de confort, comme Greta nous le demande.

« Ainsi, nous nous sentirons en phase avec nos valeurs les plus essentielles. Et nous saurons que nous ne sommes pas seuls mais aidés par une armée de gens courageux, déterminés et de même sensibilité. Une armée puissante va germer dans l'année à venir parce que nous n'avons pas le choix. Vous me direz peut-être que vous êtes juste venus fêter mon anniversaire dans le cadre de cette merveilleuse action militante qui a pris tellement d'ampleur, bien au-delà de mes rêves les plus fous – et je vous en remercie. Mais je crois que si nous sommes tous ici aujourd'hui, c'est parce que nous savons ce qui se profile, et que nous devons être ensemble au moment où cette année se termine et qu'une autre, cruciale, commence. Nous devons être ensemble pour nous donner du courage, de la motivation et de l'amour. Si vous saviez comme je vous suis reconnaissante. Alors restons ensemble et aimons-nous. Et élargissons encore le cercle. »

C'est Heather McTeer Toney qui ouvre le bal. Elle est la première Afro-Américaine, la première femme et la plus jeune à être devenue maire de Greenville (Mississippi). En 2014, le président Obama l'a nommée administratrice régionale de l'EPA (l'Agence de protection de l'environnement), et aujourd'hui elle est la responsable nationale du groupe Moms Clean Air Force.

Heather personnalise son message sur le climat. « J'ai une question pour vous : ça vous est déjà arrivé que votre mère vous dise "Il faut qu'on parle" ? À cet instant précis, c'est votre vie qui se joue, le reste de votre existence. Eh bien, prenez ce sentiment et multipliez-le par 1,2 million, car c'est le nombre de mères engagées dans le mouvement Moms Clean Air Force. Et on a un message à faire passer. On est venues dire au Congrès, vos mères sont venues vous dire : "Il faut qu'on parle."

« Il faut qu'on ait une discussion sérieuse sur l'échec total des agences publiques à protéger la santé de nos enfants. Tout ce que le Congrès nous a montré, c'est qu'il est prêt à revenir sur des règles qui ont un impact direct sur leur bien-être, et ça n'est pas acceptable. Donc, il faut qu'on parle. Il faut qu'on parle. Je viens du Mississippi, et chez nous on dirait que Jésus est témoin et qu'il va falloir s'en expliquer. »

Laura Turner Seydel, qui a aidé à créer la branche de l'association Mothers & Others for Clean Air à Atlanta il y a quinze ans, évoque aussi la jeunesse. Elle cite un rapport de l'Unicef, qui estime que les enfants supportent 88 % du fardeau des maladies liées à la crise climatique. Rien qu'à Atlanta, son association a calculé que le coût pour les familles dont les enfants sont asthmatiques – les petits manquant l'école, les parents ne peuvent aller au travail – s'élève à 50 millions de dollars par an.

« Quel est le prix de nos enfants ? Le gouvernement actuel est à la botte de pollueurs qui les rendent malades et nous rendent malades. Le seul obstacle en travers de notre chemin, ce sont les politiciens qui refusent de reconnaître un fait aussi basique que le changement climatique. Qu'est-ce qu'on peut faire ? Comme le conseille un héros de ma ville, le député John Lewis, on peut semer le désordre, un désordre profitable, un désordre nécessaire. On le peut et on le doit. Au bout du bout, il faudra pouvoir dire à nos enfants, nos petits-enfants, nos enfants d'adoption, qu'on a fait tout ce qui était en notre pouvoir pour créer une planète plus juste, plus équitable et plus vivable. »

Tout le monde rit et applaudit lorsque Gloria Steinem, qui a transformé la culture américaine et la vie de millions de femmes, déclare : « Je ne suis pas venue vous parler de toutes les femmes que notre cher président insulte, agresse et met en danger, mais d'une seule, une femme sans qui personne ne peut vivre : Mère Nature. » Elle cite tous les retours en arrière, toutes les interdictions levées, les abrogations, révisions et tous les revirements qui sont autant de coups de grâce pour Mère Nature.

QUI SERA LE MOTEUR DU CHANGEMENT ?
par la roshi *Joan Halifax*

« Nous avons tous constaté qu'un peuple mobilisé a du pouvoir. Aucun de nous, ni nos enfants ni nos petits-enfants, n'échappera aux conséquences de la catastrophe climatique. Alors soyons solidaires avec ceux qui sont durement touchés, et déplaçons le curseur vers la paix.

« Les hydrocarbures sont une source d'énergie dangereuse, sale, destructrice et révolue. Mes amis, nous vivons dans un monde interdépendant, et il est devenu impossible de nier que cette source d'énergie est néfaste pour la santé individuelle et collective de toutes les espèces. Les épisodes de canicule mènent à la violence, aux conflits, à l'immigration subie, encore une cause de traumatisme profond. Et puis il y a cette souffrance pernicieuse, psychologique, ressentie par ceux qui assistent à la dégradation terrible de la vie à cause du réchauffement climatique, et aux atteintes virulentes à la dignité et au bien-être des rares personnes qui osent élever la voix.

« Nous avons le devoir de demander : qui sera le moteur du changement ? Et clairement, la réponse est : chacun de nous. Quelle que soit notre couleur de peau, quel que soit notre âge, nous devons nous révolter. Nous sommes à la croisée des chemins : soit la possibilité bien réelle d'une planète en soins palliatifs, maintenue sous perfusion par un système énergétique qui est la quintessence du capitalisme, basé sur le racisme et une exploitation tous azimuts ; soit une chance de transformer notre économie comme il n'y en a pas eu depuis l'abolition de l'esclavage.

« C'est maintenant que nous devons agir, vous et moi. Si nous voulons un avenir sain, viable et moralement acceptable, nous devons demander des comptes à ceux qui volent cet avenir à nos enfants et petits-enfants. Nous devons être solidaires avec les jeunes, les peuples autochtones, les non-Blancs, et répondre à cette crise collective par des actes charitables et engagés. Nous ne devons en aucun cas nous cacher derrière le mur du privilège, que nous érigeons par peur. La peur, le déni et la futilité ne sont plus des options. À la place, nous devons voter. Agir. Nous réveiller, réveiller les autres et être une force révolutionnaire, pour que tous nous ayons un avenir viable. »

Puis Gloria présente de manière poignante Dolores Huerta, de la vallée de San Joaquin, en Californie, qui a consacré sa vie à mobiliser les ouvriers agricoles.

« Au sud de Bakersfield, l'air était tellement contaminé que les enfants ne pouvaient plus sortir en récréation. Les parents ont fait du porte-à-porte, et ils ont réussi à faire construire un gymnase tout neuf pour leur école de Weedpatch, grâce à un emprunt qui sera remboursé par la communauté. Ces parents sont des ouvriers agricoles. Ils se sont bougés pour protéger leurs enfants. Et c'est ce qu'on doit faire aussi. On doit se bouger et on doit réveiller les politiciens pour protéger tous les enfants et stopper le réchauffement climatique. »

Soudain Dolores crie : « Qui a le pouvoir ? »

Et nous lui répondons en chœur : « Nous avons le pouvoir ! »

À quatre-vingt-neuf ans, dont plus de soixante dans le militantisme, Dolores sait galvaniser une foule. Profitant de cette belle énergie, Sweet Honey in the Rock (un groupe de chant a cappella, connu dans le monde entier) monte sur scène pour me chanter un *Joyeux anniversaire*.

Ensuite, c'est au tour du révérend Barber de monter lentement les marches en s'appuyant sur sa canne, mais une fois devant le micro l'homme paraît plus grand, son dos se redresse, et sa voix jaillit du cœur de son être quand il explique en quoi tout est lié – pauvreté, racisme, violences contre les femmes, terre violée, changement climatique, homophobie. Il réussit à terminer sur une note inspirante en évoquant un but commun et en appelant à l'action :

« Si nous nous mobilisons, si nous luttons ensemble, si nous nous serrons les coudes, nous avons le pouvoir de modifier l'échiquier politique américain. Tous ensemble, nous devons défendre l'amour, la vérité, la justice et la sauvegarde de la création terrestre. Nous ne pouvons pas démissionner. Pas maintenant. Jamais. Ce qui se passe aujourd'hui n'est pas une fatalité. Nous pouvons changer la donne. »

Après le rassemblement, alors que nous marchons sur l'immeuble Hart, Gloria Steinem et Dolores Huerta à ma gauche, Ai-jen Poo, le révérend Barber et Heather McTeer Toney à ma droite, j'ai la sensation d'être à un tournant. Tous ces leaders et militants emblématiques unis pour le climat et notre avenir.

Nous nous asseyons sur le sol en marbre de l'atrium et devant nous se dresse l'imposante sculpture noire d'Alexander « Sandy » Calder, *Mountains and Clouds*. Je pense à Sandy, que j'ai connu du temps où je vivais en France, dans les années 1960. Il habitait une ferme et offrait le gîte et le couvert à des militaires en rupture de ban, ces mêmes hommes qui m'ont ouvert les yeux sur la réalité de la guerre au Vietnam. Je sais que Sandy serait fier de nous en ce moment.

Nous sommes nombreux cet après-midi-là, des centaines, et les agents prennent tout leur temps pour procéder aux arrestations. Sans crier gare, le révérend Barber entonne le célèbre chant protestataire *We Shall Overcome* d'une voix chaude et grave, et tout le monde le suit avec enthousiasme.

Certains disent que nous sommes restés douze heures dans l'entrepôt de la police du Capitole. C'est peut-être vrai, mais ce n'est pas l'impression que j'ai eue. Nous sommes cent quarante-trois à être emmenés là-bas, et il y a quatre fois plus de femmes que d'hommes.

Comme précédemment, hommes et femmes sont séparés et censés rester assis sans discuter ni faire de bruit. Mais au bout de quelques heures, certains commencent à se lever et à bouger, et la police n'intervient pas.

Si les hommes restent surtout silencieux, les femmes sont en effervescence, elles bavardent, se soutiennent et tissent des relations.

Je fais la connaissance d'Aileen Getty, qui siège au Climate Emergency Fund, un fonds d'urgence récemment créé pour soutenir les jeunes grévistes du climat et d'autres actions d'ampleur. J'ai connu son père, Paul Getty, sur le tournage de *Barbarella* à Rome en 1967, et nous décidons de nous revoir.

Le fils étudiant de Sandra Steingraber, Elijah, traverse le couloir pour venir me parler. Il m'apprend qu'à cause de la sécheresse persistante dans les forêts tropicales, le taux d'humidité du bois qui sert à fabriquer des violons, par exemple, a baissé. Conséquence, les instruments modernes n'ont plus la même qualité de son.

Pendant notre longue détention, Karen Nussbaum, curieuse d'en savoir plus sur les nombreuses femmes présentes que ni elle ni moi ne connaissons, va discuter avec certaines puis revient me faire un compte-rendu. Cheryl Barnds, de Takoma Park (Maryland), est une mère de trois enfants qui ne s'était jamais impliquée en politique avant de commencer à venir à Washington le vendredi. Depuis, elle est bénévole aux briefings d'avant-rassemblement et recrute des volontaires pour poursuivre l'aventure des Vendredis Alerte Incendie dans sa ville.

Kaysha, dix-neuf ans, et sa tante Shaila, toutes deux originaires du Moyen-Orient, sont venues en car depuis le Michigan sous l'impulsion de l'ami de Kaysha, Sohil, dix-neuf ans également. Apparemment, Sohil me suit sur Internet, et c'est comme ça que tous les trois ont connu les Vendredis Alerte Incendie. Quand ils ont décidé de se faire arrêter, la tante a insisté pour demander la permission à la mère de Kaysha.

Et puis il y a Sandra, qui a eu cinquante-huit ans le 1er novembre, le jour du rassemblement consacré aux femmes et au changement climatique. Sandra fête toujours son anniversaire en faisant quelque chose de spécial, comme une balade à moto. Cette année, elle a décidé de venir à un Vendredi Alerte Incendie – et de revenir pour mon anniversaire.

Peut-être vous en souvenez-vous, dans le premier chapitre j'explique comment l'équipe a décidé, dès septembre, que les Vendredis Alerte Incendie devaient viser les citoyens concernés par la crise climatique mais qui, jusque-là, n'avaient jamais franchi le pas de l'activisme. En entendant Karen me parler de Cheryl, Kaysha, Sohil et les autres, je me dis qu'on est en train de réussir.

À un moment donné, une jeune policière noire aborde Gloria Steinem, sort timidement un exemplaire de la Constitution américaine de sa poche (les policiers sont tenus d'en avoir un sur eux) et chuchote : « Je pourrais perdre mon job à cause de ça, mais vous voulez bien me signer un autographe ? » Comme j'aurais aimé avoir mon portable pour prendre une photo de Gloria, les mains entravées par des menottes en plastique, qui signe une mini-Constitution.

Vers vingt-deux heures trente, sous les applaudissements et les encouragements, Karen Nussbaum et Erika Berg, ma nouvelle copine de manif, se font fouiller une seconde fois puis emmener. De toute évidence, il a été décidé que je ne serais pas incarcérée pour la nuit, même si je remplis autant les conditions qu'elles. Je suis la dernière à être libérée, et j'aurais été déçue de ne pas avoir quatre-vingt-deux ans derrière les barreaux si ces heures de détention ne s'étaient pas transformées en la plus belle fête d'anniversaire de ma vie.

QUE FAIRE ?

Commencez par prendre soin de votre santé et incitez vos proches à en faire autant. Nous devons tous être en forme pour la lutte collective en faveur du changement, et pour avoir l'énergie nécessaire à la mobilisation et à la désobéissance civile ! Un climat déréglé signifie que vous allez être confronté à des canicules plus intenses et plus longues, et que vous serez davantage exposé à ce qu'on appelle les maladies à transmission vectorielle, par exemple la malaria transmise par les moustiques, à mesure que ces bestioles avides de chaleur trouveront d'autres habitats où se reproduire et proliférer. Ne sortez pas pendant les périodes chaudes sans avoir mis une crème solaire minérale respectueuse du milieu marin, buvez beaucoup d'eau et lavez-vous fréquemment les mains avec du savon – sauf si vous n'avez pas le choix, mieux vaut éviter le gel hydroalcoolique, qui tue aussi les bonnes bactéries.

Faites connaissance avec vos voisins si ce n'est pas déjà le cas. Les personnes âgées ou ayant un système immunitaire affaibli sont les plus fragiles en cas de phénomène météorologique extrême comme la canicule. Prenez fréquemment de leurs nouvelles ; veillez à ce qu'elles aient de l'eau, de la nourriture et des médicaments, ainsi qu'un plan d'urgence si elles devaient être évacuées ou avaient besoin de soins médicaux. Le sens de la communauté et la solidarité, voilà ce qui va nous aider à supporter les bouleversements à venir. Ainsi que le révérend Barber l'a dit : « Dans une communauté, on n'ignore pas la douleur. On la soulage ensemble. »

Si vous êtes prêt pour des actions collectives, adhérez à des associations qui « partagent vos valeurs et amplifient votre voix », ainsi que l'a suggéré Katharine Hayhoe. La demande en personnel soignant à domicile augmentera à mesure que la crise climatique et ses conséquences sur la santé – comme les pandémies – vont s'intensifier. Or, ce personnel est bien souvent loin d'être assez payé pour prendre soin de lui-même, encore moins de ses patients. Vous pouvez soutenir l'Alliance nationale des employées de maison, et veiller à ce que le Green New Deal et la justice sanitaire soient des priorités dans les associations où vous militez déjà. Voilà quelques idées, choisissez-en une ou plusieurs, faites des recherches pour en trouver d'autres, ou mieux, lancez votre propre mouvement local !

Si vous êtes infirmière, contactez l'Alliance des infirmières pour un environnement sain, qui a soutenu les Vendredis Alerte Incendie dès le début, et renseignez-vous sur son comité pour le climat.

Si vous êtes un professionnel de santé ou travaillez dans ce domaine, rejoignez le défi climatique de l'ONG Health Care Without Harm et engagez-vous à fournir des soins respectueux de l'environnement. Sur son site, vous trouverez des idées pour faire de l'hôpital un précurseur des solutions climatiques, comme opérer la transition vers le renouvelable, gérer les déchets médicaux sans les incinérer ou proposer des repas sains et locaux. Vous pouvez aussi lire son « Petit guide de l'action climatique », qui fourmille de conseils pour faire de votre hôpital local un champion de l'écologie.

Enfin, réclamer des comptes à ses élus est crucial. Les travailleurs paient le changement climatique de leur santé. Nous devons faire bloc pour protéger ceux qui sont sur le front tous les jours. Demandez à vos députés de soutenir le projet de loi de protection contre la chaleur au travail proposé par Public Citizen.

14

LES FORÊTS ET LE CHANGEMENT CLIMATIQUE

C'EST LA SEMAINE DE NOËL, et Washington est pratiquement désert. Dans l'équipe, personne ne peut affirmer qu'il y aura du monde au prochain rassemblement, qui tombe deux jours après le 25 décembre. Mais c'est celui auquel Lily Tomlin a prévu de participer, et je sais qu'elle sera une attraction. L'épisode de *Grace et Frankie* spécial arrestation de Noël ! Des semaines que j'en parle tant il me tarde de la revoir. J'adore Lily, et depuis six ans j'ai la chance de passer la moitié de l'année avec elle sur le tournage de notre série. Quand la toute dernière saison sera dans la boîte, je vais être en manque, c'est certain. Sa venue est non seulement une aubaine pour les Vendredis Alerte Incendie mais aussi pour moi, après bien trop de temps passé sans elle.

Tout comme nous nous sommes intéressés à l'alimentation au moment de Thanksgiving, il paraît logique d'aborder le thème des forêts cette semaine. Vous savez, là où poussent les sapins de Noël.

La forêt est mon jardin secret depuis longtemps, et j'en ai exploré un certain nombre, à pied et à cheval : la forêt de séquoias géants du nord de la Californie, la forêt de bambous du Japon, la forêt tropicale du nord-ouest de l'Australie, la forêt tempérée de Russie. Chacune a sa personnalité, des histoires à raconter, une faune et une flore singulières.

On dit parfois qu'elles sont « le poumon de la planète ». La moitié de l'oxygène qu'on respire provient de la forêt, l'autre de l'océan. Mais la forêt fait beaucoup plus, en stockant le CO_2 dans les racines, les troncs et les feuilles de ses arbres. Elle crée son propre climat. L'humidité qui s'évapore des feuilles forme des nuages, qui produisent de la pluie, et tout cela contribue à l'équilibre complexe de la nature.

Quand on abat une forêt, on déséquilibre les écosystèmes. C'est particulièrement vrai pour l'Amazonie, qui fait souvent la une des journaux ces temps-ci à cause de la hausse alarmante du nombre d'incendies. À mesure que le gouvernement brésilien autorise, pour ne pas dire encourage, les paysans à pratiquer le brûlis, de sévères sécheresses liées à la déforestation menacent les réserves en eau potable de millions d'habitants, y compris dans des villes lointaines comme São Paulo.

On a déjà perdu 30 % des forêts du globe ; 20 % sont dégradées et le reste est en grande partie fragmenté, ce qui fait que seulement 15 % des forêts primaires sont encore intactes. Ce chiffre est effrayant. Le but de notre conférence est de donner des pistes pour cesser de dégrader et d'épuiser cette ressource vitale.

LA CONFÉRENCE

Je commence en annonçant que mon plus beau cadeau de Noël a été de découvrir combien de spectateurs regardent nos *live* – plus de cent mille – et que, cerise sur le gâteau, ils disent apprendre des tas de choses. « Vous n'imaginez pas comme ça me rend heureuse, car on est là, à parler en fixant un petit iPhone à trois mètres de nous, c'est un peu bizarre comme expérience. Alors savoir qu'il y a vraiment des gens qui nous regardent et trouvent ça intéressant, c'est enthousiasmant. »

Je remercie chaleureusement nos invités, Rolf Skar, chargé de stratégie des campagnes Greenpeace, et Hana Heineken, de l'ONG

Rainforest Action Network, d'avoir accepté de se déplacer pendant les fêtes. En tant qu'ex-directeur forêt de Greenpeace, Rolf a des années d'expérience de campagnes contre la déforestation en Indonésie, en Amazonie brésilienne, dans le bassin du Congo et dans la zone boréale canadienne. Hana, elle, attaque le problème sous l'angle financier et réclame des comptes aux banques et aux investisseurs qui soutiennent des entreprises détruisant la forêt et violant les droits de l'homme.

Hana commence par décrire l'ampleur de la destruction des forêts rien qu'en 2019. « Toute la Californie était en feu cette année, mais c'est loin d'être la seule région. En Amazonie, près de 2 millions d'hectares ont brûlé. En Indonésie, 800 000 hectares. Le bassin du Congo, qui abrite la deuxième plus grande forêt pluviale du monde, était en feu. En Australie, les feux de brousse ont carrément détruit 3 millions d'hectares. Et enfin, il y a l'Arctique. Eh oui, même l'Arctique n'est pas épargnée. Il est clair que ces incendies sont une conséquence directe du réchauffement climatique, mais ils sont aussi délibérément allumés par des hommes peu scrupuleux qui veulent défricher pour l'agriculture et l'élevage. »

En Indonésie, les incendiaires déboisent pour planter des palmiers à huile, parce que l'huile de palme est devenue une denrée lucrative. Le problème, c'est qu'au passage ils détruisent les tourbières, des zones humides denses dont les couches de mousse et d'arbustes stockent une quantité phénoménale de CO_2. Hana fait remarquer que, face au changement climatique, on parle surtout de réduire notre dépendance aux combustibles fossiles, alors que c'est loin d'être la seule source d'émissions.

« Le CO_2 dégagé par les incendies passe largement sous les radars, mais cette année en Indonésie, il a propulsé le pays au sixième rang des plus gros émetteurs de CO_2, bien plus que l'Amazonie en réalité. Il faut absolument protéger les forêts et les zones humides, pour qu'elles continuent à absorber tout ce CO_2 », conclut Hana.

▲ Jane avec sa fille Vanessa Vadim et ses petits-enfants Malcolm et Viva Vadim, devant la prison, juste après leur libération. © Avec l'aimable autorisation de Jane Fonda

▲ L'imam Saffet Abid Catovic, membre de Global Muslim Climate Network.

▲ Le rabbin David Shneyer souffle dans le chofar, une trompette en corne de bélier.

▲ Un groupe d'enfants participe à la manifestation avec des pancartes qu'ils ont dessinées eux-mêmes. Derrière, on aperçoit une mappemonde gonflable.

▲ L'actrice Sally Field, l'économiste en développement rural Winona LaDuke et Clint Sobratti marchent avec Jane jusqu'au Capitole, lieu du rassemblement.

◄ Pour Kristin Taylor, professeure d'histoire, il est essentiel de « développer l'esprit critique des élèves ».

◄ Clint Sobratti, chauffeur de bus militant dans un syndicat pour un Green new Deal équitable, prend la parole avec des lycéennes de Baltimore derrière lui.

◄ L'actrice Sally Field qui a incarné le rôle de Norma Rae, inspiré de la syndicaliste célèbre Crystal Lee Sutton, se fait arrêter.

▲ Ai-jen Poo, l'une des grandes voix du mouvement féministe, directrice de l'Alliance nationale des employées de maison et de Caring Across Generations.

▲ Heather McTeer Toney (la première Afro-Américaine et la plus jeune maire de Greenville, Mississipi, de l'histoire) interpelle la foule.

▲ Gloria Steinem, icône du féminisme, à la tribune.

▲ Le révérend William Barber s'adresse au public avec Jane, aux côtés de la roshi Joan Halifax.

▼ Dolores Huerta, Gloria Steinem, la roshi Joan Halifax, Jane, Ai-jen Poo, Casey Wilson et Laura Seydel ouvrent la marche jusqu'à l'immeuble Hart pour y faire acte de désobéissance civile.

▲ L'actrice Lily Tomlin et Rolando Navarro (de l'Agence de surveillance des ressources naturelles et forestières au Pérou) scandent des slogans avec Jane sur les marches du Capitole après le rassemblement.

▲ La roshi Joan Halifax est arrêtée.

Rolf Skar, chargé de stratégie des campagnes Greenpeace, parle du « gouvernement de l'extinction ».

◄ Gaurav Madan (Friends of the Earth), engagé contre le financement de la déforestation et pour la défense des droits des peuples autochtones.

◄ Donna Chavis, membre de la tribu Lumbee (Caroline du Nord) a élaboré la charte des principes de justice environnementale lors du premier Sommet national des peuples de couleur (1991).

➤ Katie Redford, directrice de EarthRights International, une ONG qui représente les droits des communautés locales et autochtones contre les grandes entreprises aux quatre coins du monde, avec Sam Waterston.

➤ Janene Yazzie, de la Nation des Indiens Navarro, cofondatrice et P-DG de Sixth World Solutions, qui aide les tribus Diné dans leurs projets de justice environnementale et d'autogestion.

➤ Sam Waterston a risqué plusieurs arrestations.

JEFFERSON
Pups Against Pipelines
GLOBALLY

◄ Le groupe observe les militants arrêtés. Jane s'est fait arrêter trop de fois pour prendre ce risque sans être condamnée à une peine de prison conséquente. À côté d'elle, Jerome Foster.

► Janet Redman, directrice climat de Greenpeace USA.

► Jane prend Naomi Klein dans ses bras à sa libération.

► Josh Fox, auteur du documentaire *Gasland* sur le fracking.

◄ Naomi Klein sur scène.

▼ Bill McKibben (fondateur de l'ONG 350.org pour l'énergie renouvelable) au téléphone lors de la toute dernière conférence dans les bureaux de Greenpeace.

➤ L'Indienne Lakota Ta'Sina Sapa Win Smith sous le coup de l'émotion.

➤ Tara Houska, avocate tribale engagée dans le mouvement de désinvestissement des combustibles fossiles.

➤ Eriel Tchekwie Deranger, membre de la Nation des Indiens Chipewyanne d'Athabasca, en Alberta, prend la parole.

◄ Kat Taylor, la cofondatrice et co-P-DG de la Beneficial State Bank, contre le financement des énergies fossiles, parle – et chante.

◄ L'acteur Martin Sheen à la tribune, Susan Sarandon derrière lui.

▲ Le groupe se dirige vers le Capitole pour faire acte de désobéissance civile. De gauche à droite, Susan Sarandon, Joaquin Phoenix, Omékongo Dibinga, Jane, Eriel Tchekwie Deranger et Naomi Klein.

▲ Jane remercie chaleureusement Joaquin Phoenix dès que sa garde à vue, sur place, est levée. C'est l'un des derniers à être libéré.

▲ Jane étreint Annie Leonard qui évoque l'avenir des Vendredis Alerte Incendie.

Une militante tient une pancarte « Washington D.C. remercie Jane Fonda. Arrivée fatiguée, repartie inspirée ».

Rolf ajoute que le déboisement et la dégradation des forêts nuisent plus à l'environnement que toutes les voitures, tous les camions, trains, avions et bateaux en circulation dans le monde. « On parle d'une quantité phénoménale de CO_2. Pas seulement dans les racines, les troncs et les feuilles mais, comme Hana l'a dit, dans les tourbières et le sol. Dans certaines des forêts les plus importantes, le CO_2 se trouve en fait dans le sol. C'est le cas de la forêt boréale, qui s'étend de l'Alaska au Canada. En Russie, c'est comme un halo vert au nord du globe. Perturber ces sols, c'est piocher allègrement dans une sorte de tirelire à CO_2 qui se remplissait depuis des centaines ou des milliers d'années. »

Je demande à Rolf d'expliquer ce qu'est la « fragmentation forestière ».

« La fragmentation, c'est quand vous autorisez la construction de routes ou l'extraction de minerais dans une forêt. Quand vous morcelez une forêt, ses lisières meurent. Certaines espèces disparaissent, qui parfois sont vitales pour l'écosystème. Tout cela s'additionne, et on est en train de prendre conscience que le coût est dramatique en termes d'environnement.

– Est-ce que replanter des arbres compense les problèmes causés par la déforestation ?

– C'est toujours bon à prendre, réplique Hana. Mais si on en plante, on doit aussi sauver ceux qui sont encore debout, dans des zones fragiles comme les tropiques, mais partout, en fait. Plantons des arbres. Mais stoppons aussi la déforestation.

– Hana a raison. Il faut d'abord stopper l'hémorragie, reprend Rolf. C'est-à-dire mettre un terme à la déforestation. Certains disent qu'on n'y arrivera jamais. Mais ils ne réalisent pas que c'est inévitable. Un jour il sera trop tard et tout sera perdu, sauf si on développe ensemble et dès maintenant des solutions utiles pour tous. Il faut s'attaquer aux causes profondes de la déforestation. Tout en haut de la liste, on a l'agriculture intensive, la production de lait et de viande, l'industrie du papier et de la pâte à papier. Les plantations de palmiers à huile, de caoutchouc même, commencent à y figurer.

– Je parie que la plupart d'entre vous ont déjà vu "huile de palme" écrit sur des articles comme les savons, les barres chocolatées, les shampoings, et ainsi de suite, rebondit Hana. Et concernant des produits en papier comme le papier hygiénique ou les mouchoirs, s'ils viennent d'Indonésie, vous pouvez être quasi sûrs qu'ils sont liés à la destruction des tourbières. Le consommateur a une vraie possibilité de faire pression sur les marques qui ne jouent pas le jeu, en les boycottant.

« Dans les années 2000, on a pris pour cible la multinationale Citigroup. On a réussi à lui faire adopter l'une des premières politiques sociales et environnementales, ce qui en a incité beaucoup d'autres à suivre. Et Greenpeace, comme Rainforest Action Network, travaille avec les marques Unilever et Nestlé. Ces marques ont désormais une politique "Zéro déforestation, zéro destruction de tourbières, zéro exploitation", ce qui signifie qu'elles s'engagent à ce que leur chaîne d'approvisionnement ne pratique aucune des trois. Pour que ça marche, elles doivent connaître cette chaîne d'approvisionnement de A à Z. Qui sont mes intermédiaires ? Quel intermédiaire achète à quel producteur ? Où est cultivée ma matière première ? Du coup certaines, comme Unilever, ont fait un sacré ménage. »

Hana ajoute que 2020 est une année importante pour les forêts, puisque quatre cents entreprises ont promis d'éliminer la déforestation de leur chaîne d'approvisionnement. En parallèle, les États-Unis, le Canada et l'UE ont promis de diminuer les pertes forestières de moitié et d'en finir totalement avec la déforestation d'ici à 2030. « On ne va pas lâcher ces entreprises, pour qu'elles tiennent parole et aident à atteindre l'objectif mondial que tous ces pays se sont fixé.

– C'est pour ça qu'on a plus que jamais besoin des citoyens, renchérit Rolf en regardant nos spectateurs dans les yeux à travers le petit iPhone. La seule façon de gagner, c'est de mobiliser votre énergie, l'énergie du peuple, pour forcer ces gens à prendre leurs responsabilités. De nombreuses promesses ont été signées pour 2020, 2030, et pourtant les entreprises ne progressent pas assez et les gouvernants ne se montrent pas à la hauteur des engagements qu'ils ont signés. On ne veut pas d'engagements sur le papier. On veut des résultats sur le terrain. Le pouvoir du peuple a réussi à attirer l'attention de ces marques. L'idée d'en finir avec la déforestation est passée de l'abstrait au concret. Il faut leur faire savoir que le monde entier les observe et que nous sommes déterminés à nous battre pour l'avenir de la planète maintenant.

« La forêt amazonienne est la plus vaste du monde. Et en résumé, il suffirait de protéger et respecter les droits des peuples autochtones pour avoir une bonne chance de la préserver, car ce sont eux qui vivent là depuis la nuit des temps : ils dépendent de la forêt pour leur mode de vie et leur existence même, ils la respectent et la gèrent de façon durable. Des recherches ont montré que le taux de déforestation dans les zones légalement exploitées par les autochtones est deux à trois fois plus bas qu'ailleurs. Avant son arrivée au pouvoir en janvier 2019, le président brésilien projetait déjà de ne plus protéger les autochtones et les communautés traditionnelles, en gros de faire tout ce qu'il fallait pour renvoyer l'ascenseur aux géants de l'industrie et de l'agriculture qui l'ont fait élire. Mais nous aussi, on peut envoyer un message au président Bolsonaro, lui dire que ce genre de pratique est mauvaise pour les affaires. Vous voulez peut-être vendre vos produits aux États-Unis, à l'UE ou ailleurs, mais on n'en voudra pas s'ils sont tachés du sang des autochtones, s'ils sont liés au changement climatique et à la destruction des forêts. »

Rolf souligne qu'au-delà de compenser les effets du dérèglement climatique, la forêt a d'innombrables vertus, dont certaines restent à découvrir. J'acquiesce : « On est loin d'y avoir identifié toutes les espèces animales ou toutes les plantes, dont beaucoup ont des vertus médicinales. »

Rolf nous donne un exemple édifiant : « Il existe un arbre, dans le Nord-Ouest Pacifique, qu'on croyait sans intérêt. Il pousse dans une forêt primaire et s'appelle l'if de l'Ouest, ou if du Pacifique. Eh bien, il s'est avéré que son écorce a un rôle capital à jouer dans le traitement contre le cancer du sein. De nombreuses substances chimiques présentes dans des plantes et des arbres amazoniens servent à fabriquer des médicaments. On ne sait littéralement pas ce qu'on est en train de détruire, quelles dépenses on accumule sur notre carte de crédit écologique et que les générations futures auront à rembourser. »

C'est l'heure des questions et la première, d'un spectateur du Colorado, concerne la politique américaine en matière de protection des forêts.

Rolf pointe la distinction entre une forêt sur un domaine privé, où ce qui se passe dépend surtout du propriétaire, et les zones qui appartiennent à l'État, donc à tous les Américains. « C'est là qu'on trouve les vastes forêts restées à l'état sauvage, les grands fleuves et une bonne partie de la faune et de la flore. Et ces écosystèmes sont protégés par un mélange complexe de lois et de réglementations. Prenez la forêt nationale en Alaska, l'une des plus grandes forêts tempérées humides, une des mieux préservées aussi. Elle est essentielle pour l'environnement, abrite de nombreuses espèces rares ou en voie d'extinction, tant végétales qu'animales. Eh bien, on tente de l'exploiter en construisant des routes, en abattant des arbres, en ouvrant des mines. Mais il ne faut pas se laisser faire, ce sont nos terres.

– Tu veux parler de la forêt de Tongass ! je m'exclame. Il y a plusieurs vendredis de ça, on a reçu une délégation d'autochtones habillées en tenues traditionnelles. On ne les attendait pas, mais je les ai invitées à prendre la parole. Ces femmes avaient fait le voyage depuis une petite ville de huit cents habitants du sud-est de l'Alaska pour défendre le Tongass. Elles tentaient d'empêcher l'administration Trump de donner des permis d'abattage. Jamais je ne les oublierai. À la fin du rassemblement, elles ont chanté de magnifiques mélopées au son du tambour. »

Ensuite, un spectateur de Californie souhaite savoir en quoi notre mode d'alimentation est lié à la déforestation.

« Quand j'ai commencé à militer pour les forêts, je croyais que j'allais parler de tronçonneuses et de bulldozers, explique Rolf. Eh bien figurez-vous que depuis des années je ne parle que d'agriculture et d'alimentation. En Amazonie, la forêt est rasée pour être remplacée par une monoculture de plantations de soja. Pas pour fabriquer du tofu, non, pour nourrir les animaux d'élevage. C'est une façon incroyablement peu efficace de nourrir la planète. L'élevage du bétail prend un espace considérable. Il faut repenser tout le modèle de l'agriculture industrielle.

– Sur quelles chaînes de fast-food le public devrait-il faire pression ? Est-ce McDonald's l'ennemi numéro un dans cette histoire ?

– McDonald's a participé, avec Greenpeace et quelques autres, à l'élaboration de ce qu'on a appelé par manque d'inspiration le "moratoire sur le soja". L'idée était de ne pas acheter de soja provenant de zones récemment déboisées, et pour être honnête, ça a pas mal freiné la déforestation au Brésil. Bonne nouvelle ! Brands, la maison mère de KFC et Taco Bell, a fait certaines choses, mais il y a quand même pas mal de bla-bla. Burger King, lui, ignore carrément le problème. Il est grand temps de vous exprimer, conclut Rolf en regardant de nouveau la caméra.

– Les statistiques montrent qu'environ 70 % de la déforestation tropicale est causée par ces compagnies, ajoute Hana. Or, la plupart sont cotées en Bourse, donc redevables aux actionnaires. Si ces derniers commencent à leur dire : "Vous violez les droits de l'homme" ou "Vous contribuez à la déforestation en Indonésie", l'impact peut être colossal. En mobilisant les actionnaires pour mettre la pression sur leurs entreprises, on a vraiment contribué à les faire évoluer. »

Puis Torres, qui vit en Iowa, nous demande : « Hier c'était Noël, et ma famille achète un sapin tous les ans. Est-ce qu'on doit arrêter ? » Je suis contente qu'elle pose la question.

Rolf la rassure : « Ce ne sont pas les producteurs de sapins de Noël qui sont les plus coupables de déforestation. Si les gens veulent avoir un sapin chez eux, ça ne me gêne pas. Vérifiez seulement si le producteur a mis beaucoup de pesticides ou pas, car certains ne s'en privent pas. Mais souvent, ils cultivent leurs sapins sur des terres qui sont d'anciennes fermes ou d'anciens pâturages. »

Un spectateur du Vermont s'interroge sur le lien entre déforestation et habitat des animaux, comme le tigre, chassé de son milieu par la culture des palmiers à huile.

« La destruction des forêts tropicales a des conséquences dramatiques sur la biodiversité, lui répond Hana. C'est particulièrement problématique pour des animaux comme le tigre, qui a besoin de grands espaces où être en liberté. En Indonésie, l'orang-outan connaît un déclin rapide parce qu'il perd son habitat, en grande partie à cause de l'huile de palme. Mais tout n'est pas noir. Mon ONG, avec certains groupes de citoyens et responsables locaux, est en passe de réussir à préserver une région d'Indonésie appelée l'écosystème de Leuser, qui est la capitale mondiale de l'orang-outan. C'est le seul endroit sur Terre où on peut voir le tigre, le rhinocéros, l'orang-outan et l'ours malais vivre en harmonie dans le même habitat. Un lieu incroyable. Bon, rien n'est encore fait, il reste plein de détails à régler, mais la déforestation est déjà en baisse là-bas, ce qui est de bon augure puisque ça signifie qu'on a un impact réel sur le terrain. »

Laura, de Washington, aimerait savoir quelles compagnies minières contribuent à la déforestation.

Le gouvernement de l'Extinction
par Rolf Skar

« Tout à l'heure, on parlait des animaux en voie d'extinction et de la crise créée par l'homme, qui fait que des espèces, dont pour certaines on ne soupçonnait même pas l'existence, disparaissent. L'orang-outan est l'un de nos parents les plus proches. Nous partageons quelque chose comme 97 % de notre ADN avec lui. Je crois qu'il a la relation mère-enfant la plus longue parmi les vertébrés après les humains. Les petits peuvent rester près de leur mère quasiment jusqu'à l'adolescence, ayant tellement de choses à apprendre de leurs parents pour survivre dans la forêt. Alors imaginez quand ils deviennent orphelins. Jusque-là, on croyait qu'il y avait deux espèces d'orangs-outans, mais récemment on en a découvert une troisième. Immédiatement, elle s'est retrouvée en danger critique d'extinction. Pour sauver ces animaux, il faut d'abord sauver leur habitat. Sans cela, pas d'avenir pour la faune sauvage.

« On a surnommé l'administration Trump le "gouvernement de l'Extinction" parce qu'on dirait bien que c'est ce que ce gouvernement cherche à faire, un maximum de dégâts sur nos parcs nationaux, là où bien souvent se situent les meilleurs habitats pour les animaux, en particulier dans les États-Unis contigus [hors Alaska et Hawaï]. Les attaques contre la loi sur la protection des espèces en voie de disparition sont graves. C'est peut-être notre loi de protection la plus importante, elle est vitale pour la sauvegarde de la faune et de la flore américaines. Enfin quoi, notre symbole national, le pygargue à tête blanche, a été sauvé de l'extinction grâce à cette loi. Quantité d'exemples montrent qu'elle fonctionne, qu'elle est positive pour les hommes et la planète. Eh bien, ils s'acharnent à la détricoter. Pas directement, mais en supprimant les moyens de la mettre en application. Quel intérêt d'avoir une loi si elle n'est pas appliquée ? C'est ce qu'ils essaient de faire en ce moment. Ils veulent s'assurer que, même si elle existe, personne n'aura les moyens de l'appliquer. Et jusqu'où oseront-ils aller avant les élections ? »

« L'exploitation minière est l'un des grands facteurs de la déforestation, surtout dans certaines régions, répond Rolf. Par exemple, l'or en Amazonie. Je l'ai vu de mes propres yeux : on se serait cru revenu au XIXe siècle pendant la ruée vers l'or en Californie, c'était le Far West, avec des hommes armés s'emparant des terres, utilisant des méthodes extrêmement dangereuses pour extraire l'or du lit des rivières, et maintenant ces produits toxiques, ce mercure, se sont infiltrés dans l'eau, ont contaminé les poissons et le corps des gens. Les exploitations minières provoquent des réactions en chaîne : parfois, ce sont les premières à s'installer dans des régions reculées comme l'Amazonie, parfois aussi les premières à empiéter sur les terres traditionnelles des peuples autochtones, et une fois que ces routes sont ouvertes et que les employés commencent à arriver, ça devient plus facile pour les bûcherons clandestins de suivre. Après, c'est au tour des éleveurs de bétail. Donc, comme dit la chanson, la première blessure est peut-être la plus profonde, car elle provoque une sorte d'effet domino de la déforestation.

– J'ajouterai qu'en Indonésie on a aussi établi des liens étroits entre l'exploitation du charbon et la déforestation, conclut Hana. On a même suivi la trace du bois issu de la déforestation jusqu'aux JO de [2021] à Tokyo, où il a servi à construire un stade. C'est une tout autre histoire. Mais un vrai problème. »

LE RASSEMBLEMENT

Mon assistante, Debi, revient de Californie ce soir-là, et le lendemain nous allons chercher Lily à son hôtel à neuf heures pour le briefing. Je ne m'attendais pas à ce que tant de gens s'inscrivent pour faire acte de désobéissance civile. Nous allons à pied au rassemblement, tout en chantant :

La mer monte et le peuple se lève,
Pour stopper cette crise enfin.
Mon arrière-petite-fille rêve,
Dit : « Le pétrole, laissez-le dans le sol. »

Je présente d'abord Rolando Navarro, qui a présidé l'Agence de surveillance des ressources naturelles et forestières au Pérou. Parce qu'il a osé s'attaquer à la mafia des exploitations forestières illégales, Rolando a été la cible de menaces et de représailles. En 2016, il a dû demander l'asile pour lui et sa famille aux États-Unis, où il poursuit son travail de protection de la forêt amazonienne péruvienne au sein du CIEL (le Centre pour le droit environnemental international). Un interprète traduit ses paroles.

« Les scientifiques ont donné l'alerte : si on continue à détruire la forêt, on atteindra un point de non-retour. L'alerte a aussi été donnée par les défenseurs de l'environnement en Amérique du Sud, au Pérou, en Colombie, au Chili, au Brésil, en Amérique centrale, au Guatemala, au Nicaragua, mais aussi en Afrique, en Asie, en Europe. Il y a des militants et des militantes des droits de l'homme qui sont morts, qui meurent chaque jour parce qu'ils ont élevé la voix pour défendre la forêt. »

Ensuite, Rolf Skar chauffe la foule avec son discours :

« En 2019, le monde a regardé avec horreur la forêt amazonienne brûler dans des incendies allumés par l'homme pour faire main basse sur les terres, tout ça avec la bénédiction du président Bolsonaro. »

La simple mention de son nom déclenche des huées.

Rolf continue : « On brûle le cœur de la biodiversité et de la planète, on bafoue les droits des peuples autochtones, on menace l'avenir de la plus grande forêt du monde. Cela n'est pas… » Il marque un temps d'arrêt.

Et le public répond : « Un exercice ! »

Rolf : « En Indonésie ces dernières années, les forêts et zones humides riches en CO_2 ont été ravagées, engendrant des nuages de fumée toxique qui ont duré des semaines et des mois et traversé les frontières. Ils étaient même visibles de l'espace. Une étude montre qu'en une seule année, jusqu'à cent mille personnes, des enfants et des personnes âgées malades des poumons surtout, sont mortes prématurément à cause de la déforestation. Cela n'est pas… »

Le public : « Un exercice ! »

Rolf : « Quand des citoyens, les autochtones et les communautés touchées osent protester et défendre leurs terres, osent se battre pour leurs droits élémentaires, lutter pour leur mode de vie et leur existence, ils sont pris pour cible, persécutés, assassinés. Depuis 2001, le nombre de défenseurs de l'environnement tués équivaut à la moitié des soldats américains morts en Irak et en Afghanistan. Cela n'est pas… »

Le public : « Un exercice ! »

Rolf : « Le changement climatique prolonge la saison des incendies partout dans le monde, comme en Californie où je vis. Et en Australie. Les habitants se sentent abandonnés, ils se demandent comment ils vont protéger leurs enfants, reconstruire leur vie. Cela n'est pas… »

Le public : « Un exercice ! »

Rolf : « Tous ensemble, une dernière fois. Cela n'est pas… »

Le public : « Un exercice ! »

C'est au tour de Lily Tomlin de parler. En guise d'introduction, j'avoue à l'auditoire qu'il y a quelques années encore je n'avais aucune conscience des problèmes que peut poser l'huile de palme. « Mais dans la deuxième saison de *Grace et Frankie*, Grace met en toute innocence de l'huile de palme dans le lubrifiant vaginal qu'elle a l'intention de vendre avec Frankie. Vous savez, pour pallier les problèmes que les femmes d'un certain âge ont *en bas*. Eh bien, quand Frankie découvre cela, elle pousse un sacré coup de gueule. Elle se badigeonne de peinture rouge et se lance dans un numéro très avant-gardiste pour montrer ce qui arrive aux orangs-outans qu'elle aime tant. Cette scène était si spectaculaire que j'ai aussitôt fait des recherches sur le sujet. Moi, Jane, pas moi, Grace. Et c'est comme ça que j'ai découvert le désastre écologique qu'est l'huile de palme. Il fallait donc absolument que j'invite Lily à ce Vendredi Alerte Incendie.

– Bon, ne vous attendez pas à ce que je sois drôle aujourd'hui, commence Lily, et le public s'esclaffe. Je veux dire, je regarde autour de moi et je sais bien que je ne suis pas la seule « Verte » ici. Pourtant, certains jeunes ne savent même pas ce que ça veut dire. C'est fou mais malheureusement, aimer la nature ne suffit plus de nos jours. »

Elle mentionne les incendies dévastateurs et le secteur financier qui détruit indirectement la forêt.

« Le plus grand fonds d'investissement au monde, BlackRock, finance des entreprises impliquées dans la déforestation, les forages, la fracturation hydraulique. C'est carrément criminel. Les patrons de ces entreprises, de ces chaînes d'approvisionnement, de ces traders, ce ne sont pas des P-DG, ce sont des ogres. »

Lily conclut en disant qu'il serait peut-être bien de ne plus acheter de vrais sapins de Noël.

« Si vous en avez acheté un, gardez-le jusqu'à ce que toutes les épines tombent et faites-en un symbole de votre prise de conscience. Vous aimeriez pouvoir ressortir le faux sapin comme quand on était petits, hein ? Le décorer avec des guirlandes, des boules et tout ? C'est ce qu'on fait à la maison. »

Il n'y a pas que dans *Grace et Frankie* qu'on aime se taquiner, Lily et moi. Quand elle retourne s'asseoir, je fonce vers le micro et m'exclame : « Alors là, Lily a tout faux ! On peut très bien acheter un vrai sapin. »

Elle bondit de sa chaise. « Quoi ? T'es en train de dire que j'ai tort ?

– Et comment. J'ai appris pas plus tard qu'hier soir à la conférence qu'on peut en acheter un vrai sans problème. »

Lily tente de me voler le micro pour avoir le dernier mot, mais je ne la laisse pas faire. Elle repart s'asseoir et tourne sa chaise de côté comme une écolière boudeuse, tandis que la foule éclate de rire et que je m'explique :

« J'adore quand Frankie a tort et elle déteste quand j'ai raison, et pour ce qui est des sapins de Noël j'ai raison : la plupart du temps les producteurs de sapins les plantent sur des terres déjà déboisées et souvent dégradées. »

Sur ce, j'embrasse chaleureusement Lily et nous nous mettons tous en marche vers le Capitole. Je m'écarte au troisième avertissement de la police mais, s'étant engagée à être arrêtée, Lily reste. J'applaudis fort ma copine adorée en la voyant se faire menotter et emmener, un sourire radieux sur le visage.

Les conséquences de la déforestation
par Gaurav Madan

Gaurav Madan mène les campagnes de Friends of the Earth et se bat pour que les grandes entreprises cessent de financer la déforestation, de contribuer à la crise climatique, et reconnaissent les droits des peuples autochtones sur leurs terres.

« J'aimerais vous parler des raisons de notre présence aujourd'hui. Nous savons ce que nous avons à faire : sortir du pétrole, du gaz et du charbon et faire de l'industrie fossile une relique du passé. Mais nous devons aussi protéger les forêts mondiales. Les deux vont de pair. Si on fait l'un sans l'autre, on ne réussira pas à atténuer les pires effets du dérèglement climatique.

« Non seulement la déforestation alimente la crise climatique, mais elle contribue aussi à la disparition sans précédent de nombreuses espèces et à la violation des droits de l'homme. Les forêts mondiales sont l'épicentre de crises qui se croisent et s'additionnent. Les productions comme l'huile de palme, la pâte à papier, le soja et le bétail sont responsables à 80 % de la déforestation. Et qui est en première ligne ? Les communautés locales, souvent autochtones, confrontées à une épidémie de violence. En 2018, trois défenseurs de l'environnement ont été assassinés par *semaine*. Vous imaginez ? Trois personnes tuées chaque semaine pour avoir défendu ce qui leur appartient, défendu leur mode de vie, leur gagne-pain, leur famille, leur avenir.

« Le problème ne se limite pas à l'Amérique du Sud. On constate que des forêts sont détruites de l'Indonésie au Libéria, en passant par le Brésil. Et qui finance tout ça ? Les mêmes banques et investisseurs qui financent l'industrie du pétrole, du charbon et du gaz.

« Il faut que je vous parle de BlackRock, premier investisseur dans les oléoducs, premier investisseur dans les centrales à gaz, premier investisseur dans les mines de charbon. Et comme si ça ne suffisait pas, c'est aussi le premier à investir dans la destruction de la forêt tropicale. Ils financent littéralement la crise climatique. Et ils ont le culot de dire qu'ils font des investissements socialement responsables. On les a même appelés la "conscience de Wall Street". C'est de la pure hypocrisie.

« Ils ne soutiennent que 10 % des résolutions de leurs actionnaires en faveur de l'action climatique. L'an dernier, ils ont voté exactement 0 % de résolutions en faveur des droits de l'homme. Il faut demander des comptes à la finance, la forcer à protéger la planète et à bien se comporter.

« J'aimerais terminer sur une note personnelle. Nous tous ici sommes solidaires de nos frères et de nos sœurs qui se battent pour leurs terres. Nous sommes solidaires de nos frères et de nos sœurs du Midwest qui luttent contre l'expansion des pipelines. Au printemps prochain, je vais accueillir mon premier enfant dans ce monde. Agir ne me paraît que plus urgent. L'avenir que je veux pour ma fille est un avenir où tout le monde sera traité dignement, sur une planète sûre et vivable. »

QUE FAIRE ?

Sans la forêt – le poumon de la Terre –, l'homme ne peut pas survivre. Commencez par des gestes individuels, puis élargissez votre impact en adhérant à des mouvements qui militent en sa faveur au niveau international.

Au niveau individuel, réduisez votre consommation de produits à usage unique, en particulier des dérivés du papier, du bois et du caoutchouc. Au supermarché, évitez les produits contenant de l'huile de palme et de soja, prêtez attention aux conditions d'élevage du bétail dont vous achetez la viande (où les bêtes sont-elles emmenées en pâture, que mangent-elles). Si possible, adoptez un régime alimentaire davantage à base de légumes, de fruits et de légumineuses. Votre corps vous dira merci, les forêts vous diront merci, et la Terre tout entière pourra mieux R-E-S-P-I-R-E-R. Bien entendu, notre alimentation ne résoudra pas tout, mais c'est un premier pas considérable.

Insistez auprès des supermarchés et des restaurants pour qu'ils proposent un choix respectueux de la forêt. Demandez si la viande a été produite de façon durable. Concernant les articles issus de la forêt, veillez à ce qu'ils soient recyclables à cent pour cent, assurez-vous que leur origine soit responsable, tant sur le plan environnemental que social. En posant des questions, soyez curieux plutôt qu'insistant, car le serveur ou l'employé de magasin n'aura peut-être pas toutes les réponses. L'idée est d'entamer la discussion, de faire passer le message et de rappeler au commerçant qu'il dépend de *vous*, le consommateur, et que vous êtes vigilant. S'il veut continuer à vous avoir comme client, il fera bien de placer la barre plus haut.

Et si vous parlez sans détour aux commerçants, faites-en autant avec les entreprises. Il n'y a rien de plus facile que de susciter leur intérêt en les taguant dans un post ou un tweet. Vous pouvez aussi leur téléphoner, ou même leur écrire une bonne vieille lettre : c'est si rare aujourd'hui qu'elle fera peut-être impression. Réclamez de ces entreprises qu'elles s'engagent à réduire la déforestation avec des politiques ciblées, et qu'elles mènent à bien ces engagements.

L'action individuelle ne suffit pas. Exigez de vos gouvernants (à tous les niveaux) qu'ils achètent des marchandises respectant la forêt et les droits de l'homme. Rappelez à vos élus que les peuples autochtones sont les protecteurs de la forêt depuis des temps immémoriaux et que leurs droits aux terres traditionnelles doivent être conservés, dans leur intérêt comme dans celui de la planète, ainsi qu'il est écrit dans la Déclaration de l'ONU sur les droits des peuples autochtones.

Interpellez les banques internationales comme Union Bank et les grandes sociétés d'investissement comme BlackRock, qui financent la destruction de la nature et font des trouées dans les poumons de la planète. Vérifiez qu'aucun organisme financier dans lequel vous avez investi n'alimente l'industrie extractive, et exigez que l'État se désinvestisse aussi. Et ne bataillez pas seul dans votre coin, des ONG comme Greenpeace et Rainforest Action Network mènent ce combat depuis des années. Apportez-leur votre soutien, ainsi qu'aux associations autochtones comme Indigenous Environmental Network. Et en France, à Greenpeace France : https://www.greenpeace.fr/, aux Amis de la Terre : https://www.amisdelaterre.org/, au WWF : https://www.wwf.fr/, mais aussi à Envol Vert : http://envol-vert.org/, et à Canopée : https://www.canopee-asso.org/.

15

COMMENT METTRE L'INDUSTRIE FOSSILE FACE À SES RESPONSABILITÉS

DURANT DOUZE VENDREDIS ALERTE INCENDIE, nous avons largement évoqué l'impact de l'industrie fossile sur le climat, l'environnement et les communautés qui se trouvent à l'épicentre de leur dangereux pillage des ressources naturelles. Il est grand temps d'évoquer franchement la nécessité de mettre l'industrie fossile face à ses responsabilités, et les meilleurs moyens d'y parvenir.

Laissez-moi d'abord vous faire un aveu : jusqu'à ce que je vienne à Washington, je ne me rendais pas compte du nombre de personnes – même des soi-disant défenseurs de l'environnement – qui refusent d'accepter, et encore plus d'affirmer qu'il faut réduire les combustibles fossiles à la source.

Jamais, en vingt-cinq ans de négociations internationales sur le climat, il n'y a eu de discussion sérieuse sur l'arrêt de l'extraction des combustibles fossiles. Même l'accord de Paris et le Green New Deal *ne mentionnent pas les mots « combustibles fossiles »* ! Ce sont les tout premiers coupables du réchauffement climatique, et pourtant, jusqu'à très récemment, la plupart des écologistes et des grandes associations y faisaient rarement allusion et se gardaient bien d'appeler à leur réduction. Ils parlaient de développement durable. Ils parlaient de panneaux solaires. Ils parlaient d'éoliennes et de protection de la nature, mais très peu disaient qu'il était urgent de s'attaquer à la question de l'énergie fossile. Et les politiciens américains ne font pas mieux. Une poignée d'entre eux seulement reconnaissent qu'il faut laisser les hydrocarbures dans le sol. Apprendre cela m'a sidérée. Comment se battre contre la crise climatique si on ne parle pas de ce qui la cause ? Ça semble défier toute logique.

Il m'a fallu du temps, mais j'ai fini par comprendre : il est beaucoup plus simple et moins polémique d'esquiver le problème. C'est vrai, quand on y pense, à peu près toute l'économie américaine dépend de l'énergie fossile. C'est elle qui a permis notre développement et fait de notre nation une grande puissance industrielle. Les scientifiques affirment à raison que, pour éviter le désastre climatique, « il faut prendre rien de moins que des mesures rapides et radicales ». Mais il est beaucoup plus facile d'approuver la construction d'éoliennes que d'initier la transformation « rapide et radicale » du secteur économique qui constitue le socle de notre société.

Ainsi les compagnies pétrolières et gazières sont ultrapuissantes sur le plan économique, politique et social. Pour leur tenir tête, il faut une sacrée volonté et une vraie détermination à refuser leurs cadeaux. Car elles n'hésitent pas à financer par millions de dollars les campagnes des candidats à l'élection présidentielle. Elles font aussi des dons aux associations écologistes et caritatives, sponsorisent des événements culturels, offrent même des parcs et des terrains de base-ball aux villes qu'elles polluent.

Pour toutes ces raisons, le changement de discours est venu de la frange la plus courageuse du mouvement pour le climat, à savoir les populations en première ligne et les autochtones, qui n'ont d'autre choix que de se frotter à l'industrie fossile : elle est établie au cœur de leurs communautés, là où ils vivent. Le jour où ils se sont mis à donner des noms, leur appel a été relayé par des groupes nationaux et internationaux : 350.org et le mouvement de désengagement de l'industrie fossile ; Greenpeace et les réseaux de désobéissance civile des autochtones qui ciblent les infrastructures de l'industrie fossile ;

le Sunrise Movement, qui demande aux candidats de signer l'engagement « Zéro argent de l'industrie fossile » pour leur campagne électorale ; Oil Change International, qui tente d'en finir avec les subventions publiques à l'industrie fossile ; Greta Thunberg et les courageux jeunes grévistes pour le climat. Voilà les forces qui ont été déterminantes pour réorienter nos priorités, ne plus se concentrer sur la demande mais sur l'offre – la fin des combustibles fossiles. On ne peut pas régler un problème sans le nommer. C'est pour ça que nous avons placé la sortie de l'énergie fossile en bonne place sur les banderoles des Vendredis Alerte Incendie, et que nous n'avons jamais eu d'intervenants issus d'associations qui ne la soutenaient pas.

Encore un fait incroyable que je ne comprenais pas pleinement avant de venir à Washington et de potasser le sujet : l'urgence dans laquelle nous nous trouvons aurait pu être évitée si, il y a cinquante ans, les coupables avaient révélé la vérité.

Des documents dénichés par des journalistes et des avocats audacieux révèlent que les compagnies pétrolières connaissaient dès les années 1960 le risque de réchauffement climatique et de ravages environnementaux causés par leurs produits*. Une décennie ou deux plus

* Un rapport de 1968 de l'Institut de recherches de Stanford, commandé par l'API (l'Institut américain du pétrole) et intitulé « Sources, abondance et destin des polluants atmosphériques gazeux », concluait entre autres que la combustion fossile était de loin la plus probable « source de CO_2 supplémentaire observée aujourd'hui dans l'atmosphère » et prévenait qu'une augmentation de CO_2 entraînerait une hausse des températures à la surface du globe, ce qui pourrait causer des dégâts environnementaux potentiellement graves et planétaires. Neela Banerjee *et al.*, « Le rôle du CO_2 dans le réchauffement climatique était connu de l'industrie pétrolière depuis les années 1960 », *InsideClimate News*, 13 avril 2016 ; Benjamin Franta, « L'industrie pétrolière savait depuis longtemps pour le CO_2 et le réchauffement climatique », *Nature Climate Change*, 8 décembre 2018, p. 1024-1025.

tard, les scientifiques d'Exxon et de Shell ont carrément prévenu que le réchauffement dû à leurs émissions de CO_2 doublerait peut-être plus tôt que prévu et entraînerait une catastrophe écologique telle que la fonte de la calotte polaire Ouest-Antarctique, qui inonderait des terres cultivées et les îles et côtes basses, détruirait des écosystèmes entiers et obligerait à trouver de nouvelles sources d'eau potable. Ils savaient que les variations de température mondiales « [allaient] changer radicalement la façon de vivre et de travailler des gens, et que ces changements [seraient] peut-être les plus importants observés dans l'histoire ». Leurs rapports montraient que le Midwest américain et d'autres régions du monde pourraient devenir désertiques.

Et vous savez ce que les dirigeants d'Exxon ont répondu ? « Pour l'humanité, c'est un problème moins significatif qu'un holocauste nucléaire ou une famine mondiale*. » Voilà ce qu'ils ont osé dire, tout en continuant tranquillement à forer.

Comme Exxon, Shell, Mobil et les autres savaient qu'ils feraient moins de profits dès que le monde aurait vent du danger, ils ont engagé les mêmes consultants que l'industrie du tabac pour lancer une vaste campagne de communication et trouver les meilleurs moyens de nous duper. La différence, c'est que l'industrie du tabac nuisait essentiellement à la santé des fumeurs. L'industrie fossile, elle, nuit à la planète entière et tous ses habitants.

Pour moi, il est clair que l'industrie fossile est devenue inenvisageable dans une démocratie. On ne peut pas continuer à dépendre du pétrole dans un pays qui se dit démocratique. Un exemple : un sondage montre que deux tiers des Américains sont pour que le gouvernement fédéral passe un accord contraignant sur le climat. Or, en 2013, les compagnies pétrolières ont dépensé la bagatelle de 326 millions de

---

* Benjamin Franta, « Les mises en garde secrètes de Shell et Exxon sur le réchauffement climatique dès les années 1980 », *The Guardian*, 19 septembre 2018.

dollars pour convaincre les républicains et quelques démocrates du Congrès d'enterrer justement cette idée-là. Au niveau national comme international, l'argent de cette industrie coule à flots pour stopper toute mesure visant à l'empêcher de faire un maximum de profit au détriment de la santé et des souhaits du public. L'industrie fossile discrédite notre démocratie, c'est évident.

Par ailleurs, les hydrocarbures sont sous perfusion de l'État. Chaque année, le gouvernement américain leur fait cadeau de 20 milliards de dollars en subventions et exonérations d'impôt. Sans ce généreux coup de pouce, 45 % des forages existants ne seraient pas rentables et le secteur s'effondrerait ; alors qu'ils ne viennent pas taxer le Green New Deal de « socialiste ».

S'ils ont commis des crimes dans le passé, ils détruisent aussi notre avenir. Et cela pour qu'un petit nombre de patrons de l'industrie fossile et de l'armement, de politiciens corrompus et de magnats de la finance comme JPMorgan Chase, Wells Fargo, Union Bank et BlackRock s'enrichissent toujours plus.

En ce début d'année 2020, ils s'en mettent assurément plein les poches. Lorsque le 3 janvier Trump donne l'ordre d'assassiner Qassem Soleimani, le commandant iranien de la force al-Qods, et que les États-Unis font mine de se préparer à une possible guerre au Moyen-Orient, le prix du baril de pétrole grimpe en flèche et tous les projets de pipelines en suspens semblent être remis sur la table. Une séquence médiatique proprement écœurante.

LA CONFÉRENCE

Pour notre conférence sur les meilleurs moyens de mettre les coupables face à leurs responsabilités, nous avons invité quatre femmes vraiment féroces. Militante endurcie, Ellen Dorsey est directrice exécutive de Wallace Global Fund, une fondation privée progressiste prônant des changements sociaux dans les domaines de l'environnement, de la démocratie, des droits de l'homme et de la responsabilité des entreprises. Elle travaille à la jonction des droits de l'homme et de l'environnement depuis des années : elle a lancé un programme novateur qui combine les deux chez Amnesty International, et, inspirée par sa propre lutte contre l'apartheid en Afrique du Sud, elle a été l'une des premières leaders du mouvement de désinvestissement de l'énergie fossile aux États-Unis.

À ses côtés, Tamara Toles O'Laughlin est la directrice Amérique du Nord de 350.org, où elle met en place un mouvement climatique multiracial et multigénérationnel à même de forcer nos dirigeants à prendre en compte la science et la justice.

Nous avons aussi Katie Redford, une avocate activiste qui n'hésite pas à assigner en justice des entreprises pour atteinte aux droits de l'homme et de l'environnement aux quatre coins du monde. Elle dirige EarthRights International, une ONG qui représente des communautés locales et autochtones se battant contre les méfaits des grandes compagnies dans des pays tels que la Birmanie, le Nigéria, le Pérou, et à Standing Rock aux États-Unis. Actuellement, EarthRights est en procès avec Exxon et Suncor pour le rôle qu'ils ont joué dans la crise climatique. Katie mène aussi l'Equation Campaign, une campagne ayant pour but de stopper l'extraction des combustibles fossiles, de soutenir les mouvements et communautés en première ligne, et de fournir de bons avocats aux militants écologistes.

Et à propos de communauté en première ligne, notre dernière invitée est Janene Yazzie, une femme Diné (Navajo) cofondatrice et P-DG de Sixth World Solutions, qui aide les tribus Diné dans leurs projets de justice environnementale et d'autogestion. Elle est également coordinatrice du programme de développement durable du Conseil international des traités indiens, et co-organisatrice du Grand groupe des peuples autochtones pour le développement durable, qui a signé les objectifs de développement durable de l'ONU.

Ellen Dorsey prend la parole en premier. « Il est clair qu'on vit à une époque où le pouvoir des grandes entreprises et des organismes financiers dépasse celui des gouvernements. Qu'on assiste à un phénomène mondial de confiscation de la démocratie par ces entreprises. Cela signifie que les gouvernements travaillent pour le compte de leurs donateurs. Ils travaillent pour le compte des acteurs économiques les plus puissants du monde, au lieu d'être au service du bien public. Et Jane a raison. La façon dont cela s'est traduit dans la crise climatique, c'est que les associations de défense de l'environnement passaient leur temps à réclamer un changement de politique. Mon secteur, la philanthropie, mettait beaucoup d'argent là-dedans, des dizaines de millions de dollars, et on envoyait tous les jours des étudiants en car à Washington pour faire pression sur les députés. Et malgré ça, nous avons été incapables de faire passer une législation un tant soit peu significative. Et les efforts pour trouver un accord à la COP15 de Copenhague se sont soldés par un échec cuisant. De toute évidence, jamais on n'obtiendrait le changement de politique qu'on voulait.

« On n'obtiendrait pas non plus d'accord mondial, parce que l'industrie pétrolière dépensait deux fois plus de millions de dollars que mon secteur pour nier la science, encourager la désinformation, faire pression sur les gouvernants afin qu'ils maintiennent le statu quo et continuent à la subventionner elle au lieu de ses concurrentes plus vertes. Et c'est comme ça qu'une petite bande d'étudiants a décidé de prendre le problème par l'autre bout en ciblant plutôt l'industrie fossile. Ils se sont inspirés d'une idée du mouvement antiapartheid et ont dit : "On va demander à notre fac de se désengager de l'industrie fossile." Et ils l'ont fait. Et ça s'est répandu comme une traînée de poudre. Du jour au lendemain, quarante campus ont suivi. Ça s'est étendu aux groupes religieux et à la philanthropie, et tous ces jeunes nous ont poussés à retirer nos actifs de l'industrie fossile au nom de cette incroyable contradiction : comment peut-on soutenir l'écologie quand nos dotations financent les combustibles fossiles ? Et ce qui a commencé comme une action un peu décousue en 2011 a explosé, jusqu'à devenir un mouvement mondial.

« En 2014, 52 milliards de dollars d'actifs sous gestion avaient déjà été transférés ailleurs. Aujourd'hui, on en est à 12 000 milliards de dollars. C'est le pouvoir du peuple, et le peuple a le pouvoir d'exiger que ces entreprises soient redevables au bien commun. Cette lutte, tout le monde peut s'y impliquer. »

C'est au tour de Tamara O'Laughlin de parler. « Il y a dix ans, nos amis les plus proches nous auraient ri au nez en nous entendant dire qu'il fallait mettre un terme à l'industrie fossile, alors qu'elle a toujours été notre ennemie. Comme ses complices riches à millions, qui squattent la sphère politique en enchaînant les mandats et font mine de nous écouter de temps en temps. Et les compagnies d'assurances qui refusent de vous couvrir en cas d'incendie, d'inondation ou de mauvaises récoltes, mais acceptent d'assurer les oléoducs, histoire de bien alimenter la crise climatique. Les stations de compression, les puits de forage, toutes ces infrastructures pétrolières qui poussent comme des champignons dans votre ville, elles ne peuvent pas avoir le feu vert si elles ne sont pas soutenues par un banquier et un assureur.

« Mais quand on pense aux combats qu'il va falloir mener dans les dix prochaines années, il faut aussi se demander ce que nous allons construire à la place. Quel genre de choses allons-nous devoir construire à l'avenir pour améliorer les choses ? Et qui est ce "“nous” dans ma phrase, d'ailleurs ? Pour info, aucun Noir, autochtone ou non-Blanc n'était inclus dans ce “nous” jusqu'à il y a deux minutes. Alors qu'ils font le boulot depuis quarante, cinquante ans, bien avant que des associations aient commencé à se mobiliser.

– J'aimerais revenir sur cette question de qui est responsable, et de la manière dont on s'est mis dans ce pétrin, intervient Janene Yazzie. Parce que ça me fait toujours tiquer quand j'entends parler de revenir à l'époque où notre démocratie fonctionnait. Je me dis : "OK, et c'était quand ? Qu'est-ce qu'on faisait subir à mon peuple à ce moment-là ?" Je crois que c'est vraiment important de se pencher sur ce passé, et les autochtones s'efforcent de le faire depuis des générations. Avant même qu'Exxon ne sache ce qu'il faisait, nous on savait quels changements viendraient avec eux, parce que nos territoires, nos terres, nos ressources avaient déjà été exploitées par la colonisation, un vol pur et simple, pour alimenter le développement économique que l'on connaît aujourd'hui et qui a causé tant de dégâts, d'injustices et d'oppression dans nos communautés. L'influence de l'argent en politique, ça n'a rien de nouveau. Le gouvernement américain s'est structuré avec l'aide de propriétaires blancs qui avaient le pouvoir et l'autorité de prendre des décisions nous affectant tous. Benjamin Franklin a bien tenté de créer une démocratie en prenant comme modèle la Confédération iroquoise, qui reposait sur une vraie société égalitaire, une vraie structure de gouvernance égalitaire, qui était enracinée dans le respect de la relation de l'homme avec l'environnement, avec nos écosystèmes, en bref ce qu'aujourd'hui on appelle comme par hasard "les solutions fondées sur la nature". Mais les colons blancs ont tout raté. Ils ont tout raté parce que le développement de leurs institutions et de leur économie était ancré dans l'exploitation de données considérées comme sans valeur : les pauvres, les femmes, les plantes qui ne valaient rien dans les rêves de richesse de ces premiers colons blancs. Mais si moi, en tant que femme autochtone, je devais me battre pour nos terres, on me prendrait pour cible, parce que nous vivons dans une société qui, aujourd'hui encore, traite comme des criminels ceux qui défendent leur droit à la terre ; parce que nous vivons dans un pays développé qui étouffe le scandale des femmes autochtones disparues et assassinées sur nos réserves.

« J'ai entendu parler de ce nouveau terme de "deuil climatique". Les gens se sentent submergés par tous les défis à relever et toute la pression qu'on leur met pour un changement radical en peu de temps. Et j'ai envie de leur dire : "Bienvenue au club." En tant qu'autochtones, nous sommes confrontés à ce deuil, à notre apocalypse imminente, à notre génocide, depuis des générations. Mais on est toujours là, et on essaie de trouver des solutions qui aideront tout le monde, qui aideront toutes les formes de vie, alors qu'au bout du compte, j'ai souvent l'impression qu'on nous traite comme une épine dans le pied d'autrui. Mais cette bataille pour nos droits, c'est ce qui va aider à amplifier les solutions qu'on va trouver pour protéger la biodiversité, et aussi pour montrer à quoi ressemble une structure de gouvernance égalitaire, juste et équitable. Donc oui, on vous en rebat les oreilles, mais c'est parce que nos droits sont vos droits. Je viens de la tribu diné. Ça signifie "les êtres humains", "le peuple" : c'est reconnaître, quand je salue une personne, qu'elle est au centre de mon univers, que je suis au centre du sien, et qu'ensemble nous vivons dans ce monde en ne faisant qu'un. Et on vit dans ce monde non pas pour voir comment en tirer profit, mais comment devenir une communauté et contribuer à cette communauté. »

Les thèmes abordés par Janene font écho à ceux de la plupart des intervenants autochtones lors des Vendredis Alerte Incendie.

Ayant participé à plusieurs manifestations au Canada, j'ai conscience du rôle clé que les Premières Nations y jouent depuis toujours dans la lutte pour la justice climatique. Les chefs autochtones assistent à tous les rassemblements, ils sont les premiers à parler, leurs revendications sont les premières à être reprises par les écologistes canadiens, et ils sont bien connus pour bloquer physiquement les projets de pipelines. Je suis allée à Standing Rock soutenir la lutte contre le Dakota Access

Pipeline. Mais il m'a fallu passer quatre mois à Washington pour comprendre que les peuples autochtones de l'ensemble du continent américain occupent une place centrale dans le combat contre les oléoducs et gazoducs, les sites de déchets dangereux, les mines de charbon et d'uranium. Et, à l'instar de leurs cousins canadiens, ils gagnent souvent. Des hommes sans scrupules ont creusé, foré et déversé des produits toxiques sur leurs terres avant même que nous autres ne sachions qu'une menace se profilait. Et pourtant, aux États-Unis, leur contribution à la lutte climatique est largement moins connue, et encore moins reconnue. J'espère que ce livre et les Vendredis Alerte Incendie aideront à changer cela.

Il est temps de prendre les questions des spectateurs. Le premier veut savoir pourquoi les compagnies d'assurances continuent à investir dans l'industrie fossile alors que ce secteur est manifestement en déclin et n'est plus viable à long terme.

La justice climatique
par Katie Redford

« Je suis la directrice d'EarthRights International, et notre ONG a pour mission d'associer le pouvoir des lois au pouvoir du peuple pour défendre les droits de l'homme dans l'environnement. Le seul moyen de faire évoluer ces entreprises, c'est de les obliger à payer pour leurs sales pratiques. C'est quand on les atteint là où ça fait mal – leurs profits nets – qu'elles finissent par écouter. Donc par exemple, on poursuit en justice les compagnies pétrolières pour qu'elles paient leur part des coûts associés au changement climatique. Ça fait vingt-cinq ans qu'EarthRights intente des procès aux compagnies pétrolières. Pas exclusivement, on vise toutes sortes d'entreprises qui sont complices de violations des droits de l'homme et de l'environnement. Au fil des ans, on a poursuivi Unocal, Shell, Chevron, Chiquita, et non seulement on les a poursuivis, mais on a souvent gagné ! On a gagné des procès pour le compte de certaines des communautés les plus vulnérables au monde, de la Birmanie au Nigéria, en passant par Standing Rock. Et ce ne sont que quelques succès parmi d'autres. Donc, quand on me dit qu'il est impossible de s'attaquer à l'industrie fossile, je réponds que c'est faux. C'est possible, on le fait en ce moment même.

« Le système tout entier doit changer, pour que les entreprises qui se croient au-dessus des lois depuis si longtemps soient enfin tenues pour responsables et obligées de suivre les mêmes règles que nous. Il faut absolument réclamer des comptes aux coupables. Ils ne doivent plus s'en sortir impunément ! C'est exactement à ça que l'action en justice est censée servir, en fait. Elle est censée punir les coupables d'un délit pour s'assurer qu'ils ne recommencent pas. Pour qu'ils assument le coût réel d'un fonctionnement qu'ils nous font payer depuis trop longtemps. L'idée est de décourager les abus et de faire que ces activités destructrices ne soient plus rentables pour les entreprises.

« Au bout du compte, en intentant des procès en responsabilité climatique, on leur dit : Votre heure a sonné, il est grand temps que vous, les géants du fossile qui avez causé le problème, vous qui en toute conscience l'avez dissimulé, qui avez menti puis empoché des milliards de dollars grâce à ce mensonge, il est grand temps de payer votre part. Ce serait un premier pas vers la justice, et c'est notre objectif. Ça, c'est de la responsabilité. »

Ellen lui répond : « Pourquoi les compagnies d'assurances agissent contre leurs propres intérêts, même dans le secteur de la santé, c'est une bonne question. À voir les conséquences du changement climatique, ça va leur coûter de plus en plus cher de rembourser les dégâts. Donc il faut leur mettre la pression, leur faire comprendre qu'elles doivent s'attaquer à l'industrie fossile, parce qu'elle va leur coûter beaucoup d'argent. Il faut cibler les assureurs, se mobiliser contre eux. Leur dire : "Ne cautionnez plus de projets dans l'industrie fossile." »

Greg, de New York, pose une question qui réveille tout le monde : « Si l'industrie fossile devait payer pour les torts qu'elle cause, quel serait la meilleure façon de redistribuer cet argent ?

– Financer le Green New Deal ! s'exclame Tamara. Encore et encore. Le Green New Deal n'est pas seulement une extraordinaire feuille de route ; il peut être adapté à tous les niveaux, local comme fédéral. C'est un outil pour vérifier que nous avons radicalement modifié ce dans quoi nous investissons. Et on peut s'y mettre dès aujourd'hui. La feuille de route, on l'a. Et je ne dis pas ça juste parce que je soutiens cette résolution de tout mon cœur. Je le dis parce que je constate que la solution qu'on cherche a déjà été trouvée. Il ne reste plus qu'à la financer. Et ça va au-delà d'obliger les régulateurs à ne plus dépenser notre argent à tort et à travers. Ce qu'on veut, c'est que les gouverneurs de nos États cessent de nous ignorer, de s'arranger entre amis sans tenir compte de nos intérêts, et financent les secteurs – emploi, santé, infrastructures – qui vont nous sortir du marasme.

– L'argent qu'on dépense en subventions à l'industrie fossile est absolument criminel, ajoute Ellen. Le Fonds monétaire international a publié un rapport il y a six mois. En 2017, 5 200 milliards de dollars ont été versés par les gouvernements mondiaux, de l'argent public donc, à l'industrie fossile. Ça correspond à dix fois le budget de l'éducation. C'est criminel. Comment peut-on encore financer ce secteur avec nos impôts, alors qu'il détruit littéralement le bien public ?

« Il faut être particulièrement vigilants sur un point, poursuit Ellen. Un gouvernement qui reste redevable envers ses donateurs va les indemniser. Donc, pour chaque loi sur le climat présentée, il faudra veiller à ce qu'aucun article ne propose de les indemniser. »

Un spectateur de Floride demande ce que l'on doit faire avec les politiciens à la solde des compagnies pétrolières.

« On ne les réélit pas, répond Janene. Il y a tant de gens bien qui devraient entrer en politique mais qui ne se présentent pas à cause du lobbying et de l'argent sale qui pervertit notre système politique. Présentez-vous quand même. Créez-vous une base. Élaborez un programme et faites bouger les choses. Retenez le nom de ceux qui sont à la botte des grandes entreprises. Demandez-leur des comptes, rappelez-leur pourquoi ils ont été élus au départ, surveillez-les comme le lait sur le feu et faites en sorte que ce soit leur dernier mandat. »

Une spectatrice du Brésil aimerait savoir comment l'industrie fossile résiste aux écologistes.

Janene répond : « Aux États-Unis, des projets de loi sont présentés dans chaque État pour faire du droit de manifester un délit. On appelle ça la loi sur les infrastructures essentielles. Et le schéma se répète partout dans le monde. Ça n'arrive pas qu'ici.

– Voilà comment ils s'y prennent, explique Tamara. Ils se basent sur le principe de la propriété privée et persuadent les élus – ils se débrouillent même pour avoir le soutien des syndicats – que les infrastructures de l'industrie fossile sont essentielles, au point que le seul fait d'envisager de manifester à proximité constitue un danger pour la sécurité nationale, donc un crime. Ils verrouillent tout, et de plus en plus. Voilà pourquoi nous allons devoir lever une armée d'ici à novembre 2020 : pour pousser les Américains à s'inscrire sur les listes électorales et leur faire comprendre que, peu importent leurs problèmes dans la vie, le climat doit figurer tout en haut de la liste. Il faut être sûr que l'homme ou la femme pour qui vous votez, que ce soit pour un mandat local ou de sénateur, de député, de président, il faut être sûr qu'il ou elle fasse ce qu'Ellen a dit. Aucun argent des grandes entreprises. Aucun argent des compagnies pétrolières. Qu'il ou elle divorce une bonne fois pour toutes de l'industrie fossile.

– Il ne faut pas oublier non plus que ce secteur n'a pas encore été officiellement reconnu comme dangereux, ajoute Katie. Je veux dire : il est capital que les compagnies pétrolières suivent le même chemin que l'industrie du tabac ou des opioïdes. C'est absolument pareil ; ce sont les mêmes tactiques, à la virgule près. À nous de retourner ces tactiques contre elle, car aujourd'hui, je peux vous dire qu'aucun politicien n'accepterait l'argent des fabricants d'opioïdes. Ce serait ridicule. Il se couvrirait de honte. On doit arriver à ce résultat avec les compagnies pétrolières. »

Louis, de Porto Rico, demande : « Dans quoi peut-on investir pour soutenir la lutte climatique ?

– Dans les solutions locales, lui répond Janene. Surtout à Porto Rico, il existe plein d'exemples de communautés qui renforcent leur autonomie et leur autosuffisance en privilégiant l'économie locale. Là-bas, les autochtones sont à la pointe de ce genre de solutions.

– Oui, et aussi dans un nouveau modèle de propriété, ajoute Ellen. Ma fondation travaille avec la tribu Sioux de Standing Rock qui, comme on le sait, a été au cœur d'un combat contre un oléoduc. En ce moment, ils construisent un parc éolien qui va leur rapporter des revenus. La tribu est propriétaire majoritaire, les investisseurs privés sont les bienvenus, et les profits générés pour la communauté vont être substantiels. Puisqu'il faut retirer son argent de l'industrie fossile, autant investir dans ce type de projets.

« Plus d'un milliard de personnes dans le monde n'ont pas accès à l'électricité. Les infrastructures lourdes que nécessitent les hydrocarbures ne peuvent tout simplement pas les atteindre. Mais aujourd'hui, grâce aux progrès de la technologie, ces communautés isolées peuvent s'en passer et être raccordées à des sources d'énergie locales, distribuées à petite échelle, qui permettent aux enfants de faire leurs devoirs le soir, aux médecins de stocker des vaccins au frais, aux femmes de ne plus avoir peur de rentrer seules la nuit. L'accès à l'électricité doit être reconnu comme un droit de l'homme international. On a la capacité de raccorder ce milliard de gens qui ne le sont pas encore, c'est une question de justice. » Les paroles d'Ellen résument ce que tous mes invités ont revendiqué : la nécessité de sources d'énergie verte décentralisées, gérées localement.

Ted, du Montana, nous demande par texto si les médias sont complices en empêchant le grand public de connaître toute la vérité sur la crise climatique.

Tamara se charge de répondre : « Le problème, c'est qu'ils passent les histoires sous silence. Les médias n'ont pas saisi l'occasion d'entamer la conversation, d'enquêter sur les responsabilités, d'aider les gens à comprendre le lien entre la nuisance dont ils souffrent quotidiennement et la banque qui la finance, ou la compagnie d'assurances qui la rend possible, alors que c'est ce genre de travail de terrain qui permet de s'identifier. Et malheureusement, la crise climatique est un immense réservoir de récits. Donc, si les médias veulent être à la hauteur, ils doivent se mettre à faire des reportages sur les hommes et les femmes qui perdent leurs terres, qui perdent la vie, qui perdent leurs proches, qui perdent leur quartier. Et ils doivent s'y mettre maintenant.

– Mais un grand bravo aux journalistes d'InsideClimate News et à ceux qui ont sorti les révélations sur Exxon, précise Ellen. Il est capital de soutenir le journalisme indépendant et les médias qui osent publier ce genre d'articles. »

Il est temps pour moi de conclure.

« Merci de nous avoir regardés. J'espère que vous serez d'accord avec moi pour dire qu'on a appris des choses vraiment importantes ce soir. *See you next time.* » J'aime bien faire cette petite blague, terminer la conférence de la même manière que je terminais mes vidéos d'aérobic dans les années 1980. « *See you next time.* À la prochaine. »

LE RASSEMBLEMENT

Sam Waterston est là pour son second Vendredi Alerte Incendie, avec sa sœur Ellen ainsi qu'une amie commune, Judith Bruce. Tous trois ont décidé de faire acte de désobéissance civile. Sam présente au public notre première intervenante, Janene Yazzie.

« Ma terre d'origine ne sait que trop qui porte la responsabilité des mensonges et des calamités qui nous entourent aujourd'hui, lance Janene. J'ai grandi sur des territoires dévastés par l'exploitation des mines d'uranium et ses répercussions. Ses répercussions sur le corps de nos bébés, qui viennent au monde avec des taux d'uranium de mineurs adultes. Je viens d'une terre ravagée par l'extraction du charbon et du gaz, par les conséquences résiduelles de l'oppression et de l'injustice systémiques inséparables du statut de colonie de ressources, exploitée au profit d'individus qui ne connaissent pas le vrai coût des produits dont ils sont dépendants. Le vrai coût, c'est parfois la mort prématurée de nos proches.

« Aujourd'hui même, mon grand ami et mentor, Robert Toki, qui a consacré toute sa vie à la justice sociale, raciale, économique et environnementale, va retrouver Mère Nature à Flagstaff : il a perdu son combat contre le cancer de l'estomac lundi dernier. Il vient s'ajouter à la longue liste d'êtres chers qui sont morts dans l'anonymat mais qui, comme Greta, ont depuis qu'ils sont jeunes essayé de braquer les projecteurs sur l'urgence climatique. Dans sa dernière interview, les derniers mots qu'il nous laisse, Robert dit : “Rappelons-nous que nous sommes tous interconnectés, et on s'en sortira.”

« Alors, quand des autochtones viennent vous voir et tentent de prendre part à ce débat, à cette conversation, sachez qu'ils le font parce que leurs familles meurent sous leurs yeux ; parce que l'exploitation de leurs terres les renvoie à la soumission de leurs enfants et de leurs femmes. Il y a toujours eu un lien entre les institutions qui ont bâti leur pouvoir sur les combustibles fossiles et la délinquance des jeunes, les enfants qu'on sépare de leurs parents à la frontière, les femmes qui disparaissent, l'accès défaillant à l'eau potable. Ici, dans un pays développé, les habitants de la ville de Flint ressentent la même chose que nous dans nos réserves, parce qu'ils ne peuvent pas assurer à leurs enfants un accès permanent à cette denrée indispensable. Et ce genre de cas se multiplient aux États-Unis. C'est inacceptable. Et c'est l'absence de prise de conscience depuis des générations et des institutions fondées sur l'hétéro-patriarcat blanc qui nous rendent aveugles et incapables d'inventer les solutions qui nous sauveraient. Mais nous disons : Assez ! »

L'intervenante suivante, Donna Chavis, membre de la tribu Lumbee de Caroline du Nord, est connue pour son activisme en faveur de la justice sociale et environnementale. Elle mène les campagnes contre l'industrie fossile chez Friends of the Earth et a fait partie du comité d'organisation du premier Sommet national des peuples de couleur en 1991, qui a élaboré la charte des principes de justice environnementale.

« D'abord, une bonne nouvelle. J'ai appris hier que la compagnie Duke Energy avait enfin trouvé un accord avec les habitants et les écologistes de Caroline du Nord sur le ramassage et le traitement de 80 millions de tonnes de cendres de charbon. Nous avons passé une bonne partie de la dernière décennie à nous battre contre cette compagnie. Depuis le jour de 2014 où ils ont pollué la rivière Dan par négligence, les sites de stockage de cendres de charbon de tout le pays, et particulièrement de Caroline du Nord, ont révélé leur vrai visage. Tout ce que Duke Energy voulait, c'était reboucher et laisser les déchets sur place, ce qui signifie que l'eau des villes voisines allait continuer à être contaminée. Des familles entières sont décimées. Pas plus tard que le mois dernier, il y a eu un mort, juste avant Noël, un homme qui militait depuis des années contre les cendres de charbon. Mais j'ai la joie de vous demander d'acclamer tous les activistes et les écologistes qui se sont battus contre Duke Energy, la plus grande compagnie d'énergie américaine, et qui ont gagné. Ils ont gagné !

« Comme il a déjà été dit, nous sommes dans le même bateau, mais eux font bande à part. Au moment même où ils polluaient la rivière Dan, Duke Energy s'est associé à Dominion Energy, la deuxième plus grande compagnie d'énergie américaine, pour construire un gazoduc de près de mille kilomètres entre la Virginie-Occidentale et la Caroline du Nord, qu'ils appellent l'Atlantic Coast Pipeline.

« Je suis donc aussi venue vous donner des informations sur ce gazoduc, parce que c'est une grosse affaire. Le 24 février 2020, l'affaire va passer devant la Cour suprême suite à l'appel de la décision d'une cour fédérale, qui a jugé que le service des forêts des États-Unis n'avait pas le droit d'autoriser ce gazoduc à traverser le sentier des Appalaches. Rendez-vous compte : ce serait la première fois dans l'histoire qu'un pipeline traverserait un parc national. Une véritable catastrophe climatique, humaine et environnementale. S'il est construit, le gaz qu'il transportera générera plus de 60 millions de tonnes de pollution par an.

« L'itinéraire de ce gazoduc concerne pas moins de dix-neuf nations amérindiennes. Rien qu'en Caroline du Nord, ça fait plus de trente mille personnes. Et vous savez ce qu'ils ont osé affirmer ? "L'impact n'est pas disproportionné."

« Tout ce qu'on veut, c'est protéger nos communautés, notre santé et notre histoire. Le réseau Energy Justice North Carolina regroupe des associations écologistes et des citoyens qui se battent contre les compagnies d'énergie, pas seulement en manifestant, pas seulement en défendant les réglementations, mais en forçant les banques et les élus à faire ce qu'il faut. D'ailleurs, la Bank of America vient de baisser la note de Duke Energy parce qu'ils ont bluffé en disant que ce serait très facile d'obtenir les autorisations. Pour une fois, une banque s'est interposée*. »

C'est au tour de Tamara de monter sur scène. « Je m'appelle Tamara O'Laughlin et je vais vous parler franchement. La crise climatique est bien réelle, mais c'est aussi une crise du courage. Aurez-vous le courage de dire la vérité ici et maintenant ? »

Sur ce, elle entreprend de citer « les 10 étapes des 10 premiers jours du prochain gouvernement » (climatepresident.org). « On ne sait pas qui sera le prochain président des États-Unis. OK ? On va faire de notre mieux. Mais on n'en sait rien. En attendant, voici dix étapes qu'il faut absolument concrétiser, même si c'est *lui*. Sinon on ne survivra pas à la prochaine décennie. Donc, gardons ces dix étapes à l'esprit. Parce qu'il y a du boulot. »

* Ce projet de gazoduc a fini par être abandonné en juillet 2020. (*N.d.T.*)

Le charbon
par Veronica Coptis

« Je suis la directrice du centre Justice pour le charbon, et à seulement quatre heures de route d'ici nous travaillons avec des localités dont les terres, l'eau, l'air et les habitants sont exploités par l'industrie fossile pour son seul profit. Mais ce dont je suis le plus fière, c'est d'être mère d'un enfant de trois ans hyperactif et d'un adorable bébé de deux mois, qui sont à la maison avec mon mari en ce moment. Et dans le même temps, être maman en première ligne me remplit d'inquiétude et d'angoisse. J'ai grandi dans l'ombre de la plus grande mine souterraine de charbon d'Amérique du Nord. Pour vous donner une idée, le site est plus vaste que l'île de Manhattan, et produit toujours 20 à 30 millions de tonnes de charbon par an. On croit parfois que le charbon appartient au passé mais c'est loin d'être vrai aux États-Unis, et il détruit encore des vies. Actuellement, je vis dans une maison entourée de quatorze puits d'extraction de gaz, et je ne peux pas me fier à l'eau du robinet pour préparer les biberons de mon bébé. J'ai la chance de pouvoir acheter de l'eau en bouteille, mais combien de mères dans ma ville ne le peuvent pas ? Mon histoire à moi finit bien. Mais des centaines de mères ont à gérer des conséquences bien réelles sur la santé de leurs enfants, des saignements de nez, des éruptions cutanées, des cancers rares – quand ce ne sont pas carrément des décès. Si vous saviez le nombre d'incompétents qui ont pris la parole là-dessus… Ça me rend dingue. Souvenez-vous, quand vous étiez ado et que votre mère était remontée contre vous : il n'y a rien de plus dangereux qu'une armée de mères en colère réclamant des actions concrètes et immédiates pour leurs enfants. Quand je me déplace dans des agglomérations plus grandes et progressistes, on me pose souvent cette question : "Si votre ville est affectée à ce point, pourquoi n'y a-t-il pas plus de gens qui résistent et se battent ?" Et je réponds que les gens résistent. Qu'ils résistent même depuis des siècles, mais que les compagnies de charbon et de gaz ont monopolisé l'économie, corrompu notre système politique à tous les étages, fait en sorte d'étouffer tout espoir. Mais c'est en train de changer. Et notre centre Justice pour le charbon est en train de transformer les mentalités, la culture, les cœurs et les esprits dans ces régions que beaucoup d'entre vous jugeraient peut-être pro-Trump, alors qu'on en est loin. Et cela, en impliquant les habitants et en montrant l'exemple. Notre équipe est composée en majorité de jeunes et de résidents qui vivent là depuis longtemps et sont directement affectés. Je peux vous dire que le moyen le plus facile de mobiliser, c'est encore de payer des hommes et des femmes pour qu'ils enrôlent leurs voisins. Mais ce n'est pas sans risque. Le simple fait de parler, le simple fait pour moi de venir à ce rassemblement aujourd'hui, c'est m'accrocher une cible dans le dos, car ces compagnies riches à milliards n'hésitent pas à lancer des campagnes de diffamation contre leurs adversaires. On reçoit des menaces de violences physiques, ou de ruine financière. Mais malgré tout, on continue. Le centre Justice pour le charbon compte des centaines de membres courageux qui se serrent les coudes et commencent à démontrer qu'on *peut* changer les choses, par exemple en exigeant du gouverneur de Pennsylvanie qu'il finance enfin des recherches sur le *fracking* et ses conséquences graves sur la santé. Ou en traînant devant la justice l'une des plus vieilles compagnies de charbon américaines, et en l'empêchant de dégrader les cours d'eau d'un parc national, ce qui lui a coûté la bagatelle de 10 millions de dollars en perte de production.

« Et enfin, on éduque et on inscrit les gens sur les listes électorales pour qu'ils s'impliquent et que notre voix soit plus forte. Au-delà des Vendredis Alerte Incendie, j'espère que vous avez conscience du privilège que c'est d'être arrêté ici, à Washington, en sachant que vous n'aurez pas de problèmes par la suite. J'espère aussi que vous allez vous rapprocher des associations de terrain, qui sont sur le front au quotidien et obtiennent des résultats concrets. »

Les 10 étapes des 10 premiers jours du prochain gouvernement

En décembre 2019, un groupe d'experts a dévoilé un plan soutenu par cinq cents associations, qui exhorte le prochain Président à prendre dix décisions, dès le début de son mandat, pour combattre l'urgence climatique sans attendre le Congrès.

Le temps qu'il soit investi, nous aurons moins de dix ans pour réduire de moitié les émissions de CO_2. Nous disons au prochain Président : « On a dix ans ; vous avez dix jours. » Dix décisions à prendre vite, pour entrer dans l'histoire et s'écarter suffisamment du précipice.

1. Déclarer l'urgence climatique nationale en vertu de la loi sur les urgences nationales.

2. Cesser l'extraction des combustibles fossiles.

3. Stopper les exportations de combustibles fossiles et les homologations d'infrastructures.

4. Basculer les flux financiers de l'industrie fossile vers des solutions climatiques.

5. Utiliser la loi sur la pollution de l'air pour imposer un plafond national aux émetteurs de CO_2, basé sur des données scientifiques. Puis utiliser l'ensemble des dispositions prévues dans cette même loi pour décarboner totalement l'économie.

6. Faire fonctionner 100 % du réseau électrique à l'énergie renouvelable d'ici à 2030 et promouvoir la démocratie énergétique.

7. Enclencher une transition juste afin de protéger nos communautés, nos travailleurs et l'économie.

8. Faire progresser la justice climatique : ordonner aux agences fédérales d'évaluer et de réduire les impacts environnementaux qui touchent de façon disproportionnée les populations autochtones, non-blanches et à revenus modestes.

9. Faire payer les pollueurs : enquêter et engager des poursuites contre les pollueurs de l'industrie fossile pour les dégâts qu'ils ont causés. S'opposer à tout projet de loi qui accorderait l'immunité judiciaire aux pollueurs, affaiblirait les lois environnementales existantes ou soutiendrait de fausses solutions.

10. Revenir dans l'accord de Paris et gouverner sur des bases scientifiques afin que les États-Unis, plus grand émetteur de gaz à effet de serre cumulés dans l'histoire, contribuent de façon équitable et fassent avancer la justice climatique.

L'action de désobéissance civile du jour consiste à bloquer le carrefour entre le Capitole et la Cour suprême. Le rassemblement déborde d'énergie, de diversité et de leaders éminents comme Ka Hsaw Wa. Originaire de Birmanie, ce militant écologiste et des droits de l'homme, qui a mené des enquêtes véritablement dangereuses sur les abus perpétrés par les compagnies pétrolières dans son pays, n'hésite pas à risquer l'arrestation. Et c'est bouleversant, car à l'époque où il étudiait en Birmanie, à la fin des années 1980, il a été emprisonné et torturé pour son activisme. De toute évidence, il ne prend pas les arrestations à la légère. Au début des années 1990, il a découvert que des meurtres, des viols, des actes de torture, du travail forcé et le déplacement de villages entiers étaient liés à l'exploitation des ressources naturelles au nom du développement économique, et que l'industrie fossile (dont l'Américain Unocal) était complice de ces exactions. Le hasard veut qu'il soit marié à Katie Redford, l'une des intervenantes du jour, et depuis vingt-cinq ans tous deux intentent des procès aux criminels en col blanc, y compris des géants comme Exxon et Suncor, pour leur rôle dans la crise climatique. Ce jour-là, ils se font arrêter ensemble, avec leur fille Alexis. Plus tard, Ka Hsaw Wa expliquera qu'il s'est « fait arrêter pour montrer à [s]es concitoyens [de Birmanie] que le climat n'est pas qu'un problème américain, c'est un problème important pour le monde entier ».

Les ravages de la fracturation hydraulique
par Josh Fox

Josh Fox est réalisateur de documentaires

« J'ai passé ces dix dernières années à observer l'impact de l'industrie fossile sur les sols et sur les gens, dans les communautés en première ligne. Et je peux vous dire d'après mon expérience personnelle que cette industrie tue. Des adultes. Des enfants. Elle tue en toute impunité, et ensuite elle ment sur son implication aux États-Unis et dans le monde. L'industrie fossile s'immisce dans les jardins et les détruit. Elle pollue l'eau, contamine l'air, provoque une crise sanitaire. Elle anéantit des communautés entières et ensuite elle ment, ment et ment encore.

« Qu'est-ce que ça fait comme dégâts, la fracturation hydraulique? J'ai plein d'histoires à raconter, de personnes assises dans leur cuisine et me disant : "J'ai un cancer. Mes enfants ont un cancer. Vous voyez ce point noir sur mon IRM ? C'est une lésion cérébrale." Comme Amy Ellsworth, de Fort Lupton, dans le Colorado. Chez elle, l'eau du robinet était devenue si inflammable après avoir été contaminée qu'elle pouvait y mettre le feu et déclencher des mini-explosions dans son évier. Elle se douchait dans le noir de peur qu'une étincelle de l'ampoule de sa salle de bain fasse sauter la maison. Ou Terry Greenwood, du sud-ouest de la Pennsylvanie, qui est mort d'un glioblastome, une tumeur cérébrale. Je le revois envelopper dans du plastique un veau mort-né et le mettre dans son congélateur. L'animal avait les yeux d'un blanc laiteux, il était aveugle. Terry m'a dit : "Je vais tout faire pour savoir ce qui a tué mes veaux." Car ses bêtes allaient boire dans un point d'eau en haut d'une colline voisine d'un site de *fracking*. On a enterré Terry avant qu'il n'ait eu l'occasion de faire pratiquer l'autopsie qu'il voulait. Ou Norma Fiorentino, de Dimock, en Pennsylvanie. Son puits a explosé un 1er janvier, pendant la messe. Tous les fidèles ont débarqué chez elle, il y avait des gravats partout, et ils se sont mis à comparer leurs histoires :

"Mon eau de lessive est noire. Mes enfants tombent malades. Mes bêtes meurent." Voilà ce que fait l'industrie fossile en Amérique. Vous pouvez aller camper dans un parc de Virginie-Occidentale et vous détendre en écoutant le murmure d'un ruisseau ; le lendemain à votre réveil, il sera devenu orange fluo à cause des rejets d'une mine de charbon. Vous pouvez aller en Amazonie, où Shell et Chevron polluent sans vergogne la biodiversité la plus riche du monde. Et je ne parle pas des marées noires. Des villageois qui doivent s'acheter du thon en boîte parce qu'ils ne peuvent plus pêcher dans le fleuve Amazone, trop dangereux. Vous pouvez constater les ravages du changement climatique à Paradise, en Californie, où des habitants ont vu leurs voisins exploser, ou brûler vifs dans la voiture où ils avaient trouvé refuge, parce que les parkings étaient la seule chose qui n'avait pas encore pris feu. Vous pouvez aller dans les îles Vierges, et parler aux habitants qui ont vu leur maison rayée de la carte, et qui en plus doivent creuser une nouvelle tombe pour leur chien ou leur chat parce que la crue les a déterrés. Voilà ce que fait l'industrie fossile. Et vous pouvez aller à Standing Rock, comme moi. Vous y verrez les protecteurs de l'eau, comme on les appelle, guidés par le mouvement pour la souveraineté autochtone et rejoints par des militants de toutes les couleurs de peau et des quatre coins du pays. Des militants de Ferguson, qui se prennent du gaz lacrymogène, et des militants de Black Lives Matter, les pieds dans l'eau glaciale de novembre dans le Dakota du Nord, qui disent aux policiers : "On vous aime. Qu'est-ce que vous allez répondre à votre enfant quand il se réveillera le jour d'après et dira : *Papa, je peux avoir un verre d'eau ?* Vous allez lui dire que vous étiez ici avec nous ? Vous allez lui dire, à votre enfant, que vous avez braqué une arme sur moi parce que j'ose protéger la source d'eau potable de 18 millions de personnes, et que vous nous avez aspergés de gaz incapacitant ?"

« Laissez-moi vous poser une question : combien d'entre vous sont déjà allés sur un site de fracturation hydraulique ? Car sachez que vous êtes sur un de ces sites en ce moment même. Ce lieu est le plus grand site de *fracking* des États-Unis d'Amérique. Et ils n'y injectent pas des produits toxiques comme dans les autres. Ici, ils injectent des dollars toxiques, par milliards. En contrepartie, ils ordonnent à vos élus d'ignorer vos inquiétudes. Ils ordonnent aux politiciens d'ignorer les victimes de l'industrie fossile. Ils leur disent : "N'écoutez pas ces histoires. N'écoutez pas ces gens. Contentez-vous de continuer à prendre notre argent." Alors, qu'est-ce qu'on fait ? On est en 2020. Le P-DG d'ExxonMobil, Tex Tillerson, ce climatosceptique sans volonté, a été nommé secrétaire d'État pour être remplacé un an plus tard par Mike Pompeo, encore un ancien cadre de l'industrie fossile. En clair, ExxonMobil est à la tête du département d'État. Il faut à tout prix que Donald Trump s'en aille.

« C'est la priorité numéro un. Revenons sur terre. La place de ce gouvernement est en prison. Si quelqu'un vient chez vous et met le feu à votre maison, il va en prison. Si quelqu'un vient chez vous et vole vos biens les plus précieux, il va en prison. La place des cadres de l'industrie fossile est en prison. Et c'est aussi ce que certains candidats démocrates commencent à dire : "On va mettre les big boss de l'industrie fossile en prison." Alors, vous êtes avec moi ? Il faut mettre un terme au *fracking*. Et à celui qui a lieu ici même, dans la capitale. On peut reprendre le contrôle de notre gouvernement si on se mobilise aux élections. Merci beaucoup. »

Résister
par Janet Redman

Janet Redman est la directrice climat de Greenpeace USA.

« À l'automne 2019, Greenpeace a mené le combat au cœur de l'industrie fossile. Nous avons bloqué le canal de Houston pendant une journée et empêché les tankers d'entrer. Alors d'accord, cet acte isolé n'a pas mis l'industrie fossile à genoux, mais ça m'a enthousiasmée de prouver aux P-DG pollueurs qu'on était prêts à les défier partout, même au cœur de leur puissance. Et le temps d'une journée, le canal est resté silencieux. Il est redevenu un cours d'eau débordant de vie. Et vous n'allez pas me croire, mais je vous jure qu'un arc-en-ciel est apparu dans le ciel.

« J'ai passé les fêtes en Floride, avec mes neveux. Et après les avoir couchés, je me suis assise au salon, devant le sapin illuminé, pour penser à la nouvelle année. Quelle résolution vais-je prendre, inspirée par tout cet activisme incroyable qu'on voit chaque jour ? J'aimerais m'engager ici, publiquement, à ce que Greenpeace s'attaque à l'industrie fossile avec une vigueur renouvelée ; travaille d'arrache-pied pour renverser le lobby politico-industriel et les piliers financiers qui continuent à le soutenir ; rejoigne ceux qui se battent sur le front afin de tisser des liens entre les mouvements pour décupler notre pouvoir et garder l'espoir et la joie au centre de la lutte, pour faire évoluer l'imagination collective sur ce qu'il est possible de faire politiquement dans ce pays.

« Je crois que si les criminels climatiques ne parviennent pas à entamer notre soif de justice, à contaminer l'amour que nous pouvons porter à notre prochain, alors ils ne nous feront pas céder et ne pourront détruire notre vision d'un avenir sans énergie fossile. Unissons-nous, unissons nos forces pour mener la lutte en 2020 et bien au-delà. »

QUE FAIRE ?

Un bon moyen de commencer à mettre l'industrie fossile face à ses responsabilités est de s'assurer que *notre* argent, et celui des organismes sur lesquels nous pouvons influer, ne l'alimente plus mais finance au contraire les solutions climatiques. Ainsi, nous alignons nos investissements sur nos valeurs tout en affaiblissant une industrie qui a menti au public, refusé d'agir contre le changement climatique et sciemment bloqué les initiatives qui auraient aidé en ce sens.

Premièrement, appliquez la méthode « désinvestir-investir », autrement dit, déplacez votre argent de l'industrie fossile vers des entreprises porteuses de solutions climatiques. Les économies et la retraite de nombreux particuliers dorment dans des fonds indiciels passifs censés reproduire le rendement des grands indices boursiers. En général, ces fonds passifs n'ont pas pour règle d'écarter les entreprises peu vertueuses et les investissements dans l'industrie fossile. Le site de Fossil Free Funds (fossilfreefunds.org) propose une liste de fonds mutuels hautement performants qui exclut les compagnies enfreignant les droits de l'homme, la justice environnementale et le principe de gouvernance équitable.

Deuxièmement, beaucoup d'organismes auxquels vous êtes affilié font eux-mêmes des placements. Renseignez-vous pour savoir s'ils sont la cible d'une campagne de désinvestissement et, si oui, soyez de la partie. Si non, vous et d'autres personnes de même sensibilité pouvez les interpeller pour qu'ils se retirent de l'industrie fossile et placent au moins 5 % de leur portefeuille dans des solutions vertes. Ces organismes subissent une pression constante de la part de groupes d'étudiants et d'ex-étudiants, d'universitaires, de personnes actives et à la retraite, de membres du clergé, de paroissiens, etc. Vous pouvez aussi pousser votre caisse de retraite syndicale, votre municipalité, votre région ou votre État à désinvestir-investir. Pour connaître toutes les campagnes existantes, rendez-vous sur les sites de DivestInvest (divest-invest.org) et de GreenFaith.

Troisièmement, fermez le robinet politico-financier ! Demandez aux élus de prendre l'engagement #NoFossilFuelMoney : « Zéro Argent de l'Industrie Fossile ». En clair, le candidat s'engage à refuser toute contribution de plus de deux cents dollars de la part de lobbyistes ou de cadres supérieurs de l'industrie fossile. Vous trouverez toutes les infos sur le site NoFossilFuelMoney.org. Si vous habitez en dehors des États-Unis et que vos élus servent les intérêts des compagnies d'énergie avant ceux de la population, initiez votre propre campagne pour changer les choses. Ou contribuez à la lutte en ajoutant votre voix à Stop Funding Fossils (stopfundingfossils.org).

Enfin, si vous-même gérez le portefeuille d'investissement d'une association ou d'un organisme, lisez attentivement le guide en six étapes de Divestinvest.org (divestinvest.org/guide), qui explique comment retirer des fonds de l'industrie fossile et investir dans l'économie verte. L'association Carbon Underground propose une liste des deux cents premières entreprises mondiales classées selon l'empreinte carbone de leurs réserves d'hydrocarbures connues (sur le site fossilfreeindexes.com). Votre argent a un lien quelconque avec ces entreprises ? Vous trouverez des critères clairs et des études de cas expliquant comment en finir avec elles et vous tourner vers des investissements propres et équitables. Et n'oubliez pas les compagnies d'assurances, qui refusent désormais d'assurer les maisons en bord de mer et dans les zones à risque à cause du réchauffement climatique. Demandez-leur de ne plus assurer de projets dans l'industrie fossile, qui, sans les subventions publiques et les fonds privés, ne seraient pas viables.

En France informez-vous grâce à Zéro Fossile France : https://france.zerofossile.org/ ou l'association 350.org : https://350.org/fr/ ou encore Les Amis de la Terre : https://www.amisdelaterre.org/.

La finance constitue un incroyable levier pour mettre les entreprises face à leurs responsabilités environnementales et sociales. Il n'est plus acceptable de posséder, subventionner ou assurer des combustibles fossiles. Dites à qui veut l'entendre que lorsqu'on finance l'industrie fossile, on finance le dérèglement climatique. Il est grand temps que ces entreprises investissent dans notre avenir !

16

STOP AU FINANCEMENT DES ÉNERGIES FOSSILES

> J'ai été prêtre pendant dix ans, et j'ai compris que ce n'est pas en abordant de front la question qu'on peut cerner les valeurs des gens. Non, il suffit de parler d'argent, et croyez-moi, les valeurs ressortent très vite dans la conversation. Quant à ceux qui ont mis le leur dans l'industrie fossile, la crise climatique leur appartient.
>
> Révérend Fletcher Harper, prêtre épiscopalien
> et directeur exécutif de GreenFaith,
> association écologiste multiconfessionnelle

Je commence à faire mes bagages dans la semaine du 10 janvier. Cela me rend triste. Ces quatre mois passés à Washington ont été inédits pour moi : c'était la première fois que j'interrompais le cours de ma vie pour relever un défi existentiel avec des inconnus. Je n'ai demandé la permission à personne et je me suis consacrée corps et âme au projet que mon cœur m'avait soufflé. Je sais que, grâce aux militants qui m'ont aidée à le mener à bien, il y aura désormais un avant et un après. Malgré tout ce que j'ai pu lire d'effrayant sur différents sujets, malgré les sollicitations permanentes et les échanges avec des gens que je ne connaissais pas (un exercice difficile pour moi), malgré le froid (que je déteste), j'ai rarement été plus heureuse dans ma longue vie. Et cela va bientôt se terminer.

Les tensions et les rumeurs d'une guerre au Moyen-Orient sont sur toutes les lèvres, le prix du baril de pétrole est dangereusement reparti à la hausse, alors que ce mercredi Annie Leonard organise une réunion Skype de deux heures et demie entre des militants californiens et moi. Je vais travailler ces six prochains mois avec eux, afin de poursuivre l'aventure des Vendredis Alerte Incendie depuis chez moi tout en tournant la saison finale de *Grace et Frankie*. Ensuite, il est prévu que je parte en tournée nationale avec Annie afin d'inciter les électeurs à voter en faveur du climat (le « Get Out the Climate Vote Tour »). L'idée est de profiter de la dynamique de ce mouvement déjà en pleine expansion. Au moment où j'écris ces lignes, dix-sept mille personnes se sont inscrites sur notre site Internet pour organiser des rassemblements dans leur ville, et bien sûr nous visons plus encore. Enfin, après l'élection présidentielle, nous souhaitons mobiliser le public autour des « 10 étapes des 10 premiers jours du prochain gouvernement ». Peu importe qui est élu, nous aurons besoin de toutes les forces vives si nous voulons que ces étapes deviennent réalité.

Mais pour l'heure, je suis sur Skype. Un par un, militants et experts se présentent, décrivent brièvement leur travail et proposent des sujets pour nos futurs Vendredis Alerte Incendie. Annie a convié Aileen Getty, qui m'apprend que la Californie est le deuxième producteur de pétrole du pays après le Texas, ce qui fait de cet État, d'après elle, un levier déterminant dans la lutte contre l'industrie fossile.

Après cette réunion, ma tristesse à l'idée de quitter Washington s'envole. Le premier Vendredi Alerte Incendie de Los Angeles a lieu dans moins d'un mois, et c'est là-bas que je dois être. Gavin Newsom, notre nouveau gouverneur, qui semble être progressiste, s'en est même réjoui publiquement. Je vois bien que nous entrons dans une nouvelle phase : nous pourrons attirer davantage de monde, convaincre les gens de sortir manifester. Une fois basée en Californie, je pourrai faire venir bien plus de stars aux rassemblements et aux manifestations. Grâce à leur aide et à la régularité de nos actions, le mouvement va s'accélérer et nous rapprocher un peu plus du changement.

Pendant ce temps, ma merveilleuse avocate, Mara Verheyden-Hilliard, a négocié avec le bureau du procureur pour que je n'aie pas à me déplacer à mon audience programmée en janvier, ni à effectuer de travaux d'intérêt général à Washington suite à mes arrestations. Elle est aussi parvenue à réduire toutes les sanctions potentielles, je dois simplement cesser de faire acte de désobéissance civile et me tenir à carreau pendant trois mois… où que ce soit aux États-Unis. Un nouveau rappel, s'il en fallait, de mon statut privilégié : blanche, célèbre, et avec les moyens de me payer la crème des avocates.

LA CAUSERIE

Je suis survoltée ce jeudi soir parce que l'un de mes invités est Bill McKibben, pilier de la lutte contre l'industrie fossile et l'un des premiers à qui j'ai demandé conseil quand j'ai eu l'idée des Vendredis Alerte Incendie. Un fin stratège et un écrivain génial. Comme Naomi Klein, il présente les faits de telle façon qu'il fend votre armure de protection et change votre façon de voir les choses. C'est lui qui a fait décoller le mouvement de désinvestissement et fondé l'ONG 350.org, dont l'objectif est une énergie renouvelable et à la portée de toutes les bourses. Notre discussion et le rassemblement du lendemain font office de « lancement en douceur » de sa dernière idée en date : la campagne Stop the Money Pipeline, qui pourrait se traduire par « Stop au financement des énergies ». Il s'agit de protester contre la banque JPMorgan Chase, ainsi que les compagnies d'assurances et les fonds d'investissement qui rendent possible l'abominable destruction causée par l'industrie fossile.

Mon autre invitée est Eriel Tchekwie Deranger, que j'ai rencontrée en visitant une mine de sables bitumineux canadienne, il y a deux ans. Eriel est une Dënesųłiné, membre de la Première Nation chipewyanne d'Athabasca, en Alberta. Sa famille est de tous les combats pour la reconnaissance, la souveraineté et l'autonomie des territoires autochtones, dans une région définie par le Traité numéro 8 canadien.

« Bill, commençons par vous. Parlez-nous de la campagne qu'on lance ce mois-ci.

– Nous vivons un moment décisif, et dans les moments décisifs la seule chose à faire est de lancer les dés en espérant gagner le jackpot. L'un des temps forts de 2020 sera de braquer tous les projecteurs sur les réseaux de financement de l'industrie fossile. Ce n'est pas une nouveauté. On travaille dessus depuis longtemps, en grande partie grâce aux communautés autochtones qui se sont attaquées aux bailleurs de fonds de ces projets miniers délirants. Voilà dix ans qu'on bâtit ce vaste mouvement de désinvestissement que Naomi Klein a aidé à créer. On en est à 12 000 milliards en dotations et portefeuilles retirés du charbon, du pétrole et du gaz. Mais maintenant, on lance une campagne concertée entre mouvements pour cibler les banques, les gestionnaires de patrimoine et les compagnies d'assurances qui financent cette bombe à CO_2.

« Ce soir, on met un site en ligne, stopthemoneypipeline.com. Et il faut que tout le monde s'y inscrive pour être recontacté dans les mois à venir. Je sais qu'aujourd'hui, aux États-Unis comme ailleurs, il y a beaucoup plus de citoyens prêts à agir que d'indécis, OK ? On est enfin arrivés au moment où les gens se disent : “Ce n'est pas le monde que je veux pour mes enfants. Ce n'est pas le monde que je veux pour moi.” Et : “Qu'est-ce que je fais maintenant ?”

« Eh bien peut-être qu'on peut trouver le moyen de faire pression sur la petite poignée de géants de la finance qui servent de planche de salut à l'industrie fossile. Prenez la banque en tête de peloton, JPMorgan Chase : ces trois dernières années, elle a prêté 196 milliards de dollars à cette industrie. Si Exxon est un géant du CO_2, JPMorgan Chase aussi. Ils n'ont pas eu besoin que Trump nous retire de l'accord de Paris. Ils avaient commencé à le saboter à la minute où on l'a signé. Sur leurs talons, il y a Citibank, Bank of America et Wells Fargo. Et BlackRock, dans le secteur des fonds d'investissement. Et les compagnies d'assurances qui, au lieu d'analyser les risques et de nous aider à protéger l'environnement, font couler l'argent à flots, déstabilisant encore un peu plus le système. Pour être honnête, c'est intimidant de s'attaquer aux mastodontes de la finance mondiale, OK? Ces compagnies sont tentaculaires et puissantes. D'un autre côté, si on réussit à les faire plier il va y avoir un effet domino, rapide et planétaire. Parce que tout l'argent du monde se concentre dans quelques villes seulement, New York, Londres, Shanghai, c'est tout.

« Et donc, au printemps 2020, on va demander aux citoyens de se rendre dans leur agence bancaire pour transmettre ce message. On va leur demander, quand ce sera le bon moment, de découper leur carte de crédit devant tout le monde. De retirer leurs économies. Car si votre argent se trouve dans une de ces banques, vous devez savoir qu'il n'y reste pas. Il est envoyé à Houston, pour être transféré à Chevron. Il est donné précisément aux individus qui commettent les exactions combattues par des femmes comme Eriel, alors inutile de vous dire que la tâche ne va pas être simple. Ça va être dur. Mais c'est la suite logique du travail entamé il y a dix ans par les peuples autochtones en particulier. Et après la lutte épique contre le Dakota Access Pipeline, tout ce travail en amont a fait des émules. Je veux parler d'initiatives comme les Mazaska Talks, les « discussions sur l'argent » en langue lakota, par exemple. Et aujourd'hui, enfin, les écologistes de tous bords ont décidé de s'unir. En allant sur le site, faites défiler les pages et en bas vous verrez les logos de toutes les grandes associations environnementales américaines qui disent ensemble : “On a décidé de s’attaquer à eux. Ouais, on sait, ça va être chaud. Ouais, on sait, ils sont puissants. Ouais. Mais on tente le coup quand même.” Et on verra bien. L’année va être palpitante. Rendez-vous sur stopthemoney-pipeline.com.

« Grâce à des militants comme Eriel, on a une expérience certaine pour ce qui est de bloquer les projets d’oléoducs. On a même connu quelques succès. Mais maintenant, on va bloquer l’argent. On va fermer le robinet. On a travaillé dur et on a gagné plein de batailles contre les compagnies pétrolières. En 2019, Shell a déclaré dans son rapport annuel que le mouvement de désinvestissement était devenu un risque matériel pour la compagnie. C’est bête mais ça m’a rendu heureux. À elle seule, cette entreprise représente un risque pour la planète Terre. Tout ce qu’on peut faire pour leur mettre des bâtons dans les roues est bon à prendre. Seulement, il ne faut pas se leurrer. Shell, Exxon et les autres vont se battre jusqu’au bout, parce qu’ils ne savent faire qu’une chose au monde, forer et brûler des hydrocarbures, OK? Et JPMorgan Chase, ils prêtent à n’importe qui. Vraiment. Ils seraient même bien capables de prêter à des secteurs utiles comme le solaire et l’éolien. Parce qu’il faut des fonds pour vite développer tout ça. Donc voilà, c’est l’idée. C’est le projet. À plus tard en prison. »

Eriel s’adresse à Bill : « Quand tu cites Shell, ça me ramène dix ans en arrière. Je travaillais pour Rainforest Action Network, et on a monté des tournées au Royaume-Uni pour parler désinvestissement, en ciblant fortement Shell, Total et les fonds de pension norvégiens.

« La première année, j’ai décrit les impacts des sables bitumineux sur ma communauté. À l’époque on se battait contre deux projets, l’expansion de la mine Jackpine et la construction d’une toute nouvelle, la mine Pierre River. J’ai apporté des preuves à une réunion des actionnaires, et ils m’ont littéralement ri au nez. Ils ne m’ont même pas calculée. L’attitude générale était : “Ne vous occupez pas de cette personne. Elle ne sait pas de quoi elle parle." Quand je suis revenue l'année suivante, ils n'ont pas ri. Ils m'ont dit : "Merci de votre intérêt, mais vous perdez votre temps." Et l'année d'après, ils ont demandé à assister à une réunion.

« Et maintenant, ils reconnaissent combien le désinvestissement a pesé sur leur entreprise au fil des ans. La réalité, c'est que ça marche. Quand les citoyens résistent, qu'ils ne lâchent pas l'affaire, ça marche. Quand à la tête d'une campagne vous avez des gens qui racontent de vraies histoires vécues sur le terrain, ça marche. Mais il faut aussi parler des secteurs dans lesquels on leur demande de réinvestir. Il n'y a pas que les panneaux solaires et les éoliennes dans la vie. Quels types d'économies régénératrices veut-on à l'avenir ? Quels types d'économies va-t-on devoir inventer pour régénérer notre relation à la nature, et faire respecter les droits de l'homme et de l'environnement, en particulier les droits des communautés autochtones, qui sont touchées de plein fouet par l'extractivisme et par le changement climatique ? »

Ensuite, Eriel nous parle avec passion du combat que sa famille et elle mènent en ce moment. Ils vivent dans le nord de l'Alberta, entourés de caribous et de bisons, dans un habitat d'une importance capitale pour certaines espèces en voie de disparition. Et à dix-sept petits kilomètres de chez eux, JPMorgan Chase envisage de financer le plus grand projet de mine de sables bitumineux de l'histoire, nommé Frontier. Le site de la compagnie Teck serait d'une superficie de 29 000 kilomètres carrés, soit deux fois la taille de Vancouver, et pourrait émettre jusqu'à 6 millions de tonnes de CO_2 par an. Pour faciliter l'extraction, Teck a déjà prévu d'éliminer ce qu'elle appelle dans son jargon « le surplus », à savoir la forêt boréale, les tourbières, les zones humides, le sol fertile, tout ce qui est essentiel à la stabilisation du climat et représente en plus une source de revenus pour Eriel et sa famille.

(Le hasard a voulu que, la semaine où j'écrivais ce chapitre, Teck retire son projet de mégamine, offrant une victoire historique aux autochtones et aux militants qui bloquaient des voies ferrées et des dépôts de bus, occupaient l'espace public et interrompaient la circulation. En d'autres termes, qui multipliaient les actes de désobéissance civile non-violents.)

Bill rebondit : « Quand on s'est lancés dans la bataille contre le Keystone Pipeline, la compagnie TransCanada projetait de multiplier sa production par quatre. On ne les a pas fait fermer, mais en gros l'expansion de TransCanada est bloquée *sine die* faute d'oléoduc adapté au transport d'autant de bitume, et aussi parce que maintenant les gens retirent leur argent au lieu d'y investir. C'est dingue ce qu'on a accompli. Je veux dire, la première fois qu'on est allés à Washington en 2011 pour protester contre ce pipeline, tout le monde était d'avis qu'on n'avait aucune chance. Le *National Journal*, une sorte de revue financière locale, a sondé trois cents experts du secteur de l'énergie et 93 % ont répondu que TransCanada obtiendrait son permis avant fin 2011. Mais ensuite, plus de mille deux cents personnes, dont certaines ici présentes, sont allées en prison, c'était la plus grande action de désobéissance civile dans ce pays depuis longtemps, et ça a suffi à mettre la machine en route. On a pris le relais des militants sur place au Canada, avec l'aide de nos collègues du Midwest et d'un peu partout, et d'un coup tout le monde s'est mis à dire : "Oui. On peut s'attaquer aux géants du pétrole, en fait." Résultat, aujourd'hui chaque puits de fracturation hydraulique, chaque terminal de GNL [gaz naturel liquéfié] est contesté. »

Naomi Klein, qui se trouve dans le public, intervient. « J'aimerais revenir sur ce que Jane a dit au début de la discussion, à savoir que ce serait une bonne chose que le mouvement pour le climat et le mouvement pacifiste s'unissent de nouveau. Clairement, tout est lié, ce n'est pas un hasard si tant de conflits éclatent là où il y a du pétrole. Et j'ai une question pour Eriel, parce que le premier boom des gisements de sables bitumineux remonte à 2003, après l'invasion de l'Irak. Tu peux nous parler de la corrélation entre la guerre, le prix du baril et les problèmes que tu rencontres sur ton territoire ?

– C'est une très bonne question. Et j'avoue que j'en parle peu parce qu'elle est complexe. On a vu le prix du baril grimper dès 1995, mais la guerre d'Irak a provoqué une véritable flambée des prix. Avant ça, les gisements de sables bitumineux n'étaient pas spécialement à la mode en Alberta. Mais après cette flambée des prix, ils ont quasiment doublé du jour au lendemain. Donc oui, absolument, il existe une corrélation directe avec la guerre, surtout au Moyen-Orient, qui possède les gisements de pétrole les plus riches au monde. Et quand on déstabilise le marché et qu'on fait augmenter les prix parce qu'on n'a plus accès à du brut léger, on croit que ça autorise à justifier l'expansion d'un pétrole sale et bas de gamme, ou de projets lourds comme Bakken, les forages en Arctique, les sables bitumineux en Alberta, le Bassin permien. Que ça autorise à justifier une expansion sur *nos* territoires. Il s'agit avant tout d'une lutte géopolitique pour maintenir le statut de superpuissance de l'Amérique tout en déstabilisant d'autres pays. Parce qu'on a recréé ici une sorte d'économie d'État pétrolier. Alors que c'est le Moyen-Orient qui est assis sur les plus riches gisements du monde. Du coup, on assiste à cette bataille, et au fil du temps elle devient plus complexe et pleine de coups bas. Mais aujourd'hui, qu'est-ce qu'on voit ? Le prix du baril s'effondre constamment depuis 2011. Et les investisseurs se retirent de Bakken, et du Bassin permien, et de l'Arctique, et notre statut de superpuissance se réduit comme peau de chagrin. »

LE DÉSINVESTISSEMENT, ÇA MARCHE
par Bill McKibben

« Le jour où l'idée a commencé à germer dans notre esprit, à Naomi et moi, on a puisé l'inspiration dans le mouvement anti-apartheid, qui remontait déjà à une génération. À sa sortie de prison, un des premiers déplacements de Nelson Mandela a été pour les États-Unis. Et il ne s'est pas rendu directement à la Maison-Blanche. Il est d'abord allé en Californie, à Berkeley, pour prononcer un discours devant les étudiants, qui représentaient en quelque sorte tous les étudiants américains, pour les remercier d'avoir mis la pression sur leurs facs afin qu'elles boycottent le gouvernement pro-apartheid. Ce sont les Sud-Africains qui se sont libérés. Mais comme Mandela l'a dit ce jour-là "On n'aurait jamais réussi seuls. Il fallait que la pression vienne de partout." Et le désinvestissement était un très bon moyen d'y arriver. S'agissant de l'industrie fossile, Naomi et moi avons d'abord pensé qu'il fallait se débrouiller pour retirer à ces compagnies ce qu'on appelle l'acceptabilité sociale. Pour que nos institutions commencent à leur dire : "On ne veut plus être votre partenaire, parce que vous détruisez la planète et c'est mal." Et ça a marché. Enfin, toutes les institutions pionnières dans cette action étaient celles sur lesquelles on aurait parié. Des petites universités, des églises, etc. Mais ça a marché du tonnerre. Et au fil du temps, l'opinion publique a compris que ces compagnies étaient en train de perdre : elles devenaient de mauvais investissements parce qu'en face elles avaient une technologie bien meilleure qu'elles, à savoir le soleil et le vent, et parce qu'on avait l'intention de les faire payer pour les dégâts qu'elles avaient causés. Du coup, ça rapportait plus de désinvestir que de *ne pas* désinvestir. Et ça a commencé à se voir. Les gens ont vu que c'était efficace.

« Et quand Peabody, la plus grande compagnie de charbon du monde tout de même, a mis la clé sous la porte il y a quelques années, le gouvernement l'a obligée à fournir une liste des raisons qui ont conduit à sa faillite et de tout ce qui a mal tourné. Et l'une des raisons qu'ils ont données, c'est qu'ils n'arrivaient quasiment plus à lever de fonds à cause du mouvement de désinvestissement. L'an dernier, en mars, il y a eu une réunion des big boss du charbon à Houston, et le site *Politico* a publié un article où l'un après l'autre ils disaient : "Nous n'arrivons plus à lever de fonds pour notre développement." On a vraiment fait du super-boulot pour ce qui est du charbon, et ça reste une lutte importante à mener dans plusieurs pays du monde. Mais maintenant, il faut arriver à mettre autant de pression sur le pétrole et le gaz, à leur causer autant d'ennuis. Et ça commence à venir. C'est pour ça que j'étais si heureux quand Shell a annoncé qu'on était devenus un risque matériel pour son business. Regardez, il y a quatre ou cinq ans encore, ils frétillaient à l'idée d'aller forer en Arctique. Vous vous souvenez de cette énorme foreuse qu'ils stockaient dans le port de Seattle en attendant d'avoir le feu vert ? Des milliers de militants en canoé-kayak avaient bloqué le port – on les a appelés des "kayactivistes".

« Et il y a deux semaines, la banque d'investissement Goldman Sachs a changé son fusil d'épaule tant la pression était forte. Ils ont annoncé qu'ils ne financeraient plus les mines de charbon, et qu'ils ne financeraient plus les forages dans le refuge national de la faune arctique, ce qui est une grande victoire pour le peuple Gwich'in, qui s'est durement battu là-bas. Mais ne nous voilons pas la face, OK ? C'est extrêmement difficile d'obtenir d'une banque qu'elle déclare : "Nous n'allons pas financer une compagnie qui veut forer dans une réserve naturelle." Bon sang, utilisez vos neurones, les gars, c'est une réserve naturelle, évidemment qu'il ne faut pas aller y chercher de pétrole. Et pourtant, si on ne leur barre pas le chemin, on peut être quasi certains que ça va se faire, et grâce à ces banques, parce que tout ce qu'elles ont en tête c'est : "Est-ce qu'on peut se faire un maximum de fric en un minimum de temps ?" Ces gens ne pensent pas comme des gens normaux. »

En conclusion de cette dernière conférence, Annie remercie tous les « alerteurs d'incendie » qui se sont connectés chaque jeudi pour nous écouter. « On fait plus de cinquante mille vues en moyenne. En y ajoutant les réseaux sociaux, on a atteint plus de sept millions de gens. C'est complètement incroyable. Plus de cinq cents personnes ont accepté de se mettre physiquement en danger pour faire acte de désobéissance civile avec nous. Et si j'ai bien compris, il va y en avoir trois cents de plus demain. »

Ensuite, Annie évoque la poursuite du mouvement en Californie et au niveau national :

« On va contacter tous ceux d'entre vous qui veulent organiser un rassemblement dans leur ville. On a eu une foule de demandes. Rien que l'autre jour, j'ai reçu un message d'une personne de Humboldt et d'une autre de Philadelphie, et les deux disaient : "Je veux organiser un Vendredi Alerte Incendie dans ma ville." J'ai pensé : "Super. On va créer des guides et des kits pour les aider." Je leur ai demandé de quoi ils avaient besoin. La personne de Humboldt m'a dit "Juste de votre autorisation pour utiliser le nom. Je suis prêt. Je fonce." Celle de Philadelphie, au contraire, m'a répondu : "Je n'ai jamais fait une chose pareille. Par quoi commencer ?" Eh bien, sachez qu'on est là pour vous aider, que vous soyez militants ou pas. On est là. Et ensemble, on va faire monter ce mouvement en puissance. »

LE RASSEMBLEMENT

Il n'y a jamais eu autant de manifestants. Je prends la parole pour leur dire que ce n'est pas le dernier Vendredi Alerte Incendie et que j'espère qu'ils continueront à soutenir la grève pour le climat en se joignant aux jeunes qui sont là chaque semaine. Ensuite, je présente celle qui a allumé la flamme et m'a poussée à agir, Naomi Klein.

Monter en puissance tout en s'amusant
par Annie Leonard

« Pourquoi est-on si enthousiastes et pourquoi faut-il à tout prix éviter que la dynamique des Vendredis Alerte Incendie retombe ? Parce que c'est LA chose dont le mouvement pour le climat a le plus besoin. On sait comment procéder. On a les modèles économiques. On a les technologies vertes innovantes. On a le bon sens. On a la morale. On sait comment vivre de façon plus juste pour nous et pour l'environnement. Il nous manque juste la puissance pour y parvenir. Alors, on va aller la chercher. C'est ce qu'on va faire avec la campagne Stop the Money Pipeline. C'est ce qu'on va faire avec le Sunrise Movement. Et c'est ce qu'on va faire avec les jeunes grévistes pour le climat et les Vendredis Alerte Incendie. On va monter en puissance, pour qu'un avenir meilleur devienne possible. Vous, chacun de vous, êtes l'ingrédient qui nous manque pour passer à la vitesse supérieure.

« Si nous arrivons à répéter ce petit miracle chaque vendredi aux quatre coins des États-Unis, nous gagnerons en puissance jusqu'au changement. Mais il y a autre chose. Nous allons nous amuser en chemin. Et c'est un détail important, parce que nos détracteurs aiment bien raconter qu'un militant est un martyr, qu'on nous force à manger des burgers végétariens au goût de carton et à porter des sandales à longueur d'année, que c'est une vie vraiment trop dure. Mais la vérité, c'est qu'être militant, comme on le sait tous ici, ça nourrit l'âme. Et dire cela ce n'est pas juste du romantisme. Il y a des statistiques. Regardez celles qui rendent compte de ce qui donne le plus de sens à la vie, ce qui rend le plus heureux une fois nos besoins assouvis. Évidemment, si vous n'avez pas de toit sur la tête et rien à manger, ce qui vous rendra heureux est d'ordre matériel. Mais une fois nos besoins élémentaires assouvis, la réponse est quasi toujours la même. Ce qui nous rend heureux, c'est d'avoir un but et de trouver du sens au-delà de notre petite personne. C'est de nous rassembler avec d'autres autour d'un objectif commun. C'est d'avoir plein d'amis et d'interactions sociales. Et ce qu'il y a de génial quand on milite, quand on manifeste contre les compagnies pétrolières, quand on se mobilise pour un avenir harmonieux, c'est que non seulement on aide à sauver la planète, mais qu'au passage on s'amuse comme des fous. Ces trois derniers mois l'ont prouvé, non ? Alors continuons ! »

« J'étais là au tout premier Vendredi Alerte Incendie : les personnes présentes se comptaient sur les doigts d'une main. Et regardez-vous aujourd'hui. Si ce mouvement se propage aussi vite, c'est qu'il est un incendie à lui tout seul. Mais il faut bien comprendre une chose, le monde que nous appelons de nos vœux pour nous, pour nos enfants, ne verra pas le jour si nous nous contentons de soutenir mollement le Green New Deal. Nous devons nous enflammer. Et puiser en nous pour trouver cette flamme. Et nous connecter à la puissance fertile et guérisseuse du feu, d'accord ?

« Je ne parle pas des incendies dévastateurs d'Australie ou de Californie. Ça, c'est le feu dans ce qu'il a de néfaste. Comme lorsqu'on extrait des hydrocarbures qui devraient rester dans le sol pour les balancer dans l'atmosphère en les brûlant, menaçant l'équilibre des éléments.

« Mais la puissance du feu guérit aussi, non ? Dans la nature, c'est ce qui aide à déblayer les débris, le bois mort, pour faire place à une nouvelle végétation. Pas étonnant que les autochtones se soient toujours servis du feu pour travailler la terre. Donc, c'est ce qu'on doit faire. On doit être ce feu-là. On doit déblayer les débris. On va déblayer les débris des climatosceptiques financés par l'industrie fossile. On va déblayer les débris des détracteurs qui nous assurent que tout le reste est plus important : le dernier tweet de Trump, les fringues de la famille royale… À la poubelle, tout ça. Ensuite, on va déblayer les débris des pessimistes, ceux qui nous disent que c'est trop tard de toute façon, donc autant se détendre et regarder le globe se consumer, car eux-mêmes sont persuadés qu'ils ne craignent rien. Par-dessus tout, on va déblayer les débris de ceux qui sèment la division. Il est grand temps de virer tout ce bois mort et de faire place à une nouvelle végétation. Et on va bâtir le mouvement le plus uni et le plus puissant qu'on aura jamais vu.

« Au Royaume-Uni, les grévistes pour le climat ont ce slogan : "Greta a été l'étincelle, nous, on est l'incendie." C'est ça qu'on doit être : l'incendie. »

Pendant que Naomi faisait son discours, Bill McKibben et un groupe de militants sont allés occuper une agence de JPMorgan Chase. Ils sont dedans, la police est dehors, et notre équipe a contacté Bill sur son portable pour qu'il s'adresse directement au public.

« Je me trouve à l'intérieur d'une agence JPMorgan Chase, et cet acte militant symbolise non seulement la montée en puissance des Vendredis Alerte Incendie, mais aussi le lancement national de notre campagne Stop the Money Pipeline. C'est ici qu'il fallait venir, parce que la banque Chase est le plus grand bailleur de fonds de l'industrie fossile.

Révoltez-vous : l'appel d'une militante autochtone
par Ta'Sina Sapa Win Smith

Ta'Sina Sapa Win Smith est une Indienne Lakota des clans Itazipco, Mnicoujou et Hunkpapa de la réserve de Cheyenne River, descendante directe du chef Gall. L'étudiante en droit est aussi une militante citoyenne qui se bat sur le terrain pour la justice sociale et environnementale, et contre le Keystone Pipeline, le Dakota Access Pipeline et l'extraction d'uranium sur ses terres ancestrales.

« Bonjour à vous, mes frères et sœurs. Mon nom lakota est Femme-au-Châle-Noir. Je viens de la réserve de Cheyenne River.

« Ce n'est pas un secret, mon peuple a subi une violente répression en 2016 pour avoir manifesté pacifiquement contre le Dakota Access Pipeline à Standing Rock. Des proches ont failli perdre un œil ou un membre à cause des tirs de balles en caoutchouc des autorités, ou, ce qui est mon cas, se faire méchamment mordre par un chien d'attaque lâché sur nous par une société de sécurité privée qui n'avait pas le droit d'être là. Nous avons vu que l'État ne reculerait devant rien pour protéger ses intérêts financiers. Et aujourd'hui, une nouvelle fois, mes terres ancestrales font face à une menace, le Keystone Pipeline, prévu pour passer sous la rivière Cheyenne qui a donné son nom à ma tribu. Des camps temporaires sont construits en ce moment même. Et tout le monde ne sait peut-être pas ce que sont ces camps, mais ils servent à loger des milliers d'ouvriers le temps de terminer l'oléoduc. On en a un juste derrière la limite de notre réserve. Ce qu'il faut savoir, c'est que dès qu'un camp d'ouvriers est monté, le taux de disparitions et de meurtres d'autochtones grimpe en flèche, et la drogue est partout. Et pour moi, ce n'est pas une coïncidence.

« Nous vivons à une époque où des millions d'hommes et de femmes dans le monde se battent pour avoir le droit de survivre, le droit de respirer un air pur, de boire une eau potable, de cultiver une terre saine, de sauver les écosystèmes qui s'effondrent. Le temps est venu de nous révolter aussi. Révoltez-vous, mes frères et sœurs. Révoltez-vous contre l'extinction d'un million d'espèces. Révoltez-vous avec les gardiens originels des terres que sont les autochtones. Révoltez-vous contre le génocide culturel, contre l'écocide, contre les catastrophes environnementales, contre l'extraction illégale des ressources naturelles. Le temps est venu d'entrer dans une nouvelle ère et de nous libérer de notre addiction aux combustibles fossiles. La terre sous nos pieds a été prise de force pour alimenter cette addiction à la pollution, au profit et à la cupidité. Le temps est venu, mes frères et sœurs, de soutenir les autochtones. Nous, le peuple, sommes cette nouvelle ère. Nous sommes l'ère qui va assurer la survie de l'homme pendant les sept prochaines générations. Notre maison brûle, il faut la sauver. »

« Au cours du printemps, il va y avoir des centaines, des milliers de manifestations comme celles d'aujourd'hui. Et lundi prochain, nous annoncerons la date à laquelle nous aurons besoin que tous les Américains se mobilisent. Et pas seulement les Américains. Ce matin, nos collègues grévistes pour le climat et leur chef de file Greta Thunberg ont fait une déclaration remarquable et envoyé le même message que nous, en réclamant que les organismes financiers cessent de détruire la planète et commencent à investir dans ce qui la fera fonctionner à l'avenir. Tout le monde est sur la même longueur d'onde désormais, plus personne n'a de doute. Si les banques comme JPMorgan Chase arrêtaient de financer l'industrie fossile, les compagnies ne pourraient plus continuer à fabriquer des pipelines. Elles ne pourraient plus ouvrir de mines de charbon, ni construire des terminaux de GNL [gaz naturel liquéfié], ni faire tout ce qui rend la Terre moins habitable de semaine en semaine. Nous sommes tellement contents d'être avec vous. La police vient de pénétrer dans les locaux, nous allons rester ici un moment mais nous espérons vous voir, et sinon, bonne chance pour votre manif devant le Capitole. »

C'est électrisant d'entendre Bill s'adresser ainsi à nous.

Je présente alors Tara Houska, avocate tribale, cofondatrice du Giniw Collective et ex-directrice de campagne de Honor the Earth, engagée dans le mouvement de désinvestissement des combustibles fossiles et la lutte de longue haleine contre l'oléoduc Line 3 de la compagnie canadienne Enbridge.

«Je suis membre du clan de l'Ours de la Première Nation Couchiching, et c'est super de vous voir tous là. La dernière fois que j'ai pris la parole à un rassemblement, je revenais d'un camp de résistance à Standing Rock. J'y avais vu mes amis se faire gazer, mordre par des molosses. J'avais été arrêtée et enfermée dans une cage pour chien. J'avais vu des flics poursuivre des Indiens à cheval dans les plaines en leur tirant dessus. L'histoire se répète, encore et toujours. Cette fois, je reviens d'un camp de résistance dans le nord du Minnesota, où j'ai logé à deux cents mètres de l'itinéraire prévu pour l'extension de Line 3, un oléoduc qui va traverser le territoire de mon peuple et nos cultures sacrées de riz sauvage. Les bulldozers ne sont pas encore là, mais les derniers permis seront délivrés dans les deux semaines qui viennent. En attendant, ils s'arment jusqu'aux dents, et c'est une vision surréaliste. Et donc mon message ne s'adresse pas à ces compagnies qui tuent l'avenir de nos enfants pour leur profit : il s'adresse à nous. À nous tous. Nous avons le pouvoir. Nous avons tellement de pouvoir. S'ils sortent les tanks alors que nous manifestons pacifiquement devant leurs pelleteuses, c'est qu'ils ont peur. S'ils utilisent des canons à eau et des chiens d'attaque quand nous faisons barrage de notre corps pour dire non, c'est qu'ils ont peur. S'ils tuent les gardiens de la forêt qui travaillent dans l'ombre dans les pays du Sud, c'est qu'ils ont peur de nous. Nous pouvons construire le monde que nous voulons, et nous pouvons exiger que celui-ci change en même temps. Rien de tout cela [elle fait un geste circulaire] ne fonctionne sans nous. Alors retirez votre argent des banques comme Bill l'a dit, présentez-vous aux élections, et même présentez-vous contre un élu en particulier, manifestez, réduisez votre empreinte carbone, intentez des procès aux compagnies pétrolières, campez devant les pelleteuses. Il faut qu'on soit beaucoup plus à camper devant les pelleteuses. Et pendant que vous découvrez tous ces moyens variés de contribuer, reconnectez-vous à la terre, profondément, irrévocablement. Reconnectez-vous à la terre. Ne vous contentez pas de partager un selfie ou un tweet ; ça ne suffit pas. Aimez l'air autour de vous, car l'air vous aime. Aimez le soleil au-dessus de votre tête, car le soleil vous aime. Aimez l'eau à vos pieds, car l'eau vous aime. Les réponses sont là ; il faut juste écouter. Les réponses à cette crise se trouvent sous notre nez. Je veux parler d'une vie équilibrée, et non de cupidité. Je veux parler d'une vie d'amour, et non d'illusions dont on se berce quand, petites créatures traumatisées en beaux habits, nous cliquons sur nos portables fabriqués par une main-d'œuvre exploitée à l'autre bout du monde. Nous devons être de bons gestionnaires, pas juste des consommateurs perpétuels. Les objets qu'on achète ne rempliront jamais notre cœur. Les objets qu'on achète ne nous combleront jamais totalement. Mais n'allez pas idéaliser ce que je dis non plus. Nous, les autochtones, nous savons certaines choses. Mais vous aussi vous les saviez, autrefois ; il s'agit juste de s'en souvenir ensemble, maintenant. Nous avons tous les réponses, alors rappelez-vous qui vous êtes, ne cédez pas à l'autosatisfaction, ne cédez pas à l'apathie, car vous êtes ici pour agir, et c'est si beau à voir. Faites preuve de solidarité ; défendez partout l'amour. Soyez courageux, soyez intrépides. On est dans le même bateau. »

BANQUES : LES MAUVAISES... ET LES BONNES

par Kat Taylor

« Je suis pleine de reconnaissance envers Jane pour cette série de manifestations coup de poing, mais surtout pour celle-ci, qui me permet de venir vous parler en tant que banquière d'un autre genre. J'en suis venue à faire ce métier parce que mon mari et moi avons eu l'intuition que quelque chose clochait vraiment dans le système bancaire. Alors, pour vérifier notre intuition, nous avons créé la Beneficial State Bank, et notre intuition s'est confirmée. Le système bancaire est extrêmement puissant et il ne sert ni nos intérêts ni ceux de la société. Je sais, c'est un sujet ennuyeux et compliqué, mais important. Il est grand temps de le rendre un peu attractif.

« Nous dépendons des autres et de la nature, tout comme le secteur bancaire. Rejeter la nature n'est pas notre apanage, l'apanage de la nature est de nous rejeter. Comme largués par une amante qui nous tourne le dos, nous prenons conscience qu'elle s'en sortira très bien sans nous. Nous, en revanche, on va devoir se débrouiller seuls.

« La métaphore vaut tout autant pour le secteur bancaire. On croit toujours que la banque est l'ancêtre du *crowdfunding*, en cent fois plus puissant. Sauf que dans une banque, ce n'est pas un dépôt spécifique qui finance un prêt spécifique, mais tous les dépôts qui financent une politique de prêt aux répercussions considérables. La banque a été conçue pour ça. On lui confie notre argent qui dort, et on s'en remet à elle pour en faire bon usage. On se fend même d'une assurance pour garantir que nos dépôts sont en sécurité et que la banque les perçoit facilement et à peu de frais. Il faut savoir que ces dépôts sont le carburant qui propulse leur fusée. Leurs prêts se font avec notre argent, grâce auquel les banques sont devenues le premier secteur de l'économie américaine. La plupart ont plus de 2 000 milliards de dollars de capital, et nos dépôts représentent dans les 12 000 milliards. Les banques écrasent toutes les autres industries, y compris celle du pétrole. Pire, elles dépensent deux fois plus pour influencer les élections et faire du lobbying. Bien sûr, on les a créées dans l'espoir qu'elles utiliseraient notre argent pour financer le monde dans lequel on aimerait vivre. Un monde inclusif, juste, quels que soient la couleur de peau et le sexe, protecteur de l'environnement. Et pourtant les grandes banques, qui sont aussi les plus influentes, nous donnent tout sauf ça. Je ne sais pas si vous êtes au courant, mais depuis l'accord de Paris en 2015 la direction de JPMorgan Chase a financé l'expansion de l'industrie fossile à hauteur de 200 milliards de dollars. Rappelez-vous, ce sont *nos* dépôts au départ. Nous n'avons pas à tolérer que les banques nous utilisent pour détruire la planète. Que serait l'industrie fossile sans financement ?

« Rien. Et là est la solution. Si on tanne les banques pour qu'elles investissent ailleurs, cette action simple signera la fin de l'industrie fossile, rapidement et sans faire de vagues. L'autre chose à faire, c'est mettre son argent dans une petite banque de proximité ou coopérative, qui ne trempe pas dans le désastre causé par l'industrie fossile, et ainsi priver les grosses de carburant pour propulser leur fusée. On peut encourager les banques régionales à aligner leur politique sur nos valeurs et à cesser de financer l'industrie fossile mais aussi les prêts sur salaire et les prisons privées. On peut insister pour que les régulateurs prennent en compte le triple principe de justice sociale, de bien-être environnemental et de finance durable. En clair, on peut changer le système bancaire pour de bon. Opérer un virage à cent quatre-vingts degrés, en quittant une banque incendiaire pour en prendre une autre qui contribue à l'avènement d'une économie verte de pointe. On peut passer, comme dit l'architecte William McDonough, "de 0 % de fabuleux à 100 % de fabuleux".

« Tout comme on finira par reprendre notre gouvernement des mains des entreprises qui l'ont acheté, on finira par se réapproprier les banques, car elles nous appartiennent à tous, même à ceux qui n'en ont pas. Un jour, on inversera le cours du changement climatique. On transformera les nuages gris de cendre en un ciel bleu comme la mer. On prendra goût à une banque bénéfique pour tous et on stoppera net la crise climatique. »

Une histoire irlandaise
par Martin Sheen

« Les Irlandais aiment bien raconter l'histoire de cet homme qui arrive aux portes du paradis et demande à y entrer. Saint Pierre lui dit : "Bien sûr, il faudra juste nous montrer tes cicatrices." L'homme répond qu'il n'en a pas. Alors saint Pierre lui dit : "Quel dommage. Tu n'as donc trouvé aucune cause qui valait la peine de te battre pour elle ?" La vie tout entière nous pousse à trouver une cause qui vaut la peine de se battre pour elle. Quelque chose qui unit la volonté de l'esprit et l'œuvre de la chair. »

Sur ce, Martin se met à paraphraser le poème du célèbre poète bengali RabindranathTagore, « Gitanjali 35 ». « Quelque chose qui nous aidera à élever cette nation et son peuple vers là où le cœur est sans crainte et où la tête est haut portée, là où la connaissance est libre, là où le monde n'a pas été morcelé par des loups étroits d'esprit, là où les mots émanent des profondeurs de la sincérité et l'effort infatigué tend vers la perfection, là où le clair courant de la raison ne s'est pas mortellement égaré dans l'aride désert de la coutume, là où l'esprit guidé par toi s'avance dans l'élargissement continu de la pensée et de l'action. Dans ce paradis de liberté, cher Père, fais que notre patrie s'éveille. »

COMMENT DEVENIR UN RISQUE SOCIAL
par Rebecca Adamson

Rebecca Adamson est une femme d'affaires américano-cherokee ainsi qu'une militante. Elle est l'ancienne directrice et présidente de l'Institut pour le développement des Premières Nations et la fondatrice de l'association First Peoples Worldwide.

« Toute ma vie j'ai été économiste, et je me suis évertuée à intégrer les principes de durabilité, d'équilibre et d'harmonie dans ce système fou et corrompu. Je vais vous donner quelques statistiques : aujourd'hui, en ce moment même, 39 % de toutes les extractions de pétrole, de gaz et de minerai se font sur des territoires autochtones ; 46 % des futurs stocks se trouvent sur des territoires autochtones ; quatre chefs autochtones par semaine en moyenne se font tuer pour avoir défendu leurs terres, défendu les droits des autochtones, défendu l'environnement, et ce n'est pas un hasard.

« Maintenant, regardons ensemble le marché. J'aimerais vous parler de l'effet que vous avez sur le marché financier. J'investis dans le social depuis trente ans. Quand je dois prendre une décision à propos d'un investissement, je regarde sa performance environnementale, et je regarde sa performance sociale. L'investissement social, qui prend en compte désormais les critères ESG [environnementaux, sociaux et de gouvernance], est en croissance exponentielle sur le marché. Vous qui êtes ici aujourd'hui, vous êtes des manifestants prêts à faire acte de désobéissance, civile et autre, mais sur le marché vous constituez un facteur de risque social.

« La tribu de Standing Rock m'a confié sa stratégie de désinvestissement du DAPL [le Dakota Access Pipeline], pour inciter les particuliers et les banques à ne plus financer la construction de ce pipeline. En deux semaines de campagne, la tribu avait déjà eu plus d'un million de visiteurs sur son site Internet. Pour notre journée de la solidarité, nous avons organisé trois cents événements dans les cinquante États et aussi à Paris, à Londres, en Australie, partout dans le monde. D'après nos calculs, dix-sept banques finançaient le DAPL. Suite à ça, elles ont perdu 4,4 milliards de dollars en fermetures de comptes. C'est considérable pour elles. Et vous voilà sur le marché, vous êtes devenus un risque social quantifiable. On a obtenu de trois banques qu'elles se retirent et retirent leurs offres de prêt. L'action d'ETP [Energy Transfer Partners] a perdu 60 % de sa valeur.

« Une chute de 60 % de la valeur d'une action, ça s'appelle un risque matériel. La compagnie ETP a perdu 7,5 milliards de dollars dans ce projet : 7,5 milliards de dollars, c'est un sacré risque matériel. Ça veut dire que le gendarme de la Bourse va exiger un rapport sur les risques encourus par vos investisseurs. Ça veut dire que le coût du capital augmente, et que ça commence à vous coûter plus cher de détruire Mère Nature.

« Le risque social au sens large, c'est-à-dire quand vous manifestez, quand vous faites campagne ou quand vous obligez un site à fermer, ça représente une perte de 20 à 30 millions de dollars par semaine pour le marché. Vingt à trente millions par semaine. En ce moment même, 25 milliards de dollars dorment dans des projets de mines bloqués ou suspendus indéfiniment. Tout ça, ce sont des capitaux perdus. C'est un risque matériel qui découle d'un risque social.

« Un dernier chiffre : 73 % du risque auquel les compagnies font face aujourd'hui est qualifié de "non-technique". Ce risque non-technique, c'est vous tous. C'est les manifestations dans les petites et grandes villes. C'est les courriers que vous écrivez pour protester. C'est les campagnes qui sont menées. C'est bloquer leur travail, les mettre à l'arrêt. Actuellement, le risque non-technique est évalué à sept ; c'est le deuxième plus grand risque du marché financier.

« En conclusion, protestez. Soyez un risque social. »

Quand Kat Taylor, la cofondatrice et co-P-DG de la Beneficial State Bank, monte sur scène, elle aussi insiste sur l'importance de faire bloc contre les banques pour qu'elles coupent les vivres à l'industrie fossile. Et puis elle se met à chanter une chanson anti-pipeline sur la mélodie du tube de Marvin Gaye «*I Heard It Through the Grapevine*». Plutôt rock'n'roll pour une banquière!

L'actrice June Diane Raphael, qui est revenue avec son fils de cinq ans, Gus, présente la dernière intervenante, Eriel Tchekwie Deranger.

Après nous avoir parlé de la compagnie Teck et du projet de mine qui menace son territoire, Eriel conclut le rassemblement en disant : «Venez vous battre avec nous contre les pipelines. Nous sommes les puissants. Nous sommes les résilients. Nous sommes les éveillés. Nous sommes les autochtones. Notre corps et notre âme ont été réchauffés par la terre, notre esprit nourri par cette terre vivante. Nous réinventons le présent. Nous sommes les visionnaires de demain. Nous sommes les gardiens des ancêtres. Nous sommes les éveillés.»

Rétrospectivement, en sachant que son peuple et les militants ont réussi l'inconcevable et fait enterrer ce projet de mégamine, je trouve ses paroles d'autant plus émouvantes.

Enfin, nous nous mettons en marche vers le Capitole pour faire acte de désobéissance civile.

Pour la première fois, la foule est dense et compacte. En regardant vers le Capitole, je vois un nombre ahurissant de manifestants déjà présents et je me dis : *Oh non, un autre groupe a décidé d'occuper les marches, il ne va pas y avoir de place pour nous.* Mais Ira m'explique que tous ces gens dans la rue et sur les marches participent en fait au Vendredi Alerte Incendie. Ils ont simplement pris de l'avance sur nous. Au final, plus de trois cents personnes risqueront l'arrestation ce jour-là. Je suis sans voix. Cette première phase des Vendredis Alerte Incendie se termine vraiment en beauté.

J'assiste aux premières arrestations puis, avec un grand groupe dont fait partie Susan Sarandon, arrivée le matin même de New York, nous marchons jusqu'à l'agence Chase, dans laquelle Bill McKibben et une dizaine d'activistes font toujours un sit-in sous une immense banderole « Stop the Money Pipeline ». Dehors, devant les vitres de la banque, nous leur faisons des signes et scandons des slogans en soutien. Une dizaine de policiers sont sur place – il s'avérera qu'ils attendaient qu'on parte pour arrêter les militants à l'intérieur. La presse est là aussi, et l'occupation de l'agence JPMorgan Chase va être largement relayée dans les médias.

Au bout d'une heure, nous retournons à pied au Capitole, où tant de manifestants ont décidé de se faire arrêter que les agents sont contraints d'effectuer la procédure en bas des marches.

Il faut attendre des heures avant que tout le monde soit libéré. Naomi, Joaquin Phoenix et Martin Sheen figurent parmi les derniers, et je suis là pour les prendre dans mes bras et les remercier, eux et la centaine de nouveaux amis que je me suis faits durant ces quatorze Vendredis Alerte Incendie, comme David Fenton, Gene Karpinski, Kallan Benson, Sebastian Medina-Tayac et Erika Berg, ainsi que Firas et Carla, de l'équipe numérique, et Sam, notre responsable logistique. Jerome Foster m'offre une décoration de Noël sur laquelle est écrit « J'♥ ma marraine », ce qui me touche beaucoup.

Ensuite, je retourne à l'hôtel finir mes bagages. Je dois rentrer à Los Angeles tôt le lendemain avec Debi, pour préparer la seconde phase des Vendredis Alerte Incendie… Ah j'oubliais, et pour tourner *Grace et Frankie*.

QUE FAIRE ?

« L'argent est l'oxygène qui entretient les flammes du réchauffement climatique », a écrit Bill McKibben. Nous devons déplacer notre argent en le *retirant* de l'industrie fossile et en l'*injectant* dans les solutions climatiques. Par chance, ça n'a jamais été aussi simple. Nos liens avec la finance sont multiples : comptes bancaires, cartes de crédit, compagnies d'assurances, comptes épargne retraite, portefeuilles d'investissement. Passons-les en revue et voyons comment libérer notre argent pour de bon.

D'abord, les comptes bancaires. Les grandes banques comme JPMorgan Chase sont les premiers bailleurs de fonds de l'industrie fossile, de la déforestation, et plus généralement de la destruction de l'environnement. Le meilleur moyen de savoir si la vôtre y contribue est de jeter un coup d'œil au dernier rapport de Rainforest Action Network, « Banking on Climate Change », qui chaque année met à jour la liste mondiale des banques championnes du dérèglement climatique. En 2019, JPMorgan Chase figurait tout en haut, suivie de Wells Fargo, Citi, Bank of America, RBC et Barclays. Toutes sont américaines.

Quelle alternative à ces champions de la destruction ? Le guide en six étapes de DivestInvest vous indique la marche à suivre pour choisir une nouvelle banque, fermer vos comptes et déplacer votre argent. À voir aussi, la rubrique « Get a Better Bank » sur le site de l'ONG Green America. Bien souvent, la meilleure option est une banque coopérative locale, mais renseignez-vous aussi sur les nouvelles banques en ligne.

S'agissant des compagnies d'assurances, il suffit d'aller sur un site comme Insure Our Future (insureourfuture.us) ou Unfriend Coal (unfriendcoal.com/insurance) pour savoir si la vôtre finance l'industrie fossile et, le cas échéant, en changer.

Restent les comptes épargne retraite et les investissements. Commencez par le site de DivestInvest, qui regorge de liens expliquant les différentes étapes pour verdir votre portefeuille. Vous souhaitez faire des vérifications sur un fonds en particulier ? Le site de Fossil Free Funds permet de passer en revue des fonds ou des gestionnaires de patrimoine spécifiques. Il propose aussi une liste des placements les plus propres du marché et répertorie de façon claire leur coût, le rendement auquel s'attendre et toutes les infos pour faire un investissement judicieux. En France vous pouvez vous tourner vers Oxfam France : https://www.oxfamfrance.org/, ou Reclaim Finance : https://reclaimfinance.org/site ou encore Les Amis de la Terre https://www.amisdelaterre.org/.

Cerise sur le gâteau : des études montrent que retirer votre argent de l'industrie fossile va probablement augmenter votre rendement. D'après l'entreprise de services financiers MSCI, entre 2010 et 2017 les portefeuilles verts ont été *plus performants* que ceux restés fidèles au charbon, au pétrole et au gaz. Et ainsi qu'on peut le lire dans un rapport récent : « Le secteur de l'industrie fossile se réduit de plus en plus d'un point de vue financier, et les raisons d'y investir ne sont pas tenables. » Se libérer de l'industrie fossile est donc bon pour la planète *et* pour votre porte-monnaie.

Enfin, nous savons tous que les actes individuels ne suffisent pas. Convaincre votre ex-université, votre église, votre caisse de retraite, votre ville ou les autres organismes auxquels vous êtes affilié de désinvestir est l'un des moyens les plus percutants de commencer à orienter l'économie dans la bonne direction.

Je vous laisse avec les paroles d'un de mes héros, l'archevêque Desmond Tutu, qui a reçu le prix Nobel de la paix pour avoir contribué à la fin de l'apartheid en Afrique du Sud, et qui soutient fièrement la campagne de désinvestissement : « Tout comme nous disions dans les années 1980 que ceux qui faisaient des affaires avec le gouvernement pro-apartheid étaient complices d'un système immoral, nous disons aujourd'hui que personne ne devrait profiter de la montée des températures, de la hausse du niveau de la mer et des souffrances humaines causées par l'industrie fossile. »

Amen, Monseigneur. En terminer avec le financement de l'industrie fossile et de la déforestation est l'une des solutions phares à la crise climatique. Et pour initier le changement, il n'y a pas mieux que de déplacer votre argent.

17

VENDREDIS ALERTE INCENDIE : ET APRÈS – PAR ANNIE LEONARD

Au tout début de l'aventure des Vendredis Alerte Incendie, Jane a demandé au sénateur Ed Markey comment les citoyens inquiets pouvaient faire avancer la cause climatique. Il a suggéré de lever une armée, la plus grande possible. Et nous sommes d'accord !

Le mouvement pour le climat a déjà *presque* tout ce dont il a besoin pour entamer la transition vers une économie verte qui fera des États-Unis un pays plus sain, plus sûr, plus juste et plus heureux. Nous avons les modèles de réglementations à suivre, les technologies innovantes, la logique économique, un impératif scientifique et moral fort. La seule chose qui nous manque, c'est le pouvoir de mettre en place les changements nécessaires. Mais des frémissements se font sentir et vous, cher lecteur, pouvez faire votre part ! *Nous avons besoin de vous.* Nous savons que le pouvoir de millions de citoyens engagés créera le changement, car c'est déjà arrivé.

En 1970, les USA ont fêté le tout premier Jour de la Terre, qui allait marquer l'entrée dans une décennie d'intérêt sans précédent pour l'écologie. Savez-vous combien il y a eu de participants à ce premier Jour de la Terre ? *Vingt millions !* Vingt millions d'Américains ont manifesté, aménagé des jardins partagés, nettoyé des plages – effectué des actions visibles pour réclamer la protection de l'environnement. Dans les dix ans qui ont suivi, le gouvernement fédéral a créé l'EPA, l'Agence de protection de l'environnement (même sous un président républicain), et voté la plus ambitieuse série de mesures de l'Histoire, dont la loi sur la pollution de l'air, la loi sur la protection de l'eau, la loi sur la protection des espèces en voie de disparition, la loi sur la qualité de l'eau potable et la loi sur le contrôle des substances toxiques.

Si le gouvernement a fait tout cela, ce n'est pas parce qu'il avait entendu les arguments des scientifiques, mais parce que vingt millions d'Américains l'avaient interpellé. Aujourd'hui, il nous faut d'urgence un niveau comparable d'ambition en faveur du climat, et le moyen de l'obtenir est le même : des citoyens unis par millions. La bonne nouvelle, c'est que ça a déjà commencé. Les grèves pour le climat organisées par les jeunes en 2019 sont les plus importantes à ce jour, avec plus de 7,5 millions de participants dans le monde selon les estimations. C'est un très bon début. Maintenant, faisons encore plus !

LES VENDREDIS ALERTE INCENDIE APPELLENT LES CITOYENS À PARLER, VOTER ET AGIR – ET ON EST LÀ POUR AIDER !

PARLER : Il est grand temps de parler haut et fort de la crise climatique, jusqu'à ce que les instances dirigeantes ne puissent plus nous ignorer. Les Américains sont dans une situation bancale : plus que jamais le changement climatique les inquiète et ils attendent des actes, mais ils abordent peu le sujet dans les discussions. Cela se comprend : échanger sur l'urgence climatique peut être intimidant, voire accablant, et il est certain qu'il y a de quoi casser l'ambiance d'une fête entre amis. Mais il faut en parler *pour que ce sujet devienne incontournable dans l'espace public.* Donc, partagez ce que vous avez appris dans ce livre. Écrivez aux rédacteurs en chef et à vos élus. Créez une équipe « urgence climatique » au travail, au lycée, à l'église, dans votre quartier. Entamez la conversation au supermarché, avec vos proches et voisins. Invitez des amis à venir écouter une conférence, et ensemble trouvez le meilleur moyen de vous impliquer.

Il existe quantité de ressources pour gagner en confiance quand on évoque le changement climatique en public. Apprenez à débattre avec les climatosceptiques grâce au site de Skeptical Science (skepticalscience.com), qui a d'excellents arguments à faire valoir contre les mythes et autres malentendus sur le sujet. Le site de Living Room Conversations (livingroomconversations.org) donne des conseils pour dialoguer avec des personnes aux opinions opposées et trouver un terrain d'entente.

Notre hésitation collective à aborder le problème climatique laisse le champ libre aux coupables pour continuer à détruire en toute impunité. Alors parlons franchement, et sans mâcher nos mots !

VOTER : *Il est capital de voter pour des candidats écologistes !*

Vous vous demandez où se situent vos élus à propos du climat ? Il est possible de savoir pour ou contre quoi ils ont voté par le passé. Vérifiez d'abord s'ils ont signé l'engagement « Zéro argent de l'industrie fossile » sur NoFossilFuelMoney.org. Ensuite, tapez votre adresse sur le site de Vote Smart (votesmart.org) et vous obtiendrez en un clic tout l'historique de vos élus au niveau fédéral : votes, prises de position, informations sur le financement de leurs campagnes.

Mais n'en restez pas là : intéressez-vous au local aussi. Il existe de nombreux postes qui nécessitent de se faire élire aux États-Unis, et où un défenseur du climat peut réellement changer les choses : conseiller municipal, conseiller régional, parlementaire, membre de commission d'urbanisme, procureur, juge, tous sont en position d'aider à la sortie de l'industrie fossile et à la transition vers une économie durable.

Certaines associations publient les antécédents des politiciens en matière d'environnement : The League of Conversation Voters fournit l'historique des élus par vote, le Sunrise Movement répertorie les candidats soutenant le Green New Deal, et NoFossilFuelMoney.org identifie ceux qui ont refusé des dons du lobby de l'industrie fossile et ne devraient donc pas lui être redevables une fois au pouvoir.

Ces ressources sont considérables, mais en général elles n'incluent pas tous les candidats aux postes locaux, et vous devrez faire la recherche vous-même. Pour que ce soit moins fastidieux, répartissez-vous les candidats entre amis. Vous devrez peut-être les appeler pour connaître leur position sur les sujets importants comme le GND, la transition juste, la fin des subventions à l'industrie fossile, le respect des droits des autochtones. Une fois ce travail accompli, surtout partagez vos trouvailles afin d'aider les autres à séparer les vrais des faux défenseurs du climat.

Se concentrer sur les « petits » scrutins permet de conserver une dynamique même lorsque l'écologie n'a pas le vent en poupe au sein du gouvernement fédéral. Aux quatre coins des États-Unis, des citoyens s'organisent pour faire élire à tous les niveaux les bonnes personnes, qui pourront proposer des initiatives soumises au scrutin visant à faire interdire le *fracking*, à limiter l'expansion des sites d'hydrocarbures, à promouvoir l'énergie renouvelable et à soutenir une version locale du GND.

Certaines personnes ne comprennent pas l'importance du vote, et elles ont tort. En revanche les opposants au changement l'ont compris, c'est bien pour ça qu'ils tentent de nous démotiver en fermant des bureaux de vote, en exigeant une pièce d'identité spécifique, en privant de droit de vote les condamnés ayant purgé leur peine. Entre deux élections, soutenez une campagne pour faciliter l'accès aux urnes. Des mesures comme l'inscription automatique sur les listes électorales, le vote par correspondance et le droit de s'absenter du travail un jour d'élection peuvent réellement aider à déplacer les foules. Plus nous voterons, plus les candidats élus prendront nos intérêts au sérieux. Donc, s'il vous plaît, inscrivez-vous, renseignez-vous, votez et persuadez vos amis d'en faire autant.

AGIR : Ce livre fourmille d'idées, petites et grandes, pour que chacun apporte sa pierre à l'édifice. Lisez la partie « Que faire ? » à la fin de chaque chapitre et trouvez ce qui correspond le plus à vos capacités et intérêts. Il existe tant de moyens de s'impliquer que vous pouvez vraiment choisir celui qui vous convient le mieux. Et vous n'avez pas à le faire seul. Contribuer au changement, c'est plus amusant, tenable et efficace quand on est plusieurs. Rapprochez-vous d'une association qui vous ouvrira les portes d'une communauté partageant vos préoccupations. Si vous ne trouvez pas votre bonheur parmi toutes celles mentionnées dans le livre, enrôlez des amis et créez la vôtre.

AGIR : ORGANISER SON PROPRE VENDREDI ALERTE INCENDIE

Organiser ou rejoindre un Vendredi Alerte Incendie dans sa ville. Pour faire grandir le mouvement, il faut des citoyens prêts à nous rejoindre partout ! L'équipe des Vendredis Alerte Incendie est là pour vous soutenir et vous conseiller, que ce soit pour organiser un rassemblement ou aider à en monter un. Votre seul impératif est de faire un triomphe. Inscrivez-vous sur FireDrillFridays.com.

Suivez Jane et Greenpeace : nous allons continuer à proposer des Vendredis Alerte Incendie à travers le pays. Inscrivez-vous sur FireDrillFridays.com pour connaître les prochaines dates, et si vous pouvez, VENEZ !

À l'heure où nous écrivions ce livre, dans un grand moment d'incertitude, nous ne savions pas qui serait le prochain Président et le choix se résumait à un candidat soutenant depuis longtemps de vraies solutions écologiques (comme le GND et la fin de l'énergie fossile), contre un autre croyant mordicus que le changement climatique a été inventé de toutes pièces et donnant carte blanche à l'industrie fossile pour piller la planète. Nous savions une chose, en revanche : peu importe qui serait élu, il faudrait tout le pouvoir du peuple pour le forcer à agir. Le nouveau locataire du Bureau ovale a hérité d'un pays ultrapolarisé, quasi paralysé, et aux besoins urgents. Les problèmes auxquels un président s'attaque en premier sont toujours ceux révélés par des mouvements ayant un fort soutien populaire. À nous de veiller à ce que parmi ses priorités de 2021 figure une réponse immédiate et ambitieuse à l'urgence climatique.

C'est maintenant ou jamais. Pour la première fois aux États-Unis, une majorité de citoyens partage notre inquiétude et notre tristesse sur l'avenir de notre Terre, et notre désir de voir le gouvernement changer les choses. Le temps est venu de passer de l'angoisse aux actes, et de résoudre cette crise pour de bon. Chaque jour qui passe rend le défi plus grand à relever. Alors retroussons-nous les manches maintenant.

REMERCIEMENTS

À l'instar des Vendredis Alerte Incendie, ce livre est véritablement le fruit d'un effort collectif, et je tiens à citer et à remercier tous ceux qui ont joué un rôle dans sa conception.

En premier lieu, il y a Annie Leonard. Elle a grandement contribué à l'efficacité des Vendredis Alerte Incendie, et ce livre n'existerait pas, ou serait bien moins riche et instructif, si elle ne s'était pas attachée à toujours inviter les meilleurs intervenants qui soient. C'est aussi elle qui a effectué toutes les recherches pour les parties « Que faire ? » et qui a écrit les deux annexes, « Comprendre l'urgence climatique » et « La désobéissance civile ». C'est une vraie militante, une leader qui vit en accord avec ses valeurs et fait toujours preuve de sagesse, de compassion et de générosité. Je lui suis infiniment reconnaissante de tout ce qu'elle a apporté à ce projet.

Ce livre n'existerait pas non plus sans les connaissances inestimables et l'expérience de la crise climatique que partagent les intervenants des conférences et des rassemblements. Je leur suis sincèrement redevable, à tous : Rebecca Adamson, Lindsey Allen, Yvette Arellano, le révérend William Barber, Maude Barlow, Phyllis Bennis, Kallan Benson, Diamonte Brown, Alfred Brownell, Liz Butler, Rachel Carmona, l'imam Saffet Catovic, Jasilyn Charger, Keya Chatterjee, Donna Chavis, Veronica Coptis, Whitney Crowder, Eriel Tchekwie Deranger, Omekongo Dibinga, Ellen Dorsey, Asali DeVan Ecclesiastes, Catherine Flowers, Jerome Foster II, Josh Fox, Cherri

Foytlin, Jim Goodman, Mary Grant, Michael Leon Guerrero, la *roshi* Joan Halifax, le révérend Fletcher Harper, Katharine Hayhoe, Hana Heineken, Von Hernandez, John Hocevar, Tara Houska, Dolores Huerta, Jennifer Jacquet, Charlie Jiang, Khadija Khokhar, Naomi Klein, Winona LaDuke, Abigail Leedy, Annie Leonard, Jessica Loya, Gaurav Madan, Mark Magana, Bill McKibben, Jansikwe Medina-Tayac, Rolando Navarro, Matt Nelson, Tamara Toles O'Laughlin, Alice Brown Otter, Denise Patel, Sunni Patterson, Ai-jen Poo, Monica Ramirez, Katie Redford, Janet Redman, Garett Reppenhagen, le révérend Malik Saafir, Ricardo Salvador, Sarah Schumann, Laura Turner Seydel, le rabbin David Shneyer, Rolf Skar, Samantha Smith, Clint Sobratti, Saket Soni, Sandra Steingraber, Kerene Tayloe, Gail Taylor, Kat Taylor, Kristin Taylor, Anabell Castro Thompson, Heather Toney, Krystal Two Bulls, Joe Uehlein et Vanessa Vadim.

À mon éditrice chez Penguin Random House, Ann Godoff, merci d'avoir soutenu ce livre dès le départ.

À Danelle Morton, merci de m'avoir assistée dans les révisions, la transcription des discours, et surtout d'avoir eu l'idée de la question « Que faire ? », qu'il fallait reprendre en titre selon toi.

À Linda Loewenthal, mon agente, qui s'est battue pour ce livre du début à la fin.

Ceux qui préféreraient nous cacher la vérité sur la crise climatique ne ratent jamais une occasion de critiquer les stars qui se servent de leur passage dans les médias pour sensibiliser le public. Celles-ci le font parce qu'elles savent que la parole d'une personne célèbre touche davantage de gens. Je vois les stars comme des amplificateurs de signal, ces grandes antennes dressées parfois en haut des montagnes pour relayer le signal dans une vallée isolée, afin de couvrir une plus grande distance. Ainsi, je tiens à remercier mes amis « amplificateurs » qui ont aidé à ce que la voix des experts et des militants de terrain soit entendue par monts et par vaux. Évidemment, certains sont eux-mêmes des experts, tels Gloria Steinem, Eve Ensler, Bobby Kennedy et Ted Danson. Je les remercie sincèrement, ainsi que Iain Armitage, Rosanna Arquette, Ben Cohen, Abigail Disney, Sally Field, Brooklyn Decker, Jerry Greenfield, Marg Helgenberger, Manny Jacinto, Catherine Keener, Diane

Lane, Piper Perabo, Joaquin Phoenix, June Diane Raphael, Susan Sarandon, Paul Scheer, Taylor Schilling, Kyra Sedgwick, Martin Sheen, Maura Tierney, Lily Tomlin et Amber Valletta. Et merci aux groupes Emma's Revolution et Sweet Honey in the Rock d'avoir joué leur musique avec tant de cœur pendant nos actions.

Plusieurs personnes ont collaboré aux dossiers qui nous ont aidés à préparer les conférences, les rassemblements et, plus tard, ce livre. Elles nous ont relus, ont répondu à nos interrogations, et je leur en suis éternellement reconnaissante : Ira Arlook, Maude Barlow, Phyllis Bennis, Daniel Brindis, Madeline Carretero, Mike Cavanaugh, Megan Davis, Niaz Dorry, Ellen Dorsey, Jodie Evans, David Fenton, Peter Gleick, Julie Gorecki, Mary Grant, Jamie Henn, John Hocevar, Ayana Johnson, Melinda Kramer, Steve Kretzmann, Annie Leonard, Monique Mikhail, Karen Nussbaum, Melina Packer, Katie Redford, Collin Rees, Sandra Steingraber, Sam Waterston, Ta'Sina Sapa Win Smith, Emira Woods, Janene Yazzie et Joanna Zhu. Tim Aubry a pris toutes les photos des Vendredis Alerte Incendie qui sont reproduites dans ce livre.

Mille mercis aux personnes présentes à la toute première réunion, celle où le projet des Vendredis Alerte Incendie a vu le jour. Chacun de vous a contribué à en faire un succès : Ira Arlook, Madeline Carretero, Keya Chatterjee, Charlie Jiang, Annie Leonard, Jose Martinez-Diaz, Sam Miller, Noor Mir, Karen Nussbaum, Erich Pica, Janet Redman, Deirdre Shelly et le révérend Yearwood.

Passons maintenant à tous les membres de l'équipe rapprochée. Je leur suis redevable, car même si tous n'ont pas participé directement à l'élaboration de ce livre, le travail qu'ils ont fait pour les Vendredis Alerte Incendie est ce qui a donné envie à Penguin Random House de le publier.

Chez Greenpeace, Madeline Carretero est la personne qui développe des partenariats avec les stars, les influenceurs et les bailleurs de fonds, les implique dans les actions de l'ONG lorsque c'est utile et organise des événements avec eux. Pendant de longs mois, Maddy a été ma référente, celle vers qui je me tournais en priorité pour savoir quoi dire et qui inviter aux rassemblements.

On aurait très bien pu se réunir chaque vendredi sans que personne n'en entende parler. Ira Arlook a fait en sorte que *le monde entier* en entende parler. On ne s'est pas quittés d'une semelle pendant deux mois, et je lui suis profondément reconnaissante de ce qu'il a accompli pour nous.

Carla Aronsohn et Firas Nasr, de Cultivate Strategies, ont créé notre site Internet en une dizaine de jours, puis l'ont sans cesse enrichi, mis à jour, et ont gardé un œil sur le compteur de visiteurs que nous avions. Firas a conçu le graphisme du site et s'est chargé des *live* de tous les rassemblements. Il était souvent le premier à scander des slogans, et c'est aussi lui qui nous a fait méditer et pousser des cris de combat en guise de préparation.

Samantha « Sam » Miller, du collectif DC Action Lab, a été la responsable logistique – obtenir les autorisations, monter la scène et gérer la sonorisation, traiter avec la police, s'occuper du transport et du logement des intervenants, se charger du soutien aux prisonniers –, en gros, elle était aux manettes chaque semaine et tout s'est passé sans anicroche ou presque, grâce à l'aide précieuse de Maria Brescia-Weiler notamment. Robby Diesu, lui aussi de DC Action Lab, a rejoint l'équipe pour les derniers Vendredis Alerte Incendie.

Karen Nussbaum a été la femme de la situation quand on a eu besoin de conseils pour impliquer les travailleurs dans nos actions. Sans parler du soutien moral qu'elle m'a apporté en étant toujours là pour moi.

Jose Martinez-Diaz, directeur des programmes en charge des grandes campagnes chez Greenpeace, a veillé à ce que nous soyons toujours en phase, et nous a aidés à élaborer, puis à mettre en œuvre le déploiement des Vendredis Alerte Incendie au niveau national. Un conseiller avisé et fiable.

L'artiste Vy Vu a créé des affiches originales pour chaque Vendredi Alerte Incendie en travaillant le soir après ses cours, et je rends grâce à son talent et à son sérieux.

Je ne sais pas ce que j'aurais fait sans Debi Karolewski, qui m'a accompagnée depuis la Californie, a veillé à ce que j'aie tout ce dont j'avais besoin à chaque instant et était présente aux rassemblements, préparant mes notes, me les mettant en main au bon moment et les reprenant à temps pour les arrestations.

Mary « Lulu » Williams a rapidement fait partie de l'équipe, d'abord en tant que membre du service d'ordre, puis en tant que pro du montage et du démontage.

Je tiens à remercier Mara Verheyden-Hilliard, la femme aussi attentionnée que vigilante qui a été mon avocate durant mon séjour à Washington.

Enfin, je dois des remerciements tout particuliers au personnel de Greenpeace USA, qui nous a laissé sa salle de conférences pendant quatre mois, ainsi qu'à l'équipe climat pour ses briefings d'avant-rassemblement.

ANNEXE A :
COMPRENDRE L'URGENCE CLIMATIQUE

J'ai demandé à Annie Leonard d'écrire cette annexe, qui selon moi aide à comprendre la base scientifique de la crise climatique et les solutions urgentes à mettre en place.

D'un côté, les causes et les réponses au changement climatique sont complexes, mais de l'autre c'est on ne peut plus simple : nous devons enrayer le problème et proposer des solutions. Et nous devons le faire de façon à la fois ambitieuse et agressive, parce que nous manquons de temps.

Au cœur du problème il y a les émissions de dioxyde de carbone (CO_2), qui s'accumulent dans l'atmosphère terrestre, piégeant la chaleur et augmentant peu à peu les températures mondiales. Ces émissions de CO_2 proviennent essentiellement de l'usage des combustibles fossiles : le charbon, le pétrole et le gaz. D'autres éléments contribuent au réchauffement, tels que les changements d'utilisation des sols, la déforestation, le méthane libéré par la fonte du permafrost en Arctique et les tristement célèbres rots de vaches, mais le premier facteur, et de loin, ce sont les émissions de CO_2 causées par la combustion des énergies fossiles.

Si les scientifiques surveillent constamment les niveaux de CO_2 dans l'atmosphère, ils sont aussi capables de calculer ceux du lointain passé grâce à des méthodes telles que l'analyse des bulles d'air piégées dans les glaces des calottes polaires. Ils mesurent la concentration de CO_2 en parties par million, abrégé en ppm. Avant la révolution industrielle, au milieu du XVIIIe siècle, la concentration de CO_2 dans l'atmosphère terrestre tournait autour de 280 ppm. Ce chiffre n'a cessé d'augmenter depuis, jusqu'à atteindre 415 ppm récemment. Et nous ne savons tout simplement pas ce que l'avenir nous réserve, car en tant qu'espèce nous n'avons jamais vécu dans un monde à 415 ppm de CO_2.

ÉMISSIONS DE CO_2 DES RÉSERVES EXPLOITÉES DE COMBUSTIBLES FOSSILES, COMPARÉES AUX DEUX SCÉNARIOS DE BUDGETS CARBONE (AU 1ER JANVIER 2018) RESPECTANT LES OBJECTIFS DE L'ACCORD DE PARIS

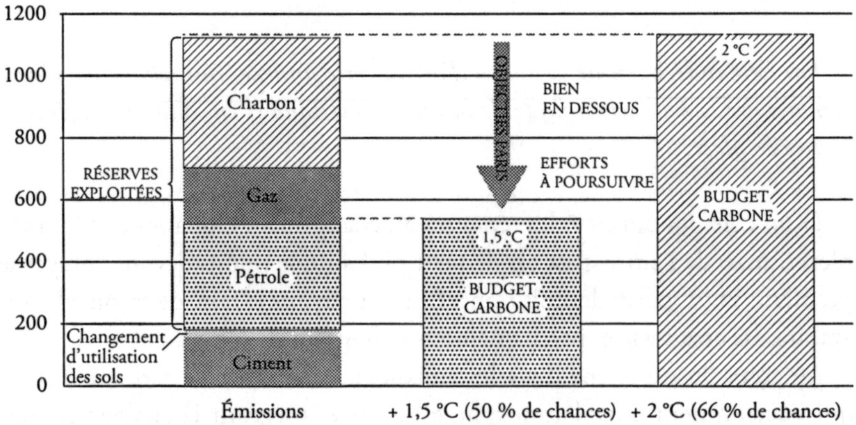

Source : Oil Change International (OCI), 2019 ; analyse des données de Rystad Energy, de l'Agence internationale de l'énergie, du Conseil mondial de l'énergie et du GIEC. Kelly Trout et Lorne Stockman, « Forer jusqu'à la catastrophe : pourquoi l'expansion du pétrole et du gaz aux États-Unis est incompatible avec les limites climatiques », OCI, janvier 2019, http://priceofoil.org/2019/01/16/report-drilling-towards-disaster.

Les scientifiques ont déterminé qu'un niveau de CO_2 à 350 ppm représente le seuil permettant de conserver une planète stable et des sociétés humaines florissantes (d'où le nom de l'ONG 350.org, cofondée par Bill McKibben). Par conséquent, c'est notre objectif : 350 ppm. Sauf que nous allons dans la mauvaise direction, avec des émissions de CO_2 qui grimpent inexorablement.

Les climatologues comparent souvent les températures mondiales actuelles avec les températures moyennes d'avant la révolution industrielle. Globalement, ils s'accordent à penser qu'il est impératif de limiter la hausse à 1,5 °C. Un degré et demi de plus, à première vue, ça ne semble pas si catastrophique. Sauf que ce seuil de + 1,5 °C est une *moyenne*. Cela ne signifie pas qu'il fera plus chaud d'1,5 °C *partout*; cela signifie que dans certaines régions il va faire beaucoup, beaucoup plus chaud, que la glace va fondre aux pôles, ce qui élèvera le niveau de la mer partout ailleurs, que des millions de réfugiés vont être jetés sur les routes, que des terres agricoles vont devenir désertiques et qu'il y aura bien d'autres transformations, petites et grandes, sur la Terre telle que nous la connaissons.

À ce stade, les températures mondiales n'ont augmenté que de 1 °C environ. Déjà, ce tout petit degré a entraîné une hausse désastreuse des phénomènes climatiques extrêmes, des incendies, des sécheresses, la disparition d'espèces, des perturbations dans le comportement des animaux, et toutes sortes de déséquilibres dans le fonctionnement de la planète.

La tragédie, c'est que bien souvent les pays fortement impactés par cette hausse sont ceux qui ont le moins contribué à libérer tout ce CO_2 dans l'atmosphère. Pour cette raison, lorsque nous vivons dans un pays lourdement industrialisé comme les États-Unis et que nous profitons de tout le confort matériel apporté par l'énergie fossile, nous avons une responsabilité supplémentaire d'agir et d'aider les victimes les plus touchées – car nous en avons les moyens.

En d'autres termes, l'heure est grave. La science est claire. Nous connaissons le problème et nous savons quoi faire. Et la bonne nouvelle, c'est que le changement est possible !

En 2018, le GIEC, qui regroupe les meilleurs climatologues du monde, a publié un rapport détaillant ce qu'il faudrait faire pour éviter les pires effets du dérèglement climatique. En résumé, nous devons diminuer nos émissions de CO_2 de moitié par rapport au niveau de 2010 d'ici à 2030 et continuer ainsi jusqu'à atteindre la neutralité carbone en 2050. La combustion des énergies fossiles étant la première responsable de nos émissions de CO_2, le rapport du GIEC affirme qu'il faut réduire la part de l'énergie fossile de 50 % d'ici à 2030 et poursuivre jusqu'en 2050.

CLASSEMENT DES PAYS SELON LA HAUSSE DE LEUR PRODUCTION DE PÉTROLE ET DE GAZ JUSQU'EN 2030 (2017 ÉTANT LE POINT DE RÉFÉRENCE)

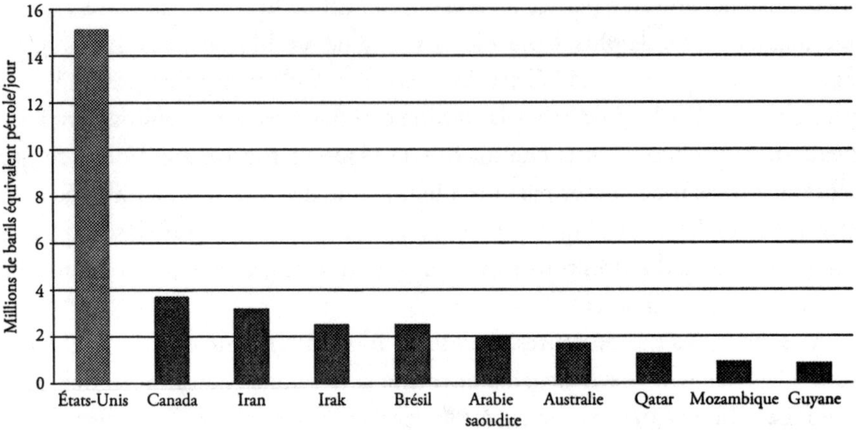

Source : OCI, 2019 ; données empruntées à Rystad Energy. Kelly Trout et Lorne Stockman, « Forer jusqu'à la catastrophe : pourquoi l'expansion du pétrole et du gaz aux États-Unis est incompatible avec les limites climatiques », OCI, janvier 2019, http://priceofoil.org/2019/01/16/report-drilling-towards-disaster.

Nous brûlons déjà beaucoup plus de combustibles fossiles qu'il ne le faudrait

Pour cette raison les Vendredis Alerte Incendie réclament l'arrêt immédiat des *nouvelles* exploitations de combustibles fossiles. Chaque nouveau projet, permis, derrick et pipeline aggrave encore la tâche qui nous attend. Et elle est déjà très lourde. L'étape numéro un doit être de cesser d'aggraver le problème, afin de gagner du temps pour pouvoir améliorer la situation.

Les États-Unis sont l'épicentre mondial de l'expansion de l'industrie fossile

Stopper toute nouvelle émission de CO_2 due à l'industrie fossile est capital, mais nous devons aussi investir dans des solutions audacieuses qui accroîtront la disponibilité d'énergies alternatives renouvelables, sans danger et écologiques, ainsi que l'efficacité énergétique, le but étant à terme d'en utiliser moins. Nous devons investir massivement dans les infrastructures, afin de développer les transports en commun, les véhicules électriques et les villes résilientes ; mais aussi protéger les océans et les forêts, et adopter des pratiques agricoles régénératrices, car c'est tout cela qui aidera à atténuer les effets du changement climatique.

C'est pourquoi les Vendredis Alerte Incendie revendiquent aussi l'adoption du Green New Deal, qui appelle de ses vœux un effort sans précédent de l'ensemble de la société pour alimenter notre économie en énergies renouvelables et rendre les autres secteurs plus durables. Fin de l'énergie fossile + adoption du GND, voilà la combinaison gagnante. En nous y prenant bien, nous pouvons éviter la catastrophe climatique tout en rendant notre économie plus juste, plus saine et plus sûre pour tous. Chacun y gagnera, en prospérité comme en bien-être.

La bonne nouvelle, c'est que le secteur du renouvelable est déjà en forte expansion. Le potentiel est aussi énorme en termes d'économies d'énergie et d'efficacité énergétique, via une meilleure conception des bâtiments, des transports en commun plus accessibles et performants, et des progrès dans l'utilisation des sols, la production alimentaire et la fabrication des marchandises. Tout cela peut mener à la création de bons emplois, qui subviendront aux besoins des individus comme de la planète. Les experts et les militants savent quoi faire : les freins à une riposte climatique ambitieuse ne sont pas techniques, ils sont politiques. C'est ce qui nous a poussés à créer les Vendredis Alerte Incendie.

Certains critiquent les solutions proposées en disant qu'elles vont coûter cher. C'est vrai. Mais le prix de l'inaction est bien plus élevé : cela coûte aussi très cher de reconstruire après une catastrophe, de protéger les villes côtières de la montée des eaux, de gérer l'afflux de réfugiés climatiques, de financer les conséquences de la pollution sur la santé publique. L'Agence de protection de l'environnement estime que d'ici à la fin du XXIe siècle les effets du réchauffement climatique pèseront des centaines de milliards de dollars par an sur l'économie américaine. Sans oublier que ces effets sont mortels. Deux cent cinquante mille personnes au moins meurent déjà à cause du changement climatique chaque année, et ce chiffre pourrait grimper à cinq cent mille d'ici à 2030, d'après les estimations de l'Organisation mondiale de la santé et du Forum humanitaire mondial. Avec tout ce qu'on sait aujourd'hui et toutes les ressources que possède notre riche pays, repousser le moment d'agir à cause de faux arguments est au mieux hypocrite, au pire franchement immoral.

Le but des Vendredis Alerte Incendie est de forcer nos gouvernants à faire bouger les lignes. Ensemble, nous réclamons des actes à même d'assurer la sécurité de nos concitoyens et le bon fonctionnement de notre planète. Nous nous éduquons, nous mobilisons nos amis et alliés, et nous œuvrons à élire des candidats prêts à remplacer tous ceux qui bloquent la route du progrès. Nous n'avons pas une minute à perdre, alors si vous voulez nous aider, venez.

ANNEXE B : LA DÉSOBÉISSANCE CIVILE

Les Vendredis Alerte Incendie ont été ma première expérience consciente de désobéissance civile. Certes, je m'étais déjà fait arrêter pour avoir distribué des exemplaires du Code unifié de la justice militaire à des soldats au moment de la guerre du Vietnam, mais si c'était de la désobéissance civile, je ne m'en rendais pas compte. À présent que je comprends le pouvoir de ce genre d'action, j'ai demandé à Annie de nous fournir quelques explications. Si nous voulons que la désobéissance civile devienne la nouvelle norme, les « alerteurs d'incendie » doivent saisir pleinement sa signification.

La désobéissance civile incarne le meilleur de l'Amérique. La *Tea Party* de Boston (1773) en était déjà une manifestation, et depuis elle a servi dans tout le pays aux syndicats, aux féministes, aux groupes de défense des droits des migrants, aux chefs religieux, aux autochtones, aux militants de Black Lives Matter et à des générations d'étudiants pour dénoncer une injustice, mobiliser l'opinion publique en faveur d'une cause ou forcer les gouvernants à agir.

Nous sommes beaucoup à avoir entendu dans notre jeunesse des histoires d'hommes et de femmes courageux qui un jour en sont venus à la désobéissance civile pour défendre ce qu'ils estimaient juste et moral. Martin Luther King s'en est servi pour promouvoir de manière pacifique le droit de vote et les droits civiques des Noirs, ainsi que l'égalité raciale. Rosa Parks est devenue célèbre en refusant de céder sa place à un Blanc dans le bus, sa façon à elle de protester contre les lois ségrégationnistes en vigueur à cette époque-là. Dolores Huerta et César Chávez sont entrés dans l'histoire en menant des luttes paysannes – grèves, manifestations et boycotts non-violents – afin de faire progresser les droits des ouvriers agricoles.

Greenpeace, l'association que je dirige aux États-Unis, est elle-même née d'une action de désobéissance civile. En 1971, nos fondateurs ont loué un vieux chalutier et ont mis le cap sur Vancouver, au Canada, en espérant bien stopper des essais nucléaires. Depuis, nous y avons eu recours pour protéger la vie marine, préserver des forêts, bloquer des forages pétroliers, faire interdire des produits chimiques dangereux, protester contre la guerre, proposer des solutions climatiques et défendre des tas d'autres bonnes causes.

Dans sa forme la plus fondamentale, la désobéissance civile consiste à enfreindre une loi considérée comme injuste – par exemple, refuser le paiement d'impôts qui vont financer une guerre ou bloquer l'entrée d'un restaurant appliquant la ségrégation raciale. Mais elle peut prendre d'autres formes, comme lorsque les participants aux Vendredis Alerte Incendie ont refusé d'obéir aux ordres de la police qui leur demandait d'évacuer les marches du Capitole ou la voie publique. Parfois, il s'agit de se mettre physiquement entre celui qui fait du mal et le mal lui-même, comme lorsque le bateau de Greenpeace a pénétré dans une zone d'essais nucléaires, ou le jour où un homme courageux s'est dressé seul devant les chars de l'armée chinoise sur la place Tian'anmen.

Dans certains cas, la désobéissance civile implique de se rendre coupable d'un acte interdit par la loi, comme l'ont fait les bénévoles qui ont été traînés en justice pour avoir laissé des bouteilles d'eau aux migrants traversant la frontière mexicaine au péril de leur vie. Elle peut être créative : par exemple les militants d'Extinction Rebellion de Portland (Oregon) réaménagent sans cesse de beaux jardins sur les voies ferrées où passent les wagons de sables bitumineux des mines d'Alberta. Elle peut être directe, à la façon des millions de lycéens et d'étudiants qui font grève des cours chaque vendredi pour le climat. Enfin, elle peut demander de vraies compétences et un entraînement intensif, comme pour les militants de Greenpeace suspendus à un pont pendant des jours afin d'empêcher des tankers de passer en dessous.

Avec les Vendredis Alerte Incendie, c'était une évidence : il fallait associer le pouvoir de la désobéissance civile au mouvement. Pendant plus de trois décennies, climatologues et activistes ont étudié les faits, pressé les élus, lancé des pétitions, organisé des manifestations, écrit des livres, réalisé des documentaires, imaginé des programmes éducatifs, mené des campagnes, critiqué, imploré, boycotté. Et durant ces trois décennies de travail passionné et passionnant, les émissions de CO_2 ont augmenté, les températures mondiales avec, et aucun dirigeant élu démocratiquement n'a été de près ou de loin à la hauteur du défi climatique. De toute évidence, nos plaidoyers ne donnent pas les résultats qu'il faudrait. Et le temps commence à manquer.

Il y a donc urgence. Et selon nous, il est temps de généraliser la désobéissance civile afin d'obtenir des actes concrets.

Ce discours ne vous surprend sans doute pas de la part d'une directrice de Greenpeace, mais je peux vous assurer que nous ne sommes pas seuls à le penser. Le mouvement pour le climat entre dans une nouvelle ère, et un nombre grandissant de citoyens sont prêts pour la désobéissance civile.

En 2019, plus de mille cinq cents scientifiques originaires de vingt pays l'ont revendiquée en ces termes : « Nous pensons que la persistance de l'inaction gouvernementale au sujet du climat et de la crise écologique justifie désormais la tenue de manifestations pacifiques et d'actions directes, même si celles-ci doivent sortir du cadre de la loi. » Et au moment où nous envisagions une action tous les vendredis, Christiana Figueres, l'ex-secrétaire de la Convention-cadre des Nations unies sur les changements climatiques – en d'autres termes, tout sauf une activiste radicale –, a déclaré : « Il est temps de participer à des actions politiques et non-violentes dès que les conditions le permettent. »

Dans un nouveau livre inspirant, intitulé *Inventons notre avenir !* et coécrit avec Tom Rivett-Carnac, elle explique : « La désobéissance civile n'est pas seulement un choix moral, c'est aussi l'action politique la plus efficace pour changer la société. »

Des millions de jeunes – et de plus en plus d'adultes – ont entendu l'appel de Greta Thunberg, qui du haut de ses seize ans nous enjoint de faire comme si notre maison brûlait et de sortir dans la rue pour exiger que ça change. Elle dit aussi : « Si lutter contre l'effondrement climatique et pour l'humanité est contre les règles, alors les règles doivent être enfreintes. » Constatant que « les approches conventionnelles consistant à voter, à faire du lobbying, à lancer des pétitions et à manifester ont échoué », le mouvement décentralisé Extinction Rebellion multiplie les actions de désobéissance civile dans des dizaines de pays à travers le monde. Et dans la première phase des Vendredis Alerte Incendie, à Washington, plus de six cents personnes ont décidé comme Jane de se faire arrêter.

Tout cela me donne beaucoup d'espoir.

La désobéissance civile peut créer un contexte favorable à une prise de décision audacieuse, pragmatique et puissante sur le climat. En tant que tactique, elle peut faire évoluer le discours politique et le contexte social, et ainsi créer les conditions du changement. Et sur le plan personnel, elle peut être gratifiante, valorisante – certains disent qu'elle peut même être vecteur de transformation.

Nous sommes beaucoup à voir un paradoxe entre l'éco-anxiété que nous ressentons profondément et la vie que nous menons. Nous voulons en faire davantage ; nous *savons* qu'il faut en faire davantage. Sortir de sa routine pour faire acte de désobéissance civile est un moyen de dépasser ce paradoxe. Ce faisant, nous venons ajouter notre nom à la longue tradition de celles et ceux qui se sont physiquement mis en danger parce que la situation était devenue trop urgente pour ne rien faire. S'aligner sur ses valeurs est véritablement libérateur. Au début des Vendredis Alerte Incendie, beaucoup nous avouaient que c'était leur première fois. C'était moins vrai à la fin, car ceux qui avaient sauté le pas étaient si remués par l'expérience qu'ils la réitéraient !

La désobéissance civile peut aussi changer ceux qui en sont témoins. Lorsque Jane, avec les étudiants, les infirmières, les travailleurs, les intervenants, etc., l'ont fait, ils en ont incité d'autres à se demander s'ils ne pourraient pas les imiter. L'acte inspirant d'une personne peut en pousser une autre à agir. C'est en partie le pouvoir de la désobéissance civile : modifier le contexte d'un problème, afin de créer la pression et d'obliger les dirigeants à s'en emparer – et c'est exactement pour cela que nous le faisons.

Martin Luther King l'a très bien écrit dans sa Lettre depuis la prison de Birmingham :

> *L'action directe non-violente cherche à engendrer une tension telle que la communauté qui a constamment refusé de négocier soit forcée de regarder la situation en face. Elle dramatise la situation de sorte qu'on ne puisse plus l'ignorer. [...] Le but de notre action directe est de créer une situation de crise si grave qu'elle ouvre inévitablement la porte à la négociation.*

Si la désobéissance civile peut prendre de multiples formes, Greenpeace et les autres ONG ne s'en tiennent pas moins à des lignes claires ; la plus importante étant que nous nous engageons à suivre en toutes circonstances le principe de non-violence, auquel on ne déroge jamais.

Bien sûr, tout le monde n'a pas la liberté ou la capacité de participer à des actions de désobéissance civile. Il existe des témoignages accablants de racisme institutionnel, de discrimination et de mauvais traitements au sein du système judiciaire américain. Les non-Blancs ou les migrants ont parfois de très bonnes raisons de rester le plus loin possible du poste de police et de la prison. D'autres ont des problèmes de santé, ou des responsabilités familiales et professionnelles auxquelles ils ne peuvent pas échapper.

Pas de problème : il y a mille façons de promouvoir la cause climatique et il n'est certainement pas nécessaire que tout le monde s'engage dans la voie de la désobéissance civile. Mais pour ceux qui le peuvent, je vous encourage à vous informer sur le sujet et à entrer en contact avec un groupe qui vous y préparera le mieux possible. Dans beaucoup de villes, on trouve des groupes comme la Guilde nationale des avocats, qui proposent des conseils et un soutien juridique. Après trois décennies de militantisme qui n'ont débouché sur aucune décision sérieuse concernant le climat, il est évident qu'il faut passer à des perturbations massives pour obtenir gain de cause. La désobéissance civile a fonctionné par le passé, il n'y a pas de raison qu'elle ne fonctionne pas aujourd'hui. Alors, rendez-vous dans la rue !

CONSIGNES DE NON-VIOLENCE DE GREENPEACE

Quelle que soit la provocation, nous ne menacerons personne physiquement ni ne répondrons par la violence à des actes dirigés contre nous.

Nous n'insulterons pas, ne ferons pas de remarques hostiles et n'infligerons pas de violence verbale.

Nous ne porterons pas d'arme. Si un de nos outils peut être utilisé comme une arme, nous ne nous en servirons jamais contre une personne, ni ne la menacerons avec.

Nous réduirons au maximum ou éliminerons la pollution ou le tort causé à l'environnement par nos activités.

Notre attitude – exprimée à travers les mots, les symboles et les actes – sera toujours une attitude d'ouverture, de politesse, de créativité, d'engagement et de respect.

Nous essaierons de faire ressortir le meilleur chez autrui, au lieu de chercher à exploiter ses faiblesses à notre avantage.

Nous tâcherons toujours d'expliquer le plus clairement possible à nos interlocuteurs – en particulier nos opposants – le but et la signification de nos actions.

Nous adhérerons autant que possible à la lettre et à l'esprit de la vérité dans nos déclarations orales et écrites.

Nous assumerons nos responsabilités et les conséquences judiciaires de nos actions, et ne chercherons pas à éviter ces conséquences au-delà du recours légitime.

Nous accepterons de suivre les instructions du corps décisionnaire. En cas de désaccord sérieux et si aucun compromis n'est possible, nous accepterons de nous retirer de l'activité.

Nous n'endommagerons pas la propriété privée, sauf si cela est nécessaire pour lever les barrières à notre liberté d'expression et à notre droit de réunion.

Nous n'apporterons pas et ne prendrons pas de drogue ni d'alcool autre que pour des raisons médicales.

Nous ne fuirons pas.

TABLE

MIXTE
Papier issu de
sources responsables
FSC® C108412
FSC
www.fsc.org

Composition : IGS-CP
Impression : CPI Bussière en mars 2021
Éditions Albin Michel
22, rue Huyghens, 75014 Paris
www.albin-michel.fr
ISBN : 978-2-226-45587-1
N° d'édition : 24201/01 – N° d'impression : 2054444
Dépôt légal : mars 2021
Imprimé en France